KB078113

독자의 1초를
아껴주는 정성을
만나보세요!

세상이 아무리 바쁘게 돌아가더라도 책까지 아무렇게나 빨리 만들 수는 없습니다.

인스턴트 식품 같은 책보다 오래 익힌 술이나 장맛이 밴 책을 만들고 싶습니다.

땀 흘리며 일하는 당신을 위해 한 권 한 권 마음을 다해 만들겠습니다.

마지막 페이지에서 만날 새로운 당신을 위해 더 나은 길을 준비하겠습니다.

타입스크립트 교과서

TypeScript Textbook

초판 발행 • 2023년 8월 16일

지은이 • 조현영
발행인 • 이종원
발행처 • (주)도서출판 길벗
출판사 등록일 • 1990년 12월 24일
주소 • 서울시 마포구 월드컵로 10길 56(서교동)
대표 전화 • 02)332-0931 | **팩스** • 02)323-0586
홈페이지 • www.gilbut.co.kr | **이메일** • gilbut@gilbut.co.kr

기획 및 책임편집 • 이원휘(wh@gilbut.co.kr) | **디자인** • 신세진 | **제작** • 이준호, 손일순, 이진혁, 김우식
마케팅 • 임태호, 전선하, 차명환, 박민영, 지운집, 박성용 | **영업관리** • 김명자 | **독자지원** • 윤정아, 최희창

교정교열 • 이미연 | **전산편집** • 박진희 | **출력 및 인쇄** • 금강인쇄 | **제본** • 금강제본

ISBN 979-11-407-0590-0 93000   (길벗 도서번호 080369)
정가 33,000원

독자의 1초를 아껴주는 정성 길벗출판사

(주)도서출판 길벗 | IT교육서, IT단행본, 경제경영서, 어학&실용서, 인문교양서, 자녀교육서 www.gilbut.co.kr
길벗스쿨 | 국어학습, 수학학습, 어린이교양, 주니어 어학학습, 학습단행본 www.gilbutschool.co.kr

페이스북 • www.facebook.com/gbitbook
예제 소스 • https://github.com/gilbutITbook/080369

TYPESCRIPT
TEXTBOOK

조현영 지음

타입
스크립트
교과서

길벗

『Let's Get IT 자바스크립트 프로그래밍』(길벗, 2021)과 『Node.js 교과서』(길벗, 2022)에 이어 세 번째 책을 쓰게 될지 몰랐습니다. 자바스크립트 문법과 프로그래밍을 가르치는 책, 자바스크립트로 백엔드 프로그래밍을 하는 책을 이미 저술했으니 이 책들을 개정만 하면 되겠다고 생각했습니다. 자바스크립트 생태계가 성숙했기에 앞으로 변경되는 내용도 그리 많지 않겠다는 생각도 있었고요.

하지만 아시다시피 현재 대부분의 자바스크립트 사용자가 타입스크립트로 프로그래밍하고 있습니다. 저조차도 회사에서 자바스크립트가 아닌 타입스크립트를 사용합니다. 물론 타입스크립트는 자바스크립트로 변환되고, 자바스크립트에 타입을 위한 구문을 추가한 것에 지나지 않아 자바스크립트와 크게 다른 언어는 아닙니다.

그렇지만 프로그래밍 입문자나 기존 자바스크립트 프로그래머에게서 타입스크립트라는 새로운 언어를 배워야 한다는 부담감과 두려움을 느낄 수 있었습니다. 그들에게 타입스크립트 공식 문서 (https://www.typescriptlang.org)를 보고 학습하면 된다고 알려주곤 했지만, 공식 문서만으로는 타입스크립트를 충분히 학습할 수 없다는 이야기를 많이 들었습니다.

타입스크립트는 익혔지만 코드가 조금만 복잡해져도 분석하지 못하거나, 타입스크립트를 사용해 직접 타입을 만들지 못하는 경우가 대부분입니다. 그래서 그런 분들을 위해 이 책을 집필하게 되었습니다. 『Let's Get IT 자바스크립트 프로그래밍』을 집필할 때도 동기는 비슷했습니다. 프로그래밍 언어는 익혔지만 실전에 사용하지 못하는 분들, 그런 분들을 위한 책을 만들고 싶었습니다. 이 책도 초반 분량은 문법 설명에 할애하고, 나머지 분량은 실제 라이브러리를 분석하고 직접 라이브러리를 작성해보는 데 할애했습니다.

문법을 설명하는 부분은 타입스크립트 공식 문서에 나오지 않는 내용까지 포함했습니다. 따라서 이 책을 읽고 난 뒤에는 버전 업데이트에 따라 변경되는 내용만 공부하면 됩니다. 라이브러리를 작성하는 부분은 정답을 보기 전에 반드시 먼저 직접 작성해보세요. 배운 문법을 활용하여 직접 타입을 작성해봐야 타입스크립트 실력이 향상됩니다.

『Node.js 교과서』에 이어 『타입스크립트 교과서』의 편집을 담당하신 이원휘 차장님께 감사드립니다. 집필을 제안해주신 덕분에 책으로 만들 수 있었고, 제가 미처 신경 쓰지 못한 오타와 오류를 많이 바로잡을 수 있었습니다. 또한, 베타테스터분들과 초판 독자분들께도 감사의 마음을 전합니다.

조현영

예제 코드 및 코랩 코드 내려받기

예제 코드는 눈으로만 보거나 복사한 후 붙여넣기 하지 말고 직접 입력해보는 것을 권장합니다. 직접 입력하다 보면 오타를 내게 되는데 이럴 때 발생하는 에러 메시지를 기억해두면 나중에 비슷한 종류의 오타를 냈을 때 쉽게 해결할 수 있게 됩니다.

책에서 사용하는 예제 코드는 길벗출판사 웹 사이트에서 도서명으로 검색하여 내려받거나 다음 GitHub 저장소에서 내려받을 수 있습니다.

- **길벗출판사 웹 사이트**

  https://www.gilbut.co.kr

- **길벗출판사 GitHub**

  https://github.com/gilbutITbook/080369

- **저자 GitHub**

  https://github.com/zerocho/ts-book

예제 파일 구조 및 참고 사항

책에서 사용하는 예제 파일을 장별로 제공합니다.

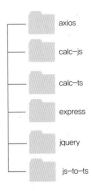

```
├── 📁 axios
├── 📁 calc-js
├── 📁 calc-ts
├── 📁 express
├── 📁 jquery
├── 📁 js-to-ts
    ...
```

동영상 강의 및 유튜브 안내

이 책은 다음 강의 두 편을 바탕으로 집필한 책입니다. 현재 인프런(https://www.inflearn.com)이라는 강의 플랫폼에 올라와 있습니다.

- **1부**: https://www.inflearn.com/course/타입스크립트-올인원-1
- **2부**: https://www.inflearn.com/course/타입스크립트-올인원-2

책의 내용이 더 자세하고 구성 순서가 더 체계적이므로 책을 읽었다면 이 강의들을 굳이 볼 필요는 없습니다.

또한, 프로그래밍에 관한 유튜브 채널을 운영하고 있습니다. 다양한 정보를 업로드하고 있으니 참고해주세요.

- **유튜브**: https://youtube.com/c/zerochotv

▼ 그림 1 ZeroCho TV 유튜브 채널

학습 순서

기존에 타입스크립트를 배운 적이 있는 분들은 3장을 먼저 훑어보세요. 3장의 코드가 이해된다면 4장으로 넘어가면 됩니다. 3장의 코드가 어렵다면 2장의 문법부터 다시 한번 보는 것을 추천합니다. 백엔드 개발자를 지망하는 경우라면 7장의 JSX 부분은 건너뛰어도 됩니다. 이 부분은 프런트엔드 개발자가 사용하는 React나 Vue에 나오는 문법이라 백엔드 개발자는 사용할 일이 거의 없습니다.

버전 문제

프로그래밍 책으로 공부할 때 가장 많이 겪는 문제가 버전 문제입니다. 그래서 이 책은 사용하는 라이브러리의 버전을 고정했습니다. 버전을 고정하는 방법은 책 본문에 나옵니다. 실습할 때 책과 동일한 결과를 얻기 원한다면 반드시 같은 버전을 사용해주세요.

코드 들여쓰기

5장부터는 코드를 직접 작성하는 부분과 타입스크립트가 제공하는 코드나 npm을 통해 설치한 코드를 분석하는 부분이 번갈아 나옵니다. 직접 작성한 코드는 들여쓰기 2칸, 타입스크립트가 제공하는 코드나 npm을 통해 설치한 코드는 들여쓰기 4칸으로 되어 있으므로 들여쓰기를 통해 구분할 수 있습니다.

질문 및 오탈자 제보

책이나 깃허브 코드에 오탈자가 있다면 저자 블로그나 출판사 웹 사이트로 문의해주세요.

- **저자 블로그**: https://www.zerocho.com/books
- **길벗출판사 독자 문의**: 웹 사이트(http://www.gilbut.co.kr) 접속 〉 고객센터 〉 1:1 문의 선택(로그인 필요)

▼ 그림 2 고객센터 〉 1:1 문의

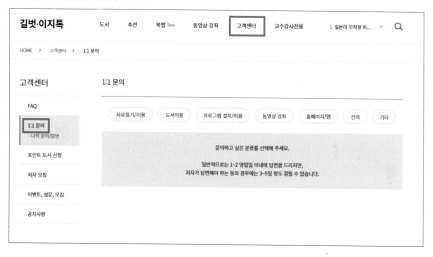

타입스크립트를 전반적으로 이해하는 데 탁월한 학습 자료입니다. 가장 인상 깊었던 점은 실습 중심의 구성입니다. 개념을 이해하는 것도 중요하지만, 이를 실전에서 어떻게 적용하는지 배울 수 있어서 매우 유익했습니다. 실제 프로젝트에서 활용할 수 있는 실용적인 예제들과 라이브러리 타이핑 연습을 통해 타입스크립트의 적용과 활용 방법을 더욱 명확하게 이해할 수 있었습니다. 특히 라이브러리 타이핑 부분은 매우 인상 깊었습니다. 기존 라이브러리를 타입스크립트로 사용할 때 발생하는 어려움들을 해결해보는 과정은 타입스크립트 개발자로서 성장하는 데에 큰 도움이 되었습니다. 라이브러리 타이핑을 직접 시도하고, 작성한 라이브러리를 분석하며 얻은 인사이트들은 실무에서 타입스크립트를 적용할 때 소중한 자원이 될 것입니다. 또한, 책에서 제공하는 상세한 설명과 명확한 예제는 이해를 돕는 데 큰 도움이 되었습니다. 특히 타입스크립트의 고급 주제를 다루는 부분은 어렵던 내용들을 잘 설명해주어 타입스크립트를 깊이 있게 이해할 수 있도록 도와주었습니다. 코드의 가독성과 설명도 훌륭하며, 개념을 이해하는 데 도움이 되는 실습들이 잘 구성되어 있습니다. 특히 실무에 적용할 수 있는 실용적인 예제들이 포함되어 있어 실제 개발 시에도 유용하게 활용될 것으로 기대됩니다. 타입스크립트에 대한 깊은 이해와 실무 적용 능력을 향상시키고 싶은 독자에게도 이 책이 좋은 학습 도구가 될 것입니다.

실습 환경: 윈도11, Node.js 18.16.0, VS Code

김연주_lteyes_3년 차 백엔드 개발자

타입스크립트 교과서, 즉 기본기가 탄탄하다. 더 나아가 실전 타입스크립트란 무엇인지, 이론 지식은 기본이고, 실제 개발 환경에서 타입스크립트를 활용할 수 있도록 준비된 올인원 타입스크립트 교과서다. 생초보자도 알기 쉽게 풀어 설명했다. 다양한 환경에서 효율적으로 활용할 수 있도록, 문제를 어떻게 해결하고 어떤 패턴과 구조로 효율적으로 사용해야 하는지를 설명했다. 저자는 타입스크립트를 깊이 이해하고 있다. 기본 원칙과 규칙을 너무도 잘 알고 있다. 저자의 높은 이해도를 바탕으로 생초보자도 이해하기 쉽게 설명해준다. 지금까지 나온 타입스크립트 책들을 압도하는 책이라 할 수 있겠다. 모든 기능과 장점을 최대한 잘 활용할 수 있음을 보여주고, 온전히 잘 녹여내어 지식을 전달해준다. 저자의 실제 개발 경험과 문제 해결 능력은 교과서를 넘어 실전에 적용할 수 있는 방법까지 구체적으로 제시한다. 업데이트된 부분과 개선 사항도 알려주면서 변경된 사항을 적용하는 것 역시 중요하다는 것을 알려준다. 타입스크립트를 리액트나 노드 환경에서 효과적으로 활용하는 방법을 제시하여 활용도를 높이고 있다.

실습 환경: macOS Ventura 13.3.1, Node.js v18.15.0, next.js v12.3.4

김형준_디지마케팅_마케팅프로그램 풀스택 개발자

타입스크립트란 무엇인가에 대해 가장 알맞은 답을 해줄 수 있는 책이었습니다. 이 책은 공식 문서 이상으로 자세하고 넓은 범위의 개념과 문법을 다루며, 타입에 대한 이해와 타입 사용에 필요한 기반을 확실히 다질 수 있도록 도와줍니다. 학습 방향을 제시해주며 타입스크립트에 대한 전반적인 이해를 넓힐 수 있어서 좋았습니다. 문법에 대한 기본 개념을 완전히 이해하기 위해서는 시간과 노력이 필요하지만, 이 책은 그만큼의 노력을 들일 가치가 있다고 생각합니다. 여러 번 돌아와 다시 읽어보는 노력을 기울일 만한 책입니다. 또한, 이미 너무나 많이 쓰고, 쓰이고 있는 라이브러리와 프레임워크들을 들여다보며 정상적으로 작동했던 기능, 자동으로 완성해줬던 코드를 직접 타이핑해보면서 평소 사용하고 있지만 들여다볼 생각을 하지 않았던 구조가 어떻게 정의되어 있는지 알 수 있는 색다른 경험이었습니다. 타입스크립트를 깊게 파보고 싶은 분들에게 추천합니다.

　실습 환경: macOS Monterey 12.0.1, Node v18.11.0, VS Code

이호섭_프런트엔드 개발자

입문자는 물론 타입스크립트를 더 잘 다루고 싶은 분에게 추천합니다. 타입스크립트를 왜 사용하는지 필요성을 인지하고, 타입스크립트의 기본 문법부터 현업에서 필수로 사용하는 라이브러리까지 단계별로 타입을 분석하고 직접 만들어보는 실습을 통해, 왜 이 타입이 만들어졌는지 알 수 있게 됩니다. 타입스크립트의 단순 문법 공부보다는 이 타입이 왜 이렇게 만들어졌는지 분석하고 직접 만들어 사용하는 것을 목표로 학습하는 것을 추천합니다. 특히 여러 타입 분석 덕분에 프런트엔드에는 친숙하지 않은 제네릭 사용법에 익숙해질 수 있습니다. 또한, 타입 분석으로 타입스크립트뿐만 아니라 자바스크립트 메서드의 동작 원리까지 알 수 있어 자바스크립트까지 깊게 학습할 수 있습니다. 만들어져 있는 라이브러리의 기능만 사용하는 게 아니라 개발자로서 타입을 자유자재로 다루고 싶다면 필요할 때마다 이 책을 교과서처럼 펼쳐보길 바랍니다. zeact 파일로 타입 수정이 필요한 부분들을 바로 실습할 수 있는 환경이 제공되어 좋았습니다. 명확하게 어떤 메서드에서 타입을 추론하며 기입해볼 수 있어 최고의 실습 환경이었습니다.

　실습 환경: macOS Ventura 13.3.1, WebStorm 2022.3.1

전대원_2년 차 프런트엔드 개발자

〈Node.js 교과서〉 책이 좋아서 〈타입스크립트 교과서〉가 나온다고 했을 때 너무 기대되어 베타테스트를 신청했습니다. 업무상 타입스크립트를 사용하는데 공식 문서가 바이블이긴 하지만 이해하기 어려울 때가 많고, 학습 방향을 잡기가 어려워 고군분투하던 시기여서 더욱 반가웠습니다. 이 책은 교과서라 할 만큼 '왜, 언제' 이것을 써야 하고 '어떻게' 써야 하는지 충분한 예제와 설명을 담은 책입니다. 초심자가 읽기에도 어렵지 않고, 세분화도 잘 되어 있어 자바스크립트를 알고 타입스크립트를 도입하려고 할 때 필요한 부분을 목차에서 바로바로 찾아서 색인하기도 좋습니다. 타입스크립트를 도입했거나 하려고 생각 중인 독자라면 책상 옆에 놓고 두고두고 읽어보길 적극 권장합니다.

　실습 환경: macOS Ventura, Node 18.16.0, WebStorm 2022.3.1

이장훈_3년 차 데브옵스 엔지니어

자바스크립트 개발자라면, 타입스크립트는 이제 선택이 아니라 필수입니다. 문법만 봐서는 크게 어려워 보이지 않지만 이렇게 많이 정의된 타입들을 실제로 만들고 찾아 쓰는 게 쉽지 않아 어려움이 많았습니다. 하지만 이 책은 실무에 바로 활용할 수 있도록 타입스크립트를 준비할 수 있는 책입니다. 단순히 문법만 설명하지 않고, 여러 라이브러리들을 분석하여, 어떻게 타입스크립트가 정의되고 쓰이는지 하나하나 배워나갈 수 있습니다. 특히 마지막에 패키지 직접 타이핑하기까지 따라 하다 보면 조금 더 깊이 있게 다룰 수 있고 자신감을 갖게 됩니다. 문법과 간단한 예제만으로는 실제 타입스크립트를 활용하기엔 부족했는데, 여러 라이브러리와, 라이브러리 타입 정의를 직접 실습하다 보니 많은 도움이 되었습니다. 실습도 무리 없이 따라 할 수 있었습니다. 타입스크립트를 제대로 배우고 싶은 분이라면 이 책으로 기초를 쌓아 스스로 학습할 수 있는 기반을 마련할 것을 추천합니다.

실습 환경: macOS Ventura 13.1, VS Code

이호철_프런트엔드 개발자

이 책은 저자가 타입스크립트로 개발하며 얻은 지식들을 친절하게 풀어낸 책입니다. 책을 읽는 내내 단순하게 이론 지식을 전달하는 것을 넘어, 실제 개발자가 궁금해할 지점들을 설명해주는 느낌을 받았습니다. 설치 관련 내용부터 시작하는 책들과 다르게 타입스크립트의 기본 개념과 타입스크립트가 필요한 이유 등으로 시작합니다. 타입스크립트를 활용하며 한 번쯤은 궁금해할 만한 개념들에 대한 설명이 빠짐없이 등장합니다. 마치 독자가 해당 챕터에서 어떤 점을 궁금해할지 미리 알고 있다는 느낌이었습니다. 후반부 실습을 통해 책을 읽기 전 막연히 거부감이 들던 타입과 많이 친해질 수 있었습니다. 프런트엔드 개발자로서 axios, React Hooks의 타입에 대해 실습하며 평소에는 간단히 사용하기만 했던 함수들에 대해 깊게 알게 되는 기회가 되었습니다. 백엔드 개발자를 위한 node.js 관련 타입 분석 파트도 있기에 프런트엔드/백엔드 개발자 상관없이 타입에 대한 숙련도를 높일 수 있을 것입니다. 자바스크립트나 타입스크립트를 사용하는 개발자에게 이 책을 추천합니다.

실습 환경: 윈도10, Node.js 18.16.1, VS Code

박현우_티맥스 와플_2년 차 프런트엔드 개발자

1^장

타입스크립트 시작하기

1장에서는 타입스크립트(TypeScript)가 무엇이고, 왜 사용하는지 알아보겠습니다. 또한, 타입스크립트를 학습할 때 도움이 되는 자료를 소개하고, 이 책의 앞부분 실습에 필요한 플레이그라운드에 대해서도 알아봅니다.

1.1 타입스크립트를 공부할 때 알아야 할 단 한 가지

먼저 타입스크립트가 무엇인지부터 알아봅시다. 타입스크립트 공식 사이트[1]에서는 타입스크립트를 다음과 같이 설명하고 있습니다.

TypeScript is JavaScript with syntax for types.

우리말로 번역하면 '타입스크립트는 타입을 위한 구문이 있는 자바스크립트'입니다. 즉, 타입스크립트는 기본적으로 자바스크립트입니다. 자바스크립트를 알아야 타입스크립트를 배울 수 있습니다. 현재 자바스크립트에 대한 이해도가 낮다면 자바스크립트를 먼저 배우고 오세요. 자바스크립트를 할 줄 안다면 타입스크립트의 90%를 할 수 있는 것이나 다름 없습니다. 나머지 10%가 타입을 위한 구문입니다.

---

1 https://typescriptlang.org/ko

타입을 위한 구문은 다음과 같습니다. 코드의 의미에 대해서는 2장부터 자세하게 배울 텐데, 다음 코드에서 굵게 표시한 부분이 타입을 위한 구문입니다.

```
const hello: string = 'world';
function add(x: number, y: number): number {
  return x + y;
}

interface Person {
  name: string,
  age: number,
}
const person: Person = {
  name: 'zero',
  age: 28,
};
```

이 구문을 제거하면 자바스크립트 코드와 같습니다.

```
const hello = 'world';
function add(x, y) {
  return x + y;
}

const person = {
  name: 'zero',
  age: 28,
};
```

이처럼 타입을 위한 구문은 변수나 매개변수, 반환값 같은 값에 타입을 부여합니다. 타입은 데이터의 형태를 의미합니다. 여기서 데이터의 형태란 자바스크립트에서 배운 문자열, 숫자, 객체 등의 자료형입니다.

위 코드는 hello 변수가 string(문자열) 타입이고, 함수 add의 매개변수인 x와 y가 number(숫자) 타입이며, 함수 add의 반환값이 number 타입임을 표기한 것입니다. 자바스크립트에 있는 타입만 표기할 수 있는 건 아닙니다. person 변수는 Person이라는 타입입니다. 타입의 종류는 2장에서 자세히 배워보겠습니다.

정리하면 타입스크립트는 데이터의 타입을 명시적으로 표시할 수 있게 된 자바스크립트입니다. 즉, 타입스크립트를 배운다는 것은 자바스크립트에 타입을 표시하는 방법을 배우는 것입니다.

다만 모든 자바스크립트 코드가 타입스크립트에서 그대로 실행되는 것은 아닙니다. 돌아가지 않는 경우가 나올 때마다 이 책에서 알아보겠습니다.

1.2 / 공식 문서와 플레이그라운드

타입스크립트를 공부할 때는 이 책과 더불어 공식 사이트[2]를 보는 것이 좋습니다. 공식 사이트는 타입스크립트 핸드북[3]을 제공하고, 이 핸드북을 정독하는 것이 타입스크립트의 기본을 익히는 데 도움이 많이 되기 때문입니다. 아직 공식 사이트를 본 적 없다면 일독을 권합니다. 이 책에서는 핸드북 내용 중 중요한 것을 선별하여 배운 뒤, 배운 문법을 실전 프로젝트에 적용해볼 것입니다.

▼ 그림 1-2 타입스크립트 핸드북

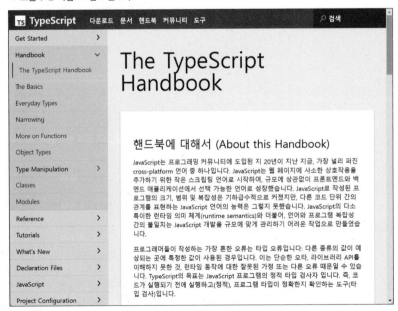

---

2 https://typescriptlang.org/ko

3 https://www.typescriptlang.org/ko/docs/handbook/intro.html

공식 문서는 플레이그라운드[4]라는 실습 환경을 제공합니다. 여기서 자유롭게 타입스크립트 코드를 작성할 수 있고, 타입 정보나 에러도 확인할 수 있습니다. 타입스크립트 버전이나 설정을 자유롭게 변경해 다양한 환경에서 테스트해볼 수도 있습니다.

또한, 플레이그라운드를 사용해 타입스크립트 코드를 남에게 공유할 수도 있습니다. 작성한 코드에 따라 브라우저 주소가 변경되므로, 브라우저 주소를 다른 사람에게 전달하면 됩니다. 받은 주소를 브라우저에 입력하면 똑같은 코드가 플레이그라운드에 표시됩니다.

▼ 그림 1–3 타입스크립트 플레이그라운드

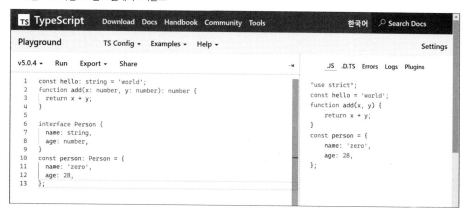

플레이그라운드 화면 우측 부분에는 JS, .D.TS, Errors, Logs, Plugins 탭이 있습니다. 이 중에서 JS 탭과 Errors 탭을 자주 확인할 것입니다.

- JS 탭: 자바스크립트 결과물이 어떻게 나올지 미리 보여주는 탭입니다. 타입스크립트는 결국 자바스크립트로 변환되므로 타입을 위한 구문을 제외하면 유효한 자바스크립트 코드여야 한다는 점을 염두에 두고 프로그래밍해야 합니다.

- Errors 탭: 타입스크립트 코드에 있는 에러를 표시합니다. 에러가 없어야 올바른 코드이므로 이 탭에 에러가 표시될 때마다 에러를 해결해야 합니다.

코드 입력창 바로 위의 메뉴를 보면 맨 앞에 **v5.0.4**라고 표시되어 있는데 이는 타입스크립트의 버전을 의미합니다. 이 책을 실습하는 시기에 따라 버전이 다를 텐데, 이 버튼을 눌러 버전을 바꿀 수 있습니다. 그러나 5.0 버전 이상이면 실습에는 크게 문제가 없을 것입니다.

---

4   https://typescriptlang.org/ko/play

▼ 그림 1-4 플레이그라운드 버전 선택하기

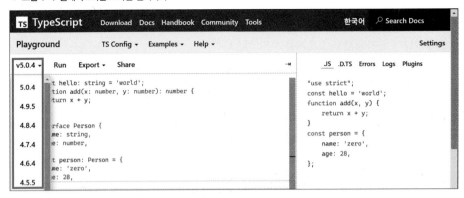

TS Config 메뉴를 누르면 타입스크립트에 관한 설정을 변경할 수 있습니다. 설정에 관해서는 필요할 때마다 소개하겠습니다. 현재는 strict 체크박스에 표시되어 있는지만 확인하면 됩니다.

▼ 그림 1-5 TS Config 메뉴

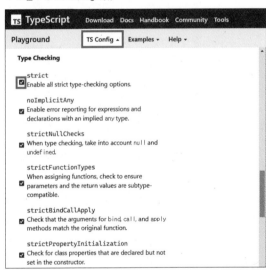

플레이그라운드는 학습 중 간단한 코드를 실행해보고 싶을 때 적합합니다. 플레이그라운드는 복잡한 서비스를 만들 수 없으므로, 그런 서비스를 만들기 위해서는 자신의 컴퓨터에 타입스크립트 실행 환경을 설정해야 합니다. 이 설정 방법은 4장에서 배우고, 그 전까지는 플레이그라운드에서 실습하겠습니다.

1.3 왜 타입이 필요한가

타입스크립트가 자바스크립트에 타입 구문이 추가된 언어라는 것은 이해했을 것입니다. 그렇다면 왜 자바스크립트 대신 타입스크립트를 쓰는 걸까요? 왜 타입이 필요하게 되었을까요? 그 이유에 대해 타입스크립트 공식 사이트에서는 다음과 같이 설명하고 있습니다.[5]

> 자바스크립트는 프로그래밍 커뮤니티에 도입된 지 20년이 지난 지금, 가장 널리 퍼진 cross-platform 언어입니다. 자바스크립트는 웹 페이지에 사소한 상호 작용을 추가하기 위한 작은 스크립팅 언어로 시작하여, 규모에 상관없이 프런트엔드와 백엔드 애플리케이션에서 선택할 수 있는 언어로 성장했습니다. 자바스크립트로 작성된 프로그램의 크기, 범위, 복잡성은 기하급수적으로 커졌지만, 다른 코드 단위 간 관계를 표현하는 자바스크립트 언어의 능력은 그렇지 못했습니다. 자바스크립트의 다소 특이한 런타임 의미 체계(runtime semantics)와 더불어, 언어와 프로그램 복잡성 간 불일치는 자바스크립트 개발을 규모에 맞게 관리하기 어려운 작업으로 만들었습니다.
>
> 프로그래머들이 작성하는 가장 흔한 오류는 타입 오류입니다. 다른 종류의 값이 예상되는 곳에 특정한 값을 사용한 경우입니다. 이는 단순한 오타, 라이브러리 API를 이해하지 못한 것, 런타임 동작에 대한 잘못된 가정 또는 다른 오류 때문일 수 있습니다. 타입스크립트의 목표는 자바스크립트 프로그램의 정적 타입 검사자입니다. 즉, 코드가 실행되기 전에 실행하고(정적), 프로그램 타입이 정확한지 확인하는 도구(타입 검사)입니다.

다시 말해 자바스크립트로 만드는 프로그램의 규모가 점점 커지고, 방대한 코드를 타입 없이 작성하려니 타입 관련 오류와 오타가 많이 발생하게 되었다는 것입니다. 타입스크립트는 타입 관련 오류와 오타를, 코드를 실행하기 전에 잡아주므로 실제로 코드를 실행했을 때 오류가 나는 경우가 많이 줄어들게 됩니다.

타입 관련 오류는 자바스크립트에서 주로 TypeError(타입에러)로 표시됩니다. 자바스크립트의 오류는 크게 세 가지로 분류할 수 있는데 문법에러, 타입에러, 그 외의 기타에러입니다. 문법에러가 있으면 자바스크립트와 타입스크립트가 아예 실행되지 않으므로 비교 대상이 아니고, 기타에러는 런타임(runtime, 코드가 실제 실행될 때를 의미)에러로 자바스크립트와 타입스크립트 둘

---

5 https://www.typescriptlang.org/ko/docs/handbook/intro.html

다 문제가 발생하므로 비교 대상이 아닙니다. 유일하게 봐야 할 곳이 타입과 관련한 에러인 타입에러입니다. 타입스크립트는 자바스크립트에 비해 타입에러를 사전에 방지하는 데 탁월합니다.

❤ 표 1-1 타입스크립트와 자바스크립트의 에러 처리 비교

에러 처리 여부	자바스크립트	타입스크립트
문법에러(SyntaxError)	O	O
타입에러(TypeError)	X	O
기타에러(런타임에러)	X	X

에러 로그를 수집하고 분석하는 서비스를 제공하는 회사인 Rollbar에서 조사한 자료에 따르면 자바스크립트에서 많이 발생하는 10가지 에러는 다음과 같습니다.[6]

1. Uncaught TypeError: Cannot read property

2. TypeError: 'undefined' is not an object (evaluating…)

3. TypeError: null is not an object (evaluating…)

4. (unknown): Script error

5. TypeError: Object doesn't support property

6. TypeError: 'undefined' is not a function

7. Uncaught RangeError

8. TypeError: Cannot read property 'length'

9. Uncaught TypeError: Cannot set property

10. ReferenceError: event is not defined

이 중 4번과 7번을 제외한 다른 에러들은 대부분 타입에러이므로 타입스크립트가 미리 탐지할 수 있습니다. 즉, 타입스크립트 도입만으로 자바스크립트에 발생하는 대부분의 에러를 막을 수 있는 것입니다.

타입스크립트가 타입에러를 잡는 예를 두 가지 들어보겠습니다. 첫 번째는 사소한 오타가 있는 경우입니다. 다음 코드를 플레이그라운드에 입력해보세요.

---

6 https://rollbar.com/blog/top-10-javascript-errors-from-1000-projects-and-how-to-avoid-them

```
const human = {
  sayHello() {

  }
};
human.syaHello();
```

▼ 그림 1-6 오타를 잡아주는 타입스크립트

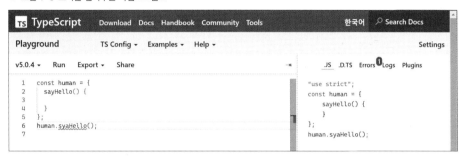

지금 코드에는 오타가 있습니다. sayHello 대신 syaHello라고 적혀 있습니다. 사람이라면 무심코 지나쳤을 수 있지만, 타입스크립트는 오타 부분에 밑줄을 그어 정확하게 오타를 지적합니다. 오타 부분에 마우스를 올려보면 다음과 같은 에러 메시지가 나타납니다.

▼ 그림 1-7 오타에 대한 에러 메시지

syaHello라는 속성은 없다고 알려주면서 sayHello를 잘못 적은 것이 아니냐고 묻습니다. 타입스크립트 덕분에 코드를 실행하기 전에 사소한 오타를 발견하여 수정할 수 있게 되었습니다.

또한, sayHello를 입력하면서 본 것처럼 타입스크립트는 자동 완성 기능을 제공합니다.

▼ 그림 1-8 자동 완성 기능을 제공하는 타입스크립트

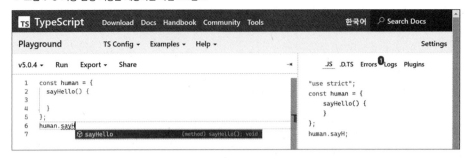

human이라는 객체에 sayHello 속성이 들어 있음을 파악하고 있기에 자동 완성 기능을 제공할 수 있는 것입니다. 코딩할 때 타자를 적게 입력해도 되므로 생산성이 올라갑니다.

두 번째는 타입 관련 오류가 있는 경우입니다.

```
const human = {
  mouth: null,
};
human.mouth.sayHello();
```

이 코드는 문법적으로 아무런 문제가 없지만, 콘솔 창에 실행하면(플레이그라운드가 아니라 브라우저 개발자도구(F12)의 **Console** 탭에 입력합니다) 다음과 같은 에러가 발생합니다.

```
Uncaught TypeError: Cannot read properties of null (reading 'sayHello')
```

null의 속성인 sayHello를 읽을 수 없다는 타입에러로, human.mouth가 null 타입이라 발생하는 에러입니다. 타입스크립트를 사용하면 이런 타입에러도 막을 수 있습니다.

▼ 그림 1-9 타입에러를 미리 잡는 타입스크립트

코드를 실행하기 전에 human.mouth가 null일 수도 있으니 sayHello를 붙일 수 없다고 알려줍니다.

하지만 타입스크립트를 쓴다고 타입에러가 아예 발생하지 않는 것은 아닙니다. 타입을 정확하지 않게 입력한 경우에는 에러가 발생할 수 있습니다.

```
const array = [123, 4, 56];
array[3].toFixed();
```

array 변수는 숫자의 배열이지만 array[3]은 undefined입니다. 따라서 toFixed를 쓰면 에러가 나는 상황인데도 타입스크립트는 에러를 미리 잡지 못합니다(이 문제의 원인과 해결법은 2.4절에서 다룹니다).

타입스크립트가 모든 에러를 사전에 차단할 수는 없지만, 타입을 정확하게 입력했다는 전제하에는 코드를 실행하기 전에 타입 관련 에러와 오타를 제거할 수 있어서 좋습니다.

요즘에는 자바스크립트로 서버를 만들어 실행하기도 하고, 규모가 큰 웹 사이트를 제작하기도 합니다. 이러한 상황에 타입스크립트를 도입하여 타입에러를 사전에 차단하면 서비스의 안정성이 높아집니다. 서비스에 에러가 발생하면 서비스를 만든 자신이 고쳐야 하므로, 처음부터 안정적인 코드를 작성하는 것이 좋습니다. 타입스크립트는 자바스크립트 프로그래머에게 제일가는 선택지입니다.

또한, 타입스크립트는 자바스크립트 코드에 대한 설명서 역할도 합니다. 다음 코드는 타입스크립트가 만든 Array.prototype.forEach 메서드에 대한 타입입니다(정확한 의미는 3.5절에서 배웁니다).

lib.es5.d.ts
```
interface Array<T> {
    forEach(callbackfn: (value: T, index: number, array: T[]) => void, thisArg?: any):
 void;
}
```

이 코드에 대해 간단히 설명하면 forEach 메서드가 callbackfn과 thisArg라는 두 인수를 받을 수 있다는 걸 표시하고 있습니다.

```javascript
[1, 2, 3].forEach(function() {
  console.log(this); // window
});

[1, 2, 3].forEach(function() {
  console.log(this); // document
}, document);
```

첫 번째 forEach는 callbackfn 인수만 사용한 것이고, 두 번째 forEach는 callbackfn과 thisArg 두 인수를 모두 사용한 것입니다.

많은 사람이 callbackfn은 사용하지만, thisArg는 잘 사용하지 않습니다. 하지만 타입스크립트의 타입을 보다 보면 thisArg에 대해 알게 되고, 공부하거나 사용해보는 계기가 되기도 합니다. 남이 만든 타입을 살펴보면서 몰랐던 사용법을 알기도 하고, 반대로 직접 타입을 만들면서 남들에게 자신의 코드의 사용법을 알릴 수도 있습니다.

이제 본격적으로 타입스크립트를 배우러 가봅시다.

2장

기본 문법 익히기

이 장에서는 타입스크립트의 기본 문법을 배워보겠습니다. 배운 것을 모두 외울 필요는 없습니다. 한두 번 훑어본 뒤 바로 실전 라이브러리 분석으로 넘어가세요. 분석하면서 배웠던 것이 기억나지 않는다면 다시 돌아와서 복습하면 됩니다.

이 장의 모든 코드는 플레이그라운드에 입력합니다. 그리고 앞서 소개한 핸드북을 함께 보는 것을 추천합니다.

2.1 / 변수, 매개변수, 반환값에 타입을 붙이면 된다

타입스크립트를 사용할 때는 어떤 값에 타입을 부여할지 알고 있어야 합니다. 기본적으로 변수와 함수의 매개변수, 반환값에 타입을 부여한다고 생각하면 됩니다. 앞으로는 타입을 부여하는 행위를 타이핑(typing)이라고 표현하겠습니다.

기본 타입으로는 string(문자열), number(숫자), boolean(불 값), null, undefined, symbol(심볼), bigint, object(객체)가 있습니다. 자바스크립트의 자료형과 대응됩니다. 함수와 배열도 객체이므로 object에 포함됩니다.

다음과 같이 변수 이름 바로 뒤에 콜론과 함께 타입을 표기합니다.

```
const str: string = 'hello';
const num: number = 123;
const bool: boolean = false;
const n: null = null;
const u: undefined = undefined;
const sym: symbol = Symbol('sym');
const big: bigint = 100000000n;
const obj: object = { hello: 'world' };
```

플레이그라운드에 입력하면 bigint에서 에러가 발생할 텐데 **TS Config** 메뉴를 누르고 Target을 ES2022로 변경하면 에러가 발생하지 않습니다. ES2020에서 추가된 타입이라 ES2020 이상의 자바스크립트에서만 동작하기 때문입니다. 마찬가지 이유로 symbol 타입도 Target이 ES2015 이상이어야만 동작합니다.

▼ 그림 2-1 Target을 ES2022로 변경

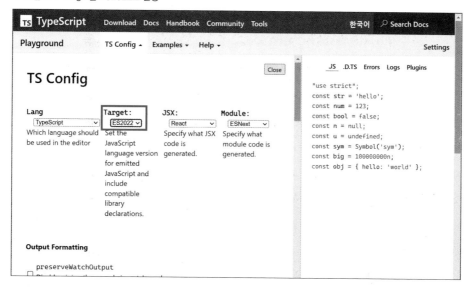

함수에서는 다음과 같이 타입을 표기합니다. 매개변수의 타입은 매개변수 바로 뒤에 표기하고, 반환값의 타입은 함수의 매개변수 소괄호 뒤에 표기합니다.

```
function plus(x: number, y: number): number {
  return x + y;
}

const minus = (x: number, y: number): number => x - y;
```

2.2 타입 추론을 적극 활용하자

이전 절에서 선언한 plus 함수를 사용한다고 생각해봅시다.

```
function plus(x: number, y: number): number {
  return x + y;
}

const result1: number = plus(1, 2);
const result2 = plus(1, 2);
```

plus 함수의 반환값을 result1 변수에 대입했습니다. plus 함수의 반환값이 숫자이므로 result1
도 숫자로 타입을 부여했습니다. 그런데 result2에는 타입을 부여하지 않았습니다. 타입을 부여
하지 않은 이유는 타입을 부여하지 않아도 타입스크립트가 알아서 result2의 타입을 추론하기 때
문입니다.

플레이그라운드에서 result2 변수 위에 마우스를 올려보면 타입스크립트가 타입을 무엇으로 추론
하는지 알 수 있습니다.

```
function plus(x: number, y: number): number {
  return x + y;
}

const result1: number = plus(1, 2);
const result2 = plus(1, 2); ┈┈┈ const result2: number
```

명시적으로 타입을 부여하지 않아도 타입스크립트는 result2의 타입을 알고 있습니다. 애초에
number일 수밖에 없는 게, plus의 반환값이 number 타입이고, result2에는 그 반환값을 대입했기
때문입니다.

이런 식으로 타입스크립트는 어느 정도 변수와 반환값의 타입을 스스로 추론할 수 있습니다. 다만
매개변수에는 타입을 부여해야 합니다. 어떤 값이 들어올지 모르니까요.

타입을 부여하지 않으면 다음과 같이 에러 메시지가 표시됩니다.

```
function plus(x, y) {  ------- function plus(x: any, y: any): any
  return x + y;  ------- Parameter 'y' implicitly has an 'any' type.
}        Parameter 'x' implicitly has an 'any' type.
```

Note ≡　**코드에서 사용하는 블록의 의미**

- 검은색 블록: 타입스크립트의 마우스오버 메시지
- 보라색 블록: 타입스크립트의 에러 메시지

매개변수 x와 y가 암묵적으로 any 타입을 갖고 있다는 뜻입니다. 암묵적이란 직접 타입을 표기하지 않아서 타입스크립트가 타입을 추론했다는 의미입니다. 암묵적 any 때문에 발생하는 에러를 implicitAny 에러라고 부릅니다.

any는 2.7.1절에서 상세하게 다룹니다. 지금은 모든 타입을 허용하는 타입이라고 생각하면 됩니다. 매개변수로 무엇이 들어올지 모르기에 any로 타입을 추론한 것입니다. plus 함수에 마우스오버해보면 반환값도 any로 추론되었음을 알 수 있습니다.

이번에는 plus 함수의 매개변수에 타입을 표기해보겠습니다.

```
function plus(x: number, y: number) {  ------- function number(x: number, y: number): number
  return x + y;
}
```

plus 함수의 반환값이 number로 추론되어 있는 것이 보입니다. x도 number이고 y도 number이니 x + y도 number일 것입니다. 따라서 반환값이 number로 추론되는 것이죠.

타입스크립트가 타입을 제대로 추론할 때도 있고 틀리게 추론할 때도 있는 것 같은데, 타입스크립트의 추론을 어느 정도로 믿어야 할까요? 타입스크립트의 추론을 활용하기보다는 그냥 모든 변수, 매개변수, 반환값에 타입을 표기하는 게 낫지 않을까요?

타입스크립트의 추론을 활용할까 말까 고민하던 중, 저는 타입스크립트를 사용할 때 다음과 같은 한 가지 원칙을 세웠습니다.

타입스크립트가 타입을 제대로 추론하면 그대로 쓰고, 틀리게 추론할 때만 올바른 타입을 표기한다.

이 원칙을 세우게 된 이유는 다음과 같은 코드 때문입니다. 이전 절의 코드에서 타입 표기를 제거한 것입니다.

```
const str = 'hello'; ------- const str: "hello"
const num = 123; ------- const num: 123
const bool = false; ------- const bool: false
const n = null; ------- const n: null
const u = undefined; ------- const u: undefined
const sym = Symbol('sym'); ------- const sym: typeof sym
const big = 100000000n; ------- const big: 100000000n
const obj = { hello: 'world' }; ------- const obj: { hello: string }
```

각 변수에 마우스오버해보면 뜻밖의 결과가 나옵니다. 이전 절에서 타입을 표기했던 것과 대부분 다르게 추론됩니다. 결론부터 말하면 타입스크립트의 추론이 더 정확한 추론입니다. const로 선언했기에 str 변수는 'hello' 외의 다른 문자열이 될 수 없습니다. 그런데 이전 절에서는 string 으로 표기한 것이죠.

여기서 두 가지를 알고 넘어가야 합니다.

첫째, 타입을 표기할 때는 'hello', 123, false 같은 정확한 값을 입력할 수 있습니다. 이를 리터럴 타입이라고 부릅니다. 리터럴 타입에 대해서는 다음 절에서 자세하게 살펴봅니다.

둘째, 타입을 표기할 때는 더 넓은 타입으로 표기해도 문제가 없습니다. 예를 들어 다음 코드에는 아무런 에러도 없습니다.

```
const str1: 'hello' = 'hello';
const str2: string = 'hello';
const str3: {} = 'hello';
```

참고로 {} 타입은 객체를 의미하는 것이 아니라 null과 undefined를 제외한 모든 타입을 의미합니다. 셋 중에서 제일 정확한 타입은 'hello'입니다. 그런데 2.1절에서는 string을 사용했습니다. 틀린 건 아니지만 조금 부정확한 타입을 사용한 셈이죠. 이렇게 개발자의 실수로 타입스크립트가 제대로 추론해준 타입을 쓰지 않고 부정확한 타입을 쓸 수 있습니다. 가만히 있으면 정답인데 괜히 긁어 부스럼을 만든 셈이죠.

이러한 이유로 타입스크립트가 제대로 추론했다면 그대로 사용하고, 잘못 추론했다면 그때 직접 타입을 표기한다는 원칙을 세우게 되었습니다.

const 대신 let을 사용하는 경우도 한번 보고 넘어가면 좋습니다.

```
let str = 'hello'; ······· let str: string
let num = 123; ······· let num: number
let bool = false; ······· let bool: boolean
let n = null; ······· let n: any
let u = undefined; ······· let u: any
let sym = Symbol('sym'); ······· let sym: symbol
let big = 100000000n; ······· let big: bigint
let obj = { hello: 'world' }; ······· let obj: { hello: string }
```

let을 사용하면 const와는 전혀 다르게 타입을 추론합니다. let으로 선언한 변수는 다른 값을 대입할 수 있기에 타입을 넓게 추론하는 것입니다. 이러한 현상을 타입 넓히기(Type Widening)라고 부릅니다. 다만 자료형을 바꾸는 경우는 그리 많지 않으므로 처음 대입한 값의 타입을 기반으로 추론합니다. 'hello'는 string이므로 str 변수도 string으로 추론하는 식입니다.

또 특이한 점이 몇 가지 있습니다. 먼저 null과 undefined를 let 변수에 대입할 때는 any로 추론합니다. 이 점은 기억해두는 것이 좋습니다.

sym은 const일 때는 typeof sym이었는데, let일 때는 symbol입니다. typeof sym은 고유한 symbol을 의미합니다. const이므로 다른 symbol로 변경할 수 없는 symbol인 것이죠. 타입스크립트는 이를 unique symbol이라고 표현합니다. unique symbol끼리는 서로 비교할 수 없습니다. 다만 unique symbol과 일반 symbol끼리나, 두 개의 일반 symbol끼리는 비교할 수 있습니다.

```
const sym1 = Symbol.for('sym'); // unique symbol
const sym2 = Symbol.for('sym'); // unique symbol
let sym3 = Symbol.for('sym');
let sym4 = Symbol.for('sym');

if (sym1 === sym2) {} ······· This comparison appears to be unintentional because the
                              types 'typeof sym1' and 'typeof sym2' have no overlap.
if (sym3 === sym4) {}
if (sym2 === sym3) {}
```

앞의 예제는 자바스크립트에서는 문제가 없는 코드입니다. sym1 === sym2도 true입니다. 하지만 타입스크립트에서는 unique symbol끼리의 비교를 금지하고 있습니다.

obj는 const일 때나 let일 때나 { hello: string }입니다. 속성 값인 'world'가 string으로 추론되었습니다. const나 let일 때 모두 객체의 속성은 변경할 수 있기에 타입스크립트가 string으로 추론한 것입니다.

타입스크립트로 코딩할 때 타입 추론과 타입 넓히기를 적극 활용해보세요.

Note ≡ **타입스크립트의 에러를 무시하려면**

자바스크립트에서는 문제가 없던 코드가 타입스크립트에서는 에러로 표시될 수 있습니다. 어떻게 수정해야 할지 모를 때 다음과 같은 방법으로 에러를 없앨 수 있습니다.

```
// @ts-ignore
if (sym1 === sym2) {}
```

에러가 나는 코드 윗줄에 @ts-ignore 주석을 달면 됩니다. 하지만 이렇게 에러를 무시하기보다는 올바른 타입스크립트 코드를 작성하는 것이 좋습니다. 이 방법은 임시방편으로만 사용하세요.

@ts-expect-error 주석도 있습니다. @ts-ignore 주석은 다음 줄의 코드가 올바른 코드이든 아니든 에러가 난다면 무시하겠다는 뜻이지만, 이 주석은 다음 줄의 코드가 반드시 에러가 나는 코드이지만 무시하겠다는 뜻입니다. 다음 줄의 코드가 에러가 나는 코드가 아니라면 반대로 에러가 발생합니다.

따라서 웬만하면 @ts-expect-error 주석을 사용하는 것이 좋습니다. 다음 줄의 코드에 확실한 에러가 있다는 것을 알릴 수 있기 때문입니다(@ts-ignore 주석은 다음 줄의 코드에 에러가 있음을 보장하지 않습니다).

TYPESCRIPT

2.3 값 자체가 타입인 리터럴 타입이 있다

이전 절에서 배운 리터럴 타입에 대해 좀 더 알아봅시다. 타입 자리에 리터럴 값을 표기하면 됩니다.

```
let str: 'hello' = 'hello';
str = 'world'; ┄┄┄┄┄ Type '"world"' is not assignable to type '"hello"'.
```

자바스크립트에서는 변수를 let으로 선언하면 어떤 값이든지 자유롭게 대입할 수 있습니다. 하지만 타입스크립트에서는 표기한 타입과 일치하는 값만 대입할 수 있습니다. 어떻게 보면 변수에 값을 자유롭게 대입하던 자바스크립트의 자유도를 제한받는다고 느낄 수 있습니다. 맞습니다. 타입스크립트는 자바스크립트의 자유도를 희생하는 대신 타입 안정성을 챙기는 언어입니다.

사실 let의 경우 원시 자료형에 대한 리터럴 타입을 표기하는 경우는 거의 없습니다. 애초에 그 목적으로 const 변수가 있습니다.

```
const str = 'hello'; ┄┄┄┄┄ const str: "hello";
```

이렇게 하면 간단합니다. 타입스크립트가 알아서 "hello" 리터럴 타입으로 추론하므로 굳이 let으로 변수를 선언하여 리터럴 타입을 표기할 이유가 없습니다. 다만 리터럴 타입이 아닌 자료형 타입은 let과 함께 자주 사용됩니다.

```
let str: string = 'hello';
str = 'world';
str = 123; ┄┄┄┄┄ Type 'number' is not assignable to type 'string'.
```

이제 'world'는 대입할 수 있지만, 123은 대입할 수 없습니다. 아직 let의 자유도를 제한받고 있다는 느낌에 답답할 수 있습니다. 하지만 잘 생각해보면 let 변수에 다른 자료형의 값을 대입하는 경우가 생각보다 많지 않습니다. 대부분의 변수는 같은 자료형 내에서 값이 움직입니다.

'hello', 123, false 같은 원시 자료형에 대한 리터럴 타입 외에도 객체를 표시하는 리터럴 타입이 있습니다.

```
const obj: { name: 'zero' } = { name: 'zero' };
const arr: [1, 3, 'five'] = [1, 3, 'five'];
const func: (amount: number, unit: string) => string
  = (amount, unit) => amount + unit;
```

obj, arr, func의 타입은 각각 객체, 배열, 함수를 표시하는 리터럴 타입입니다. 함수 리터럴 타입에서는 반환값의 표기법이 다르다는 점을 기억하세요. 콜론 대신 =>를 사용합니다. 함수 리터럴 타입에 매개변수와 반환값의 타입을 표기했으므로 실제 값에서는 타입 표기를 생략해도 됩니다.

객체 리터럴 타입을 사용할 때 한 가지 조심해야 할 점이 있습니다. 타입스크립트는 대부분의 경우 여러분이 의도한 것보다 리터럴 타입을 더 부정확하게 추론합니다. 다음 코드를 보세요.

```
const obj = { name: 'zero' }; ······ const obj: { name: string }
const arr = [1, 3, 'five']; ······ const arr: (string | number)[]
```

처음 보는 표기가 나왔습니다. 다음 절에서 배우겠지만 (string | number)[]는 (문자열 또는 숫자)의 배열이라는 뜻입니다. obj의 타입도 이전과는 다릅니다.

자바스크립트의 객체는 const 변수라도 수정할 수 있으므로, 타입스크립트는 수정 가능성을 염두에 두고 타입을 넓게 추론합니다.

값이 변하지 않는 것이 확실하다면 as const라는 특별한 접미사(suffix)를 붙이면 됩니다.

```
const obj = { name: 'zero' } as const; ······ const obj: { readonly name: 'zero' }
const arr = [1, 3, 'five'] as const; ······ const arr: readonly [1, 3, 'five']
obj.name = 'nero'; ······ Cannot assign to 'name' because it is a read-only property.
arr.push(7); ······ Property 'push' does not exist on type 'readonly [1, 3, "five"]'.
```

타입이 고정되어 추론되는 걸 볼 수 있습니다. obj의 속성 앞에 readonly라는 수식어(modifier)가 붙어 있습니다. arr 배열에도 readonly 수식어가 붙어 있고요. readonly 수식어가 붙으면 해당 값은 변경할 수 없습니다. 자바스크립트라면 문제가 없을 객체와 배열의 변경 작업이지만, 타입스크립트에서는 에러가 발생합니다. 자바스크립트에서는 실수로 객체를 변경해서 에러가 발생하는 일이 종종 있었는데 타입스크립트에서는 이를 엄격하게 통제할 수 있습니다.

2.4 배열 말고 튜플도 있다

잠깐, 배열 타이핑에 대해 알아보고 넘어가겠습니다. 배열에는 이론상 무한한 값들이 들어갈 수 있는 만큼 그 값을 일일이 타이핑하기는 불가능합니다. 그래서 배열의 타입을 간단하게 표기하는 방법이 있습니다.

```typescript
const arr1: string[] = ['1', '2', '3'];
const arr2: Array<number> = [1, 2, 3];
arr1.push(4); ┈┈┈┈ Argument of type 'number' is not assignable to parameter of type 'string'.
```

타입[] 또는 Array<타입>으로 타이핑하면 됩니다. 여기서의 타입은 요소의 타입을 의미합니다. string[]인 경우 모든 요소가 string이라는 뜻입니다. 다른 자료형의 값은 넣을 수 없습니다. <> 표기법을 제네릭이라고 부릅니다(2.14절에서 자세히 알아봅니다).

타입스크립트는 배열을 추론할 때 요소들의 타입을 토대로 추론합니다. 빈 배열은 any[]로 추론되므로 주의해야 합니다.

```typescript
const arr3 = [1, 3, 5]; ┈┈┈┈ const arr3: number[]
const arr4 = [1, '3', 5]; ┈┈┈┈ const arr3: (string | number)[]
const arr5 = []; ┈┈┈┈ const arr3: any[]
```

arr3 배열의 요소는 전부 number 타입이라 arr3는 number[]로 추론됩니다. arr4에는 '3' 문자열이 들어 있어서 요소가 string이거나 number 타입입니다. 따라서 타입스크립트는 (string | number)[] 로 추론합니다. | 연산자는 2.6절에서, any[]는 2.7.1절에서 다시 언급합니다.

이러한 추론에는 한계도 있습니다. 1.3절에서 봤던 문제를 다시 보겠습니다.

```typescript
const array = [123, 4, 56];
array[3].toFixed();
```

array[3]이 undefined인데도 toFixed 메서드를 붙일 수 있는 문제가 있었습니다. array가 number[]로 추론되면서 array[3]은 number로 추론되기 때문입니다. 이러한 문제는 바로 뒤에 배우는 튜플을 사용해서 해결할 수 있습니다.

자바스크립트에서는 배열에 아무 타입의 값이나 자유롭게 넣을 수 있었는데, 타입스크립트에서는 자유도가 제한되었습니다. 하지만 잘 생각해보면 배열에는 대부분 같은 타입의 값이 들어갑니다. 다른 타입의 값이 들어가는 경우에는 보통 배열의 길이가 짧거나 고정되어 있습니다.

각 요소 자리에 타입이 고정되어 있는 배열을 특별하게 튜플(tuple)이라고 부릅니다. 튜플은 다음과 같이 타이핑합니다.

```
const tuple: [number, boolean, string] = [1, false, 'hi'];
tuple[0] = 3;
tuple[2] = 5; ------ Type 'number' is not assignable to type 'string'.
// Tuple type '[number, boolean, string]' of length '3' has no element at index '3'.
tuple[3] = 'no'; ------ Type '"no"' is not assignable to type 'undefined'.
tuple.push('yes');
```

[] 안에 정확한 타입을 하나씩 입력하면 됩니다. 표기하지 않은 자리는 undefined 타입이 됩니다. [number, boolean, string]으로 타이핑했으니 0번째 인덱스는 숫자만, 1번째 인덱스는 불 값만, 2번째 인덱스는 문자열만 가능합니다. 표기하지 않은 3번째 인덱스부터는 undefined 타입이 됩니다. 따라서 tuple[2]에 숫자를 넣을 때나, tuple[3]에 문자열을 넣을 때는 전부 에러가 발생합니다. 또한, 3번째 이상의 인덱스에 접근하려 하면 해당 인덱스에는 요소가 없다는 에러 메세지가 표시됩니다.

희한하게도 push, pop, unshift, shift 메서드를 통해 배열에 요소를 추가하거나 제거하는 것은 막지 않습니다. push를 사용할 수는 있지만 tuple[4]처럼 인덱스에 접근할 수가 없으니, 딱히 의미가 없습니다. push를 사용하는 것까지 막으려면 readonly 수식어를 붙여주어야 합니다. 그러면 튜플을 수정할 수 없습니다.

```
const tuple: readonly [number, boolean, string] = [1, false, 'hi'];
tuple.push('no'); ------ Property 'push' does not exist on type 'readonly [number, boolean, string]'.
```

튜플에서는 push 같은 메서드로 값을 바꾸는 것을 기본적으로 막지 않는다는 사실을 기억하세요. 튜플이 아닌 배열에서도 readonly 수식어를 붙일 수 있습니다.

앞에서 문제가 되었던 예제도 튜플로 해결할 수 있습니다.

```
const array = [123, 4, 56];
array[3].toFixed();
```

다음과 같이 수정하면 됩니다.

```
const array: [number, number, number] = [123, 4, 56];
array[3].toFixed(); ······· Object is possibly 'undefined'.
```

객체가 undefined일 수도 있다고 에러가 표시됩니다. undefined인 경우에는 toFixed 메서드를 쓰지 못하므로 알려주는 것입니다. 이렇듯 배열보다 더 정교한 타입 검사를 원한다면 튜플을 사용할수 있습니다.

지금까지의 예시만 보면 튜플의 길이가 고정되어 있는 것 같아 보입니다. 이 책에서는 튜플을 길이가 고정된 배열이라고 설명하지 않고, 각 요소 자리에 타입이 고정되어 있는 배열이라고 설명했는데 그 이유가 있습니다.

```
const strNumBools: [string, number, ...boolean[]]
  = ['hi', 123, false, true, false];
const strNumsBool: [string, ...number[], boolean]
  = ['hi', 123, 4, 56, false];
const strsNumBool: [...string[], number, boolean]
  = ['hi', 'hello', 'wow', 123, false];
```

...타입[] 표기를 통해 특정 타입이 연달아 나올 수 있음을 알릴 수 있기 때문입니다. strNumBools 변수는 첫 번째 요소의 타입이 string, 두 번째 요소의 타입이 number이면 되고, 세 번째부터는 boolean이면 됩니다. 이처럼 ...은 전개(spread) 문법으로 특정 자리에 특정 타입이 연달아 나옴을 표시할 수 있습니다.

타입이 아니라 값에 전개 문법을 사용해도 타입스크립트는 타입 추론을 해냅니다.

```
const arr1 = ['hi', true];
const arr = [46, ...arr1]; ······· const arr: (string | number | boolean)[]
```

구조분해 할당에서는 나머지 속성(rest property) 문법을 사용할 수 있습니다. 이 경우에도 타입스크립트는 타입을 알아서 추론합니다.

```
                   ┌------- const a: string;
                   ┆
const [a, ...rest1] = ['hi', 1, 23, 456];
// 명시적 타이핑 ┆------- const rest1: [number, number, number]
const [b, ...rest2]: [string, ...number[]] = ['hi', 1, 23, 456];
   ┆                     ┆
   const b: string;  ┆------- const rest2: [number, number, number]
```

또 하나의 특별한 표기가 있습니다.

```
let tuple: [number, boolean?, string?] = [1, false, 'hi'];
tuple = [3, true];
tuple = [5];
tuple = [7, 'no']; ------- Type 'string' is not assignable to type 'boolean | undefined'.
```

타입 뒤에 ? 가 붙어 있습니다. 이는 옵셔널(optional) 수식어로 해당 자리에 값이 있어도 그만, 없어도 그만이라는 의미입니다. [number, boolean?, string?]은 [number] 또는 [number, boolean] 또는 [number, boolean, string]을 의미합니다. 마지막 줄의 에러는 [number, string]을 대입했기 때문입니다. 참고로 옵셔널 자리에는 undefined가 들어갈 수 있습니다.

2.5 타입으로 쓸 수 있는 것을 구분하자

타입을 배우다 보면 값(value)과 타입이 헷갈리기 시작할 것입니다. 어떤 값을 타입으로 사용할 수 있고 어떤 값을 타입으로 사용할 수 없는지 헷갈리고, 타입을 값으로 사용할 수도 있는지 헷갈립니다.

값은 일반적으로 자바스크립트에서 사용하는 값을 가리키고, 타입은 타입을 위한 구문에서 사용하는 타입을 가리킵니다. 결론부터 말하면 타입을 값으로 사용할 수는 없습니다. 타입으로 사용할 수 있는 값과 타입으로 사용할 수 없는 값만 구분하면 됩니다.

이전 절에서 보았듯 대부분의 리터럴 값은 타입으로 사용할 수 있습니다. 반대로 변수의 이름은 타입으로 사용할 수 없습니다. 다만 Date나 Math, Error, String, Object, Number, Boolean 등과 같은 내장 객체는 타입으로 사용할 수 있습니다.

```
const date: Date = new Date();
const math: Math = Math;
const str: String = 'hello';
```

여기서 String, Object, Number, Boolean, Symbol을 타입으로 사용하는 것은 권장하지 않습니다. string, object, number, boolean, symbol을 사용하세요. 이유는 다음과 같은 단점이 있기 때문입니다.

```
function add(x: Number, y: Number) { return x + y; }
                                           Operator '+' cannot be applied to types 'Number' and 'Number'.
const str1: String = 'hello';
const str2: string = str1; ------ // Type 'String' is not assignable to type 'string'. 'string' is a
const obj: Object = 'what?';      primitive, but 'String' is a wrapper object. Prefer using 'string'
                                  when possible.
```

Number 간에는 연산자를 사용할 수 없고, string에 String을 대입할 수도 없습니다. obj 변수는 Object 타입인데도 문자열 대입이 가능합니다. 따라서 string, object, number, boolean, symbol 로 통일해서 쓰는 것이 좋습니다.

타입으로 쓸 수 있는 값, 쓸 수 없는 값을 외우기 어렵다면 일단 타입으로 표기해보면 됩니다. 실수로 타입으로 쓸 수 없는 값을 타입으로 사용하면 타입스크립트가 친절하게 에러 메시지로 알려줍니다.

```
function add(x: number, y: number) { return x + y; }
const add2: add = (x: number, y: number) => x + y;
 'add' refers to a value, but is being used as a type here. Did you mean 'typeof add'?
```

에러 메시지에서 힌트를 얻을 수 있네요. add는 값이지만 타입으로 사용했다는 뜻입니다. 그리고 typeof를 값 앞에 붙일 수 있다는 것을 알려줍니다. 변수에는 typeof를 앞에 붙여 타입으로 사용할 수 있습니다.

```
function add(x: number, y: number) { return x + y; }
const add2: typeof add = (x: number, y: number) => x + y;
```

다만 함수의 호출은 타입으로 사용할 수 없습니다. 함수의 반환값을 타입으로 사용하고 싶을 때 다음과 같은 코드를 작성하면 에러가 발생합니다.

```
function add(x: number, y: number) { return x + y; }
const result1: add(1, 2) = add(1, 2); ----------- 'add' refers to a value, but is being used as a
const result2: typeof add(1, 2) = add(1, 2);      type here. Did you mean 'typeof add'?
                                                  The left-hand side of an assignment expression
                                                  must be a variable or a property access.
         The left-hand side of an assignment expression
         must be a variable or a property access.
```

에러 메시지에서 add는 타입이 아니라 값이고, = 연산자의 왼쪽은 변수이거나 속성 접근(property access)만 된다고 합니다. obj = 'abc'나 obj.x = 'abc' 같은 것만 가능하다는 뜻입니다. 현재 상황에서는 엉뚱한 메시지로 보일 수 있지만, = 연산자 왼쪽에 add(1, 2) 같은 함수 호출이 올 수 없다는 의미입니다.

함수의 반환값을 타입으로 사용하고 싶다면 3.3절의 ReturnType을 참조하세요.

클래스는 조금 다릅니다. 클래스의 이름은 typeof 없이도 타입으로 사용할 수 있습니다.

```
class Person {
  name: string;
  constructor(name: string) {
    this.name = name;
  }
}
const person: Person = new Person('zero');
```

클래스에도 타입을 위한 구문이 추가되었습니다(클래스 타이핑은 2.20절에서 다룹니다).

값과 타입에 적용되는 규칙이 다르므로 둘을 항상 잘 구분할 수 있어야 합니다. 2.32절에 타입으로 사용되는 것과 값으로 사용되는 것을 표로 정리해두었으니 참고하기 바랍니다.

2.6 유니언 타입으로 OR 관계를 표현하자

타입스크립트에는 타입을 위한 새로운 연산자(operator)가 있습니다. 유니언 타입과 유니언 타입을 표기하기 위한 파이프 연산자(|)입니다. 자바스크립트의 비트 연산자와는 다른 역할을 수행합니다.

먼저 유니언 타입에 대해 알아보겠습니다. 유니언 타입은 하나의 변수가 여러 타입을 가질 수 있는 가능성을 표시하는 것입니다.

```typescript
let strOrNum: string | number = 'hello';
strOrNum = 123;
```

strOrNum 변수는 string일 수도 있고 number일 수도 있습니다. 따라서 'hello'와 123 모두 대입할 수 있습니다. 2.4절에서 배열을 배울 때도 잠깐 본 적이 있습니다.

```typescript
const arr4 = [1, '3', 5]; ┄┄┄┄ const arr4: (string | number)[]
```

타입스크립트가 배열의 타입을 추론할 때 요소의 타입이 string 또는 number이므로 (string | number)[]로 추론했습니다. 이때 소괄호가 꼭 필요합니다. 소괄호를 쓰지 않아 string | number[]가 되면 문자열 또는 '숫자의 배열'이 되어버립니다. 이는 '문자열 또는 숫자'의 배열과 완전히 다른 결과입니다.

함수의 매개변수나 반환값에서도 쓰입니다.

```typescript
function returnNumber(value: string | number): number {
  return parseInt(value);
}
returnNumber(1);
returnNumber('1');
```

> Argument of type 'string | number' is not assignable to parameter of type 'string'.
>   Type 'number' is not assignable to type 'string'.

returnNumber 함수의 매개변수 타입이 string | number입니다. value 매개변수가 문자열이 될 수도, 숫자가 될 수도 있다는 뜻입니다. 따라서 returnNumber(1)도 가능하고, returnNumber('1')도 가능합니다. 희한한 점은 parseInt(value)에서 에러가 발생한다는 것입니다. string | number 타입인 인수는 string 타입 매개변수로 넣을 수 없다고 메시지가 나옵니다.

자바스크립트에서는 사실 parseInt(1)과 parseInt('1') 모두 정상적으로 작동합니다. 다만 타입스크립트에서는 parseInt의 인수로 문자열만 넣을 수 있게 제한했습니다. 자바스크립트의 자유도가 제한된 또 다른 사례입니다. parseInt(1)은 어차피 1이니 의미 없는 짓을 하지 말라는 뜻이죠.

따라서 에러가 발생하지 않게 하려면 returnNumber 함수를 다음과 같이 수정해야 합니다.

놀랍게도 타입스크립트가 if문을 인식합니다. if문에서 typeof value === 'number'를 통해 블록 내부 value의 타입이 number라는 것을 알렸습니다. if문 안에 return이 있으므로 if문 바깥에서 value의 타입은 string이 됩니다.

이렇게 유니언 타입으로부터 정확한 타입을 찾아내는 기법을 타입 좁히기(Type Narrowing)라고 부릅니다. 2.2절에서 배운 타입 넓히기와는 반대입니다(다양한 타입 좁히기 기법에 대해서는 2.23절에서 살펴봅니다).

첫 예제에서도 타입 좁히기를 해야만 string이나 number의 속성에 접근할 수 있습니다.

```
let strOrNum: string | number = 'hello';
strOrNum = 123;

if (typeof strOrNum === 'number') {
  strOrNum.toFixed();
}
```

운좋게 각 유니언 타입에 모두 공통적인 속성이 들어 있는 경우에는 타입 좁히기를 할 필요가 없습니다. 다음 함수에서 매개변수 value의 타입은 string일 수도 있고, number일 수도 있고, boolean일 수도 있습니다.

```
function returnString(value: string | number | boolean): string {
  return value.toString();
}
returnString(1);
returnString('1');
returnString(true);
```

문자열, 숫자, 불 값에 모두 toString 메서드가 있고, toString 메서드가 전부 string을 반환하므로 if문이 필요하지 않습니다.

유니언의 문법적 특징이 하나 있습니다. 타입 사이에만 | 연산자를 쓸 수 있는 것이 아니라 타입 앞에도 사용할 수 있다는 점입니다.

```typescript
type Union1 = | string | boolean | number | null;
type Union2 =
  | string
  | boolean
  | number
  | null;
```

Union1과 Union2는 모두 유효한 문법입니다. Union1처럼 사용하는 경우는 거의 없지만, Union2는 여러 줄에 걸쳐서 유니언을 표기하고 싶을 때 종종 사용합니다.

2.7 / 타입스크립트에만 있는 타입을 배우자

2.1절에서 매개변수에 타입을 표기하지 않으면 any 타입이 된다는 것을 알았습니다.

```typescript
                      Parameter 'x' implicitly has an 'any' type.
function plus(x, y) {
  return x + y;        Parameter 'y' implicitly has an 'any' type.
}
```

타입스크립트에는 any처럼 자바스크립트에서는 보지 못한 타입들이 있습니다. any 외에도 unknown, void {}, never 등이 있습니다. 하나씩 살펴봅시다.

2.7.1 any

먼저 any입니다. any는 타입스크립트에서 지양해야 할 타입입니다. 이유는 다음과 같습니다.

```
let str: any = 'hello';
const result = str.toFixed(); ┈┈┈┈ const result: any
```

str 변수는 문자열인데도 toFixed 메서드를 사용하고 있습니다. 하지만 타입스크립트는 에러를 표시하지 않습니다. any 타입은 모든 동작을 허용하기 때문입니다. any 타입을 쓰면 타입스크립트가 타입을 검사하지 못하므로 타입스크립트를 쓰는 의미가 퇴색됩니다.

게다가 any 타입을 통해 파생되는 결과물도 any 타입이 됩니다. 앞의 예제에서 result 변수도 any 타입으로 추론된 것을 확인할 수 있습니다. 한 번 any 타입을 쓰면 그 뒤로도 계속 any 타입이 생성되므로 any의 사용은 지양해야 합니다(여러분이 직접 any를 쓸 일은 거의 없을 겁니다. 이 책에서도 any를 직접 쓰는 경우는 2.17절에서 오버로딩을 배울 때뿐입니다).

직접 any를 쓸 일이 없다면 언제 any 타입을 만나게 될까요? 바로 타입스크립트가 타입을 any로 추론할 때입니다. 대부분의 경우 타입이 any로 추론되면 다음과 같이 implicitAny 에러가 발생합니다.

```
                 ┌┈┈┈┈ Parameter 'x' implicitly has an 'any' type.
function plus(x, y) {
  return x + y;  ┌┈┈┈┈ Parameter 'y' implicitly has an 'any' type.
}
```

하지만 any여도 에러가 발생하지 않을 때가 있습니다. 예를 들어 빈 배열을 선언한 경우입니다. 빈 배열에 타입을 표기하지 않으면 배열이 any[] 타입이 되어버립니다.

```
const arr = []; ┈┈┈┈ const arr: any[]
```

이 경우 배열에 대한 타입 검사가 제대로 이루어지지 않으므로 여러분이 직접 배열에 정확한 타입을 표기해야 합니다. 저는 다음을 원칙으로 세웠습니다.

> any 타입은 타입 검사를 포기한다는 선언과 같다. 타입스크립트가 any로 추론하는 타입이 있다면 타입을 직접 표기해야 한다.

다음과 같이 any가 아닌 타입을 표기하면 됩니다.

```
const arr: string[] = []; ······· const arr: string[]
```

any[]로 추론된 배열에는 한 가지 신기한 점이 있습니다. 배열에 push 메서드나 인덱스로 요소를 추가할 때마다 추론하는 타입이 바뀐다는 점입니다. concat 메서드는 에러가 발생하죠.

```
const arr = []; ······· const arr: any[]
arr.push('1');
arr; ······· const arr: string[]
arr.push(3);
arr; ······· const arr: (string | number)[]

const arr2 = []; ······· const arr2: any[]
arr2[0] = '1';
arr2; ······· const arr2: string[]
arr2[1] = 3;
arr2; ······· const arr2: (string | number)[]
                         Variable 'arr3' implicitly has type 'any[]' in some
const arr3 = []; ······· locations where its type cannot be determined.
const arr4 = arr3.concat('123'); ······· Variable 'arr3' implicitly has an 'any[]' type.
```

다만 pop으로 요소를 제거할 때는 이전 추론으로 되돌아가지 못합니다.

```
const arr = []; ······· const arr: any[]
arr.push('1');
arr; ······· const arr: string[]
arr.pop();
arr; ······· const arr: string[]
```

any는 숫자나 문자열 타입과 연산할 때 타입이 바뀌기도 합니다.

```
const a: any = '123';

const an1 = a + 1;  ------- const an1: any
const nb1 = a - 1;  ------- const nb1: number
const nb2 = a * 1;  ------- const nb2: number
const nb3 = a - 1;  ------- const nb3: number
const st1 = a + '1';  ------- const st1: string
```

어떤 값에 -, *, / 연산을 할 때는 숫자로 바뀌므로 number 타입이 되고, 어떤 값에 문자열을 더하면 문자열이 되므로 string 타입이 됩니다. 다만 숫자를 더할 때는 a가 숫자면 number가 되지만, a가 문자열이면 string이 되므로 타입스크립트는 그냥 any로 추론합니다.

타입스크립트가 명시적으로 any를 반환하는 경우도 있습니다. 대표적으로 JSON.parse와 fetch 함수가 있습니다.

```
fetch('url').then((response) => {
  return response.json();
}).then((result) => {  ------- (parameter) result: any
});
        ------- const result: any
const result = JSON.parse('{"hello":"json"}');
```

이때는 직접 타이핑하여 향후 모든 타입이 any가 되는 것을 방지해야 합니다.

```
fetch('url').then<{ data: string }>((response) => {
  return response.json();
}).then((result) => {  ------- (parameter) result: {
});                              data: string;
                             }

const result: { hello: string } = JSON.parse('{"hello":"json"}');
```

<{ data: string }>은 제네릭이라는 문법으로 2.14절에서 배웁니다. 그리고 then 메서드에 타이핑한 것이 어떻게 다음 then 메서드에 영향을 미치는지는 3.10절에서 알아보겠습니다.

2.7.2 unknown

두 번째 타입은 unknown입니다. unknown은 any와 비슷하게 모든 타입을 대입할 수 있지만, 그 후 어떠한 동작도 수행할 수 없게 됩니다.

```
'a' is of type 'unknown'.
const a: unknown = 'hello';
const b: unknown = 'world';
a + b; ------- 'b' is of type 'unknown'.
a.slice(); ------- 'a' is of type 'unknown'.
```

unknown인 a와 b 변수를 사용한 모든 동작이 에러로 처리됩니다. 그러므로 any처럼 모든 동작을 허용해서 타입 검사가 되지 않는 상황은 발생하지 않습니다.

앞의 예제처럼 unknown 타입을 직접 표시할 경우는 거의 없고, 대부분 try catch문에서 unknown을 보게 됩니다.

```
try {
} catch (e) { ------- var e: unknown
  console.log(e.message); ------- 'e' is of type 'unknown'.
}
```

Note ≣ **혹시나 e가 any로 추론되는 경우**

e가 unknown 대신 any로 추론되는 경우에는 플레이그라운드에서 **TS Config** 메뉴를 누르고, useUnknownInCatchVariables 체크박스에 체크하세요. 이후부터는 e가 unknown으로 추론됩니다.

▼ 그림 2-2 useUnknownInCatchVariables 활성화

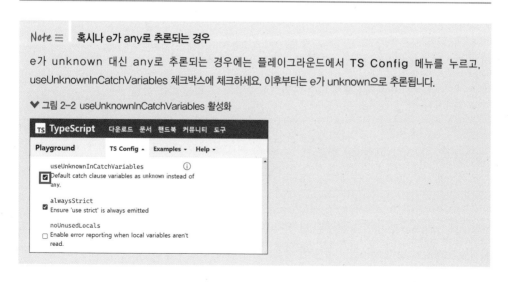

e가 unknown이므로 그 뒤에 어떠한 동작도 수행할 수 없게 됩니다. 게다가 catch문의 e에는 any와 unknown 외의 타입을 직접 표기할 수 없습니다. 이럴 때는 as로 타입을 주장(Type Assertion)할 수 있습니다.

```
try {
} catch (e) {
  const error = e as Error;
  console.log(error.message);
}
```

unknown 타입인 e를 Error 타입으로 강제 지정했습니다. 그 후에는 e가 Error로 인식되어 관련 기능이 동작합니다.

또 다른 Type Assertion 방법으로는 ◇을 사용하는 방법이 있습니다. 배열에서 사용했던 ◇과는 다른 의미입니다(참고로 다음 코드를 에러 없이 사용하려면 **TS Config** 메뉴에서 JSX 옵션이 None이어야 합니다).

```
try {
} catch (e) {
  const error = <Error>e;
  console.log(error.message);
}
```

이 방식은 나중에 배울 React의 JSX와 충돌하므로 ◇ 대신 as로 주장하는 것을 권장합니다.

또한, 항상 as 연산자를 사용해서 다른 타입으로 주장할 수 있는 것은 아닙니다.

```
const a: number = '123' as number;
```
Conversion of type 'string' to type 'number' may be a mistake because neither type sufficiently overlaps with the other. If this was intentional, convert the expression to 'unknown' first.

string에서 number로 타입을 바꾸는 행위는 실수일 것이라고 에러 메시지를 띄웁니다. 실제로도 불가능한 상황이 맞기 때문입니다. 다만 강제로 변환하는 방법이 있습니다.

```
const a: number = '123' as unknown as number;
```

먼저 unknown으로 주장한 후에 원하는 타입으로 다시 주장하면 됩니다. 다만 강제로 주장한 것이므로 as를 사용할 때는 자신이 책임져야 합니다.

as 같은 것을 하나 더 소개하자면 !(non-null assertion) 연산자가 있습니다. 연산자의 이름은 null이 아님을 주장하는 연산자이지만, null뿐만 아니라 undefined도 아님을 주장할 수 있는 연산자입니다.

```
function a(param: string | null | undefined) {
  param.slice(3);
}         '------- 'param' is possibly 'null' or 'undefined'.
```

매개변수 param이 null이거나 undefined일 수도 있으니까 string의 메서드인 slice를 사용할 수 없습니다. 이럴 때 param이 null이나 undefined가 아닌 것이 확실하다면 해당 값 뒤에 ! 연산자를 붙이면 됩니다.

```
function a(param: string | null | undefined) {
  param!.slice(3);
}
```

하지만 param이 null이나 undefined일 수도 있으므로 역시나 자신의 책임하에 사용해야 합니다.

2.7.3 void

그 다음 타입은 void입니다. 자바스크립트에도 있는 연산자이긴 한데 타입스크립트에서는 타입으로 사용됩니다.

```
function noReturn() {} ------- function noReturn(): void
```

함수의 반환값이 없는 경우 반환값이 void 타입으로 추론됩니다. 자바스크립트에서는 반환값이 없는 경우 자동으로 undefined가 반환됩니다. 타입스크립트도 마찬가지이지만, 타입은 void가 됩니다.

```
const func: () => void = () => 3;
const value = func(); ------- const value: void
const func2 = (): void => 3; ------- Type 'number' is not assignable to type 'void'.
const func3: () => void | undefined = () => 3; -- Type 'number' is not assignable to type 'void'.
```

void는 함수의 반환값을 무시하도록 하는 특수한 타입입니다. func 함수의 반환값 타입이 void인데 실제로는 3을 반환하고 있습니다. 하지만 에러는 발생하지 않습니다. 이렇듯 반환값이 void 타입이라고 해서 함수가 undefined가 아닌 다른 값을 반환하는 것을 막지는 않습니다. 하지만 value 변수처럼 void를 반환받은 값의 타입은 void가 되어버립니다. void 타입을 통해서 사용자가 이 함수의 반환값을 사용하지 못하도록 막을 수 있습니다.

다만 조심해야 할 점이 있습니다. func2처럼 반환값의 타입만 따로 표기하는 경우에는 반환값을 무시하지 않습니다. func처럼 함수 전체의 타입을 표기해야만 적용됩니다. func3의 경우도 살펴봐야 합니다. 반환값의 타입이 void와 다른 타입의 유니언이면 반환값을 무시하지 않습니다. 즉, () => void만 반환값을 무시하고, () => void | undefined처럼 다른 타입인 경우에는 무시하지 않는 것입니다.

void를 활용하여 반환값을 무시하는 특성은 콜백 함수에 주로 사용합니다.

```
[1, 2, 3].forEach((v) => v);
[1, 2, 3].forEach((v) => console.log(v));
```

배열의 forEach 메서드는 콜백 함수를 인수로 받습니다. 첫 번째 콜백 함수는 숫자를 반환하고, 두 번째 콜백 함수는 undefined를 반환(console.log의 반환값이 undefined)합니다. 그렇다면 콜백 함수의 타입은 무엇일까요? (v: number) => number | undefined일까요? 갑자기 어떤 사람이 다음과 같이 사용해버린다면 어떻게 해야 할까요?

```
[1, 2, 3].forEach((v) => v.toString());
```

이처럼 forEach의 콜백 함수는 미리 타이핑하기 곤란합니다. 사용자가 그때그때 반환값을 다르게 정할 수 있으니까요. 이와 같은 이유로 콜백 함수의 타이핑을 미리 해두기 곤란하므로 어떠한 반환값이든 다 받을 수 있는 void 타입이 등장하게 되었습니다. (v: number) => void로 타이핑하면 모든 문제가 해결되는 것이죠.

정리하면 void는 두 가지 목적을 위해 사용합니다.

- 사용자가 함수의 반환값을 사용하지 못하도록 제한한다.
- 반환값을 사용하지 않는 콜백 함수를 타이핑할 때 사용한다.

2.7.4 {}, Object

이전에 한 번 언급했던 {} 타입도 있습니다. 객체로 오해할 수 있지만 이 타입은 null과 undefined
를 제외한 모든 값을 의미합니다.

```
const str: {} = 'hello';
const num: {} = 123;
const bool: {} = true;
const obj: {} = { name: 'zero' };
const arr: {} = [];
const func: {} = () => {};
const n: {} = null; ······· Type 'null' is not assignable to type '{}'.
const u: {} = undefined; ······· Type 'undefined' is not assignable to type '{}'.
```

다만 {} 타입인 변수를 실제로 사용하려고 하면 에러가 발생합니다.

```
const obj: {} = { name: 'zero' };
const arr: {} = [];
const func: {} = () => {};
obj.name; ······· Property 'name' does not exist on type '{}'.
arr[0]; ······· Element implicitly has an 'any' type because expression
                 of type '0' can't be used to index type '{}'.
func();            Property '0' does not exist on type '{}'.

This expression is not callable.
  Type '{}' has no call signatures.
```

{} 타입은 Object 타입과 같습니다. 이름은 객체이지만 객체만 대입할 수 있는 타입은 아닙니다.
object 타입과는 다른 타입으로 O를 대문자로 씁니다.

```
const str: Object = 'hello';
const num: Object = 123;
const bool: Object = true;
const obj: Object = { name: 'zero' };
const arr: Object = [];
const func: Object = () => {};
const n: Object = null; ┄┄┄┄ Type 'null' is not assignable to type 'Object'.
const u: Object = undefined; ┄┄┄┄ Type 'undefined' is not assignable to type 'Object'.
```

실제로 사용할 수 없으니, {} 타입은 대부분의 경우 쓸모가 없는 타입입니다. 이는 원시값이 아닌 객체를 의미하는 object 타입도 마찬가지입니다.

```
const obj: object = { name: 'zero' };
const arr: object = [];
const func: object = () => {};
obj.name; ┄┄┄┄ Property 'name' does not exist on type 'object'.
arr[0]; ┄┄┄┄ Element implicitly has an 'any' type because expression of
func();        type '0' can't be used to index type '{}'.
                  Property '0' does not exist on type '{}'.

This expression is not callable.
  Type '{}' has no call signatures.
```

대입은 가능하지만 사용할 수 없으므로, object로 타이핑하는 의미가 무색합니다.

{} 타입에 null과 undefined를 합치면 unknown과 비슷해집니다. 실제로 unknown 타입을 if문으로 걸러보면 {} 타입이 나옵니다.

```
const unk: unknown = 'hello';
unk;
if (unk) {
  unk; ┄┄┄┄ const unk: {}
} else {
  unk; ┄┄┄┄ const unk: unknown
}
```

{} 타입도 직접 사용할 일은 거의 없지만, if문 안에 unknown 타입을 넣을 때 볼 수 있으므로 알아 두어야 합니다.

2.7.5 never

마지막 타입은 never입니다. never 타입에는 어떠한 타입도 대입할 수 없습니다. never 타입은 다음과 같은 코드에서 확인할 수 있습니다.

```
function neverFunc1() {
  throw new Error('에러');
}
const result1: never = neverFunc1(); ------- Type 'void' is not assignable to type 'never'.
const neverFunc2 = () => {
  throw new Error('에러');
}
const result2 = neverFunc2(); ------- const result2: never;

const infinite = () => { ------- const infinite: () => never;
  while (true) {
    console.log('무한 반복됩니다');
  }
}
```

함수 선언문과 함수 표현식일 때 차이가 있습니다. 함수 선언문은 throw를 하더라도 반환값의 타입이 void입니다. 반면 함수 표현식은 never가 됩니다. 따라서 result1은 void로, result2는 never로 추론됩니다. result1에 never 타입을 표기해보면 에러가 발생합니다. void 타입은 never 타입에 대입할 수 없기 때문입니다.

infinite 함수의 경우 무한 반복문이 들어 있어 함수가 값을 반환하지 않습니다. 이런 경우에도 never가 반환값의 타입이 됩니다. 무한 반복문도 함수 표현식일 때만 never 타입을 반환하고, 함수 선언문일 때는 void 타입을 반환합니다.

다음 경우에도 never 타입을 확인할 수 있습니다.

```
function strOrNum(param: string | number) {
  if (typeof param === 'string') {
  } else if (typeof param === 'number') {
  } else {
    param; ------- (parameter) param: never
  }
}
```

param은 string 아니면 number인데 else문에서는 string도 number도 아닌 상태가 되어버립니다. 사실상 else문이 실행될 일은 없기에 param은 never로 추론되고, param과 관련한 작업을 할 수 없게 됩니다.

드물지만 never를 직접 써야 할 상황도 있습니다.

```typescript
function neverFunc1(): never {
  throw new Error('에러');
}
function infinite(): never {
  while (true) {
    console.log('무한 반복됩니다');
  }
}
```

함수 선언문에서는 반환값 타입이 void로 추론되므로 never로 직접 표기하면 됩니다.

타입스크립트 설정에 따라 배열에서 never를 보는 경우도 있습니다. **TS Config** 메뉴에서 noImplicitAny를 체크 해제하면 배열이 any[]에서 never[]가 됩니다. noImplicitAny 체크박스는 이름 그대로 implicitAny 에러를 검사할지 결정하는 옵션입니다.

```typescript
const arr = []; ------- const arr: never[]
arr.push('hi'); ------- Argument of type 'string' is not assignable to parameter of type 'never'.
```

이렇게 되면 배열을 사용할 수 없으므로 직접 타입을 표기해야 합니다.

```typescript
const arr: string[] = [];
arr.push('hi');
```

2.7.6 타입 간 대입 가능표

타입 간 대입 가능 여부가 매우 헷갈리므로 표로 정리했습니다. 세로 항목이 가로 항목에 대입 가능하다면 ○이고, 가능하지 않다면 ×입니다. 예를 들어 undefined는 void에 대입 가능하지만,

void는 undefined에 대입할 수 없습니다. 타입은 언제나 같은 타입에 대입할 수 있으므로 대각선 부분은 생략했습니다(any -> any 부터 never -> never). 외울 필요는 없습니다. 대입이 불가능하다면 친절하게 Type A is not assignable to Type B 에러 메시지가 표시되니까요.

▼ 표 2-1 타입 간 대입 가능표

->	any	unknown	{}	void	undefined	null	never
any		O	O	O	O	O	X
unknown	O		X	X	X	X	X
{}	O	O		X	X	X	X
void	O	O	X		X	X	X
undefined	O	O	X	O		X	X
null	O	O	X	X	X		X
never	O	O	O	O	O	O	

실제 코드로도 확인할 수 있습니다. 표대로 대입할 수 없는 경우 에러가 발생합니다.

```
let a: any;
let unk: unknown;
let obj: {} = {};
let vo: void = undefined;
let und: undefined = undefined;
let nl: null = null;
let nev: never;

unk = a;
obj = a;
vo = a;
und = a;
nl = a;
nev = a; ┄┄┄┄ Type 'any' is not assignable to type 'never'.

a = unk;
obj = unk; ┄┄┄┄ Type 'unknown' is not assignable to type '{}'.
vo = unk; ┄┄┄┄ Type 'unknown' is not assignable to type 'void'.
und = unk; ┄┄┄┄ Type 'unknown' is not assignable to type 'undefined'.
nl = unk; ┄┄┄┄ Type 'unknown' is not assignable to type 'null'.
nev = unk; ┄┄┄┄ Type 'unknown' is not assignable to type 'never'.
```

```
a = obj;
unk = obj;
vo = obj; ------- Type '{}' is not assignable to type 'void'.
und = obj; ------- Type '{}' is not assignable to type 'undefined'.
nl = obj; ------- Type '{}' is not assignable to type 'null'.
nev = obj; ------ Type '{}' is not assignable to type 'never'.


a = vo;
unk = vo;
obj = vo; ------- Type 'void' is not assignable to type '{}'.
und = vo; ------- Type 'void' is not assignable to type 'undefined'.
nl = vo; ------- Type 'void' is not assignable to type 'null'.
nev = vo; ------- Type 'void' is not assignable to type 'never'.


a = und;
unk = und;
obj = und; ------ Type 'undefined' is not assignable to type '{}'.
vo = und;
nl = und; ------- Type 'undefined' is not assignable to type 'null'.
nev = und; ------- Type 'undefined' is not assignable to type 'never'.


a = nl;
unk = nl;
obj = nl; ------ Type 'null' is not assignable to type '{}'.
vo = nl; ------ Type 'null' is not assignable to type 'void'.
und = nl; ------ Type 'null' is not assignable to type 'undefined'.
nev = nl; ------ Type 'null' is not assignable to type 'never'.


a = nev;
unk = nev;
obj = nev;
vo = nev;
und = nev;
nl = nev;
```

Note ≡ **undefined와 null**

자바스크립트에서는 undefined와 null이 별개의 값입니다. 타입스크립트에서도 두 타입을 서로 다른 것이라고 인식하지만 undefined와 null을 딱히 구분하지 않는 프로그래머도 있을 것입니다.

이럴 경우에는 **TS Config** 메뉴에서 strictNullChecks를 체크 해제하면 됩니다. 해제하면 다음 코드에서 더는 에러가 발생하지 않습니다.

```
obj = und;
nl = und;

obj = nl;
vo = nl;
und = nl;
```

undefined와 null이 같은 것으로 인식되니 nl = und도 가능하고, und = nl도 가능해집니다. void에도 null을 대입할 수 있고요. 한 가지 특이한 점은 {} 타입에 null과 undefined를 대입할 수 있다는 것입니다. object 타입에도 null과 undefined가 대입 가능해집니다.

2.8 타입 별칭으로 타입에 이름을 붙이자

TYPESCRIPT

자바스크립트에서는 특정 값을 변수에 저장해서 변수의 이름으로 대신 사용하곤 했습니다. 타입스크립트에서도 특정 타입을 특정 이름에 저장할 수 있습니다.

```
type A = string;
const str: A = 'hello';
```

string 타입을 A라는 이름으로 저장했습니다. 이제 타입으로 A를 사용할 수 있고, string과 동일한 타입이 됩니다. 이렇게 기존 타입에 새로 이름을 붙인 것을 타입 별칭(type alias)이라고 부릅니다. 타입 별칭은 type 키워드를 사용해서 선언할 수 있습니다. 또한, 타입 별칭은 대문자로 시작하는 단어로 만드는 것이 타입스크립트 프로그래머의 관습입니다.

다만 앞의 예시처럼 간단한 타입에 타입 별칭을 만드는 경우는 거의 없습니다. 타입 별칭은 주로 복잡하거나 가독성이 낮은 타입에 붙입니다.

```
const func1: (value: number, unit: string) => string
  = (value, unit) => value + unit;

type ValueWithUnit = (value: number, unit: string) => string;
const func2: ValueWithUnit = (value, unit) => value + unit;
```

타입 표기 때문에 가독성이 좋지 않았는데 타입 부분을 타입 별칭으로 분리하니 훨씬 읽기 좋아졌습니다. 타입 표기가 조금만 길어져도 타입 별칭으로 분리하는 것이 좋습니다.

함수 외에는 객체나 배열을 주로 타입 별칭으로 분리합니다. 다음 코드에서 person1과 person2를 비교해보세요.

```
const person1: {
  name: string,
  age: number,
  married: boolean
} = {
  name: 'zero',
  age: 28,
  married: false,
};

type Person = {
  name: string,
  age: number,
  married: boolean
}
const person2: Person = {
  name: 'zero',
  age: 28,
  married: false,
}
const person3: Person = {
  name: 'nero',
  age: 32,
  married: true,
}
```

타입 별칭으로 분리하면 person2와 person3처럼 Person 타입을 재사용할 수 있어 좋습니다.

2.9 / 인터페이스로 객체를 타이핑하자

객체 타입에 이름을 붙이는 또 하나의 방법이 있습니다. 바로 인터페이스(interface) 선언을 사용하는 것입니다.

```
interface Person {
  name: string,
  age: number;
  married: boolean
}
const person2: Person = {
  name: 'zero',
  age: 28,
  married: false,
}
const person3: Person = {
  name: 'nero',
  age: 32,
  married: true,
}
```

인터페이스의 이름은 타입 별칭과 마찬가지로 대문자로 시작하는 단어로 만드는 것이 타입스크립트 프로그래머의 관습입니다.

이전 절의 타입 별칭 예제를 인터페이스로 바꿔보았는데, 한 가지 이상한 점이 있습니다. name 속성을 타이핑한 부분의 마지막에 콤마(,)를 사용했고, age 속성을 타이핑한 부분의 마지막에는 세미콜론(;)을 사용했습니다. married 속성의 마지막에는 콤마도 세미콜론도 붙이지 않고 줄바꿈만 했습니다. 이처럼 인터페이스의 속성 마지막에는 콤마나 세미콜론, 줄바꿈으로 구분할 수 있습니다.

다만 인터페이스를 한 줄로 입력할 때는 콤마나 세미콜론으로 속성을 구분해야 합니다. 물론 실무에서는 한 가지 방식으로만 일관성 있게 사용하는 것을 권장합니다.

```typescript
interface Person { name: string, age: number, married: boolean }
```

인터페이스로 배열과 함수도 타이핑할 수 있습니다.

```typescript
interface Func {
  (x: number, y: number): number;
}
const add: Func = (x, y) => x + y;

interface Arr {
  length: number;
  [key: number]: string;
};
const arr: Arr = ['3', '5', '7'];
```

인터페이스의 속성 키 자리에 [key: number]라는 문법이 있는데 이는 이 객체의 length를 제외한 속성 키가 전부 number라는 의미입니다. 이 문법을 인덱스 시그니처(Index Signature)라고 부릅니다. length는 인덱스 시그니처 이전에 표기했으므로 number가 아니어도 됩니다.

참고로 Arr 인터페이스는 정확하게 배열을 구현한 것이 아니기 때문에 arr.slice 같은 배열의 메서드를 사용할 수 없습니다. 배열의 메서드를 사용하고 싶으면 다음 절에서 배우는 방법대로 인터페이스를 만들어야 합니다.

일반적으로 객체의 속성 키는 문자열과 심볼만 가능합니다. 앞의 예제처럼 숫자도 되는 것 아니냐 할 수 있지만, 실제로는 자바스크립트가 다른 자료형의 값이 속성 키로 들어오면 알아서 문자열로 바꿔서 사용하고 있기에 착각하는 것입니다. 이는 다음과 같은 자바스크립트 코드로 확인할 수 있습니다.

자바스크립트

```javascript
const obj = {
  '[object Object]': 'wow',
}
console.log(({}).toString()); // [object Object]
console.log(obj[{}]); // wow
```

{}에 toString 메서드를 호출하면 [object Object]로 변환됩니다. ({}).toString()해보면 됩니다. 따라서 obj[{}]는 wow가 됩니다.

다만 타입스크립트에서는 배열의 타이핑을 위해 속성 키를 number로 하는 것을 허용합니다. 따라서 타입스크립트에서 속성 키로 가능한 타입은 string과 symbol, number가 됩니다. number는 자바스크립트에서 string으로 변환되고요.

한 가지 더 알아두어야 할 점이 있습니다. 2.7.4절에서 {} 타입은 객체의 타입이 아니라 null과 undefined를 제외한 모든 타입을 의미한다고 말했는데요. 속성이 없는 인터페이스도 비슷한 역할을 합니다.

```
interface NoProp {}
const obj: NoProp = {
  why: '에러 안 남',
}
const what: NoProp = '이게 되네?';
const omg: NoProp = null; ------ Type 'null' is not assignable to type 'NoProp'.
```

null과 undefined를 제외한 값을 대입할 수 있습니다. 이렇게 만든 이유는 일반적으로 속성이 하나도 없는 빈 객체로 타입을 선언할 일이 없기 때문입니다. 따라서 빈 객체 타입을 특별하게 null과 undefined를 제외한 모든 값을 가리키는 타입으로 만들었습니다.

2.9.1 인터페이스 선언 병합

타입 별칭과는 다른 인터페이스의 주요한 특징이 있습니다. 바로 인터페이스끼리는 서로 합쳐진다는 것입니다.

```
interface Merge {
  one: string;
}
interface Merge {
  two: number;
}
const example: Merge = {
  one: '1',
```

```
  two: 2,
}
```

같은 이름으로 여러 인터페이스를 선언할 수 있습니다. 이러면 모든 Merge 인터페이스가 하나로 합쳐집니다. 이를 선언 병합(declaration merging)이라고 부릅니다. 지금은 인터페이스가 서로 병합된 것으로, Merge 인터페이스에 one과 two 속성이 모두 있습니다. 이러한 기능을 만들어둔 이유는 나중에 다른 사람이 인터페이스를 확장할 수 있도록 하기 위함입니다.

자바스크립트는 다른 언어에 비해 객체를 수정하는 것이 자유롭습니다. 따라서 다른 라이브러리의 객체를 수정하는 경우가 많은데 이렇게 객체를 수정하게 되면 타입스크립트에서 정의한 객체 타입과 달라져 에러가 발생하는 경우가 생겼습니다. 따라서 타입스크립트에서도 그 객체에 대한 타입을 수정할 수 있는 기능이 필요하게 되었고, 이것이 인터페이스가 합쳐지는 이유입니다. 다른 사람이 수정해도 되는 객체의 타입을 인터페이스로 선언해두면 다른 사람은 언제든지 같은 이름의 인터페이스를 만들어 타입을 수정할 수 있습니다.

다만 인터페이스 간에 속성이 겹치는데 타입이 다를 경우에는 에러가 발생합니다. 속성이 같은 경우에는 타입도 같아야 합니다.

```
interface Merge {
  one: string;
}
interface Merge {
  one: number; ······· Subsequent property declarations must have the same type. Property
                       'one' must be of type 'string', but here has type 'number'.
}
```

2.9.2 네임스페이스

인터페이스 병합에는 큰 단점이 있습니다. 바로 남이 만든 인터페이스와 의도치 않게 병합될 수 있다는 점입니다. 타입스크립트로 프로그래밍할 때는 다른 라이브러리를 설치해 사용하는 경우가 많습니다. 이때 다른 사람이 만든 인터페이스와 내 인터페이스의 이름이 우연히 겹칠 수 있는데, 이 경우 인터페이스가 병합되어 원하지 않은 결과를 낳게 됩니다.

이럴 때를 대비해 네임스페이스(namespace)가 있습니다. 네임스페이스는 다음과 같이 선언할 수 있습니다.

```
namespace Example {
  interface Inner {
    test: string;
  }
  type test2 = number;
}
const ex1: Example.Inner = {  ------ Namespace 'Example' has no exported member 'Inner'.
  test: 'hello',
}
const ex2: Example.test2 = 123;  ------ Namespace 'Example' has no exported member 'test2'.
```

Example 네임스페이스를 선언했습니다. Example 네임스페이스 안에는 Inner 인터페이스와 test2 타입 별칭이 있습니다. 각각 Example.Inner, Example.test2로 접근할 수 있습니다. Example 네임 스페이스가 있으므로 이제 다른 사람이 만든 Inner나 test2 타입과 겹치지 않습니다.

하지만 정작 Example.Inner, Example.test2 타입을 ex1, ex2 변수에 적용하려 하니 에러가 발생합니다. 네임스페이스 내부 타입을 사용하려면 다음과 같이 export해야 합니다.

```
namespace Example {
  export interface Inner {
    test: string;
  }
  export type test2 = number;
}
const ex1: Example.Inner = {
  test: 'hello',
}
const ex2: Example.test2 = 123;
```

네임스페이스를 중첩할 수도 있습니다. 이 경우 내부 네임스페이스를 export해야 사용할 수 있습니다.

```
namespace Example {
  export namespace Outer {
    export interface Inner {
      test: string;
    }
```

```
    export type test2 = number;
  }
}
const ex1: Example.Outer.Inner = {
  test: 'hello',
}
const ex2: Example.Outer.test2 = 123;
```

네임스페이스 자체를 자바스크립트 값으로 사용할 수도 있습니다. 네임스페이스 내부에 실제 값을 선언한 경우에 그렇습니다.

```
namespace Ex {
  export const a = 'real';
}
const a = Ex; // { a: 'real' }
const b = Ex.a; // 'real'
const c = Ex["a"]; // 'real';
```

네임스페이스 내부에 값이 존재하는 경우에 네임스페이스는 실제 자바스크립트 객체로 사용할 수 있습니다.

한 가지 조심할 점은, 네임스페이스 내부의 값은 []를 사용해서 접근할 수 있지만, 내부의 타입은 []를 사용해서 접근할 수 없다는 점입니다.

```
namespace Example {
  export type test2 = number;
}
const ex3: Example["test2"] = 123; ------ Cannot use namespace 'Example' as a type.
```

네임스페이스도 이름이 겹치는 경우 병합됩니다. 내부에 같은 이름의 인터페이스가 있다면 합쳐지고, 내부에 같은 이름의 타입 별칭이 있다면 에러가 발생합니다.

```
namespace Example {
  export interface Inner {
    test: string;
  }
```

```
    export type test2 = number; ------ Duplicate identifier 'test2'.
  }
  namespace Example {
    export interface Inner {
      test1: boolean;
    }
    export type test2 = number; ------ Duplicate identifier 'test2'.
  }
  const ex1: Example.Inner = {
    test: 'hello',
    test1: true,
  }
```

이처럼 네임스페이스도 병합되는 특성이 있으므로 다른 사람이 이름이 같은 네임스페이스를 만든다면 원하지 않아도 합쳐지는 문제가 발생할 수 있습니다. 이를 방지하기 위해 모듈 파일이 있는데, 모듈 파일은 5.3절에서 알아보겠습니다.

2.10 객체의 속성과 메서드에 적용되는 특징을 알자

이전 절의 인덱스 시그니처처럼 객체의 속성에 적용되는 특징에 대해 좀 더 알아봅시다. 여기서 나오는 특징은 인터페이스로 선언했든, 타입 별칭으로 선언했든 상관없이 객체의 속성에 공통적으로 적용됩니다.

객체의 속성에도 옵셔널(optional)이나 readonly 수식어가 가능합니다.

```
interface Example {
  hello: string;
  world?: number; ------ (property) Example.world?: number | undefined
  readonly wow: boolean;
  readonly multiple?: symbol;
}
const example: Example = {
```

```
    hello: 'hi',
    wow: false,
  };
  example.no;        ------- Property 'no' does not exist on type 'Example'.
  example.wow = true;  ------- Cannot assign to 'wow' because it is a read-only property.
```

world 속성 뒤에는 ?(옵셔널) 수식어가 붙어 있습니다. 이런 경우 world 속성은 있어도 되고 없어
도 됩니다. 실제로 example 변수를 보면 world 속성이 존재하지 않는데도 에러가 발생하지 않습니
다. world 위에 마우스를 올려보면 타입이 number | undefined로 변한 것을 볼 수 있습니다. 옵셔
널인 경우에는 다음과 같이 undefined는 허용됩니다.

```
const example: Example = {
  hello: 'hi',
  world: undefined,
  wow: false,
};
```

Example 인터페이스의 wow 속성 앞에는 readonly 수식어가 붙어 있습니다. 이 경우에는 wow 속성
의 값을 변경할 수 없고, 값을 읽는 것만 가능합니다. multiple 속성에는 readonly와 ? 수식어가
모두 붙어 있는데, 이처럼 여러 수식어를 동시에 붙일 수도 있습니다.

객체의 속성과 관련한 특이한 점이 있습니다. 기본적으로 객체를 타이핑할 때 선언하지 않은 속성
에 대해서는 에러가 발생합니다.

```
interface Example {
  hello: string;
}
const example: Example = {
  hello: 'hi',
  why: '나만 에러야',  ------- Type '{ hello: string; why: string; }' is not assignable to type
}                            'Example'.
                               Object literal may only specify known properties, and 'why' does not
const obj = {                exist in type 'Example'.
  hello: 'hi',
  why: '나는 에러 아나',
}
const example2: Example = obj;
```

Example 인터페이스에 why 속성이 없으므로 example 변수에서 에러가 발생합니다. 그런데 example2에서는 에러가 발생하지 않습니다. 둘의 차이가 무엇일까요? example 변수에는 객체 리터럴을 대입했고, example2 변수에는 obj 변수를 대입했습니다. 객체 리터럴을 대입했냐, 변수를 대입했냐에 따라 타입 검사 방식이 달라집니다.

참고로 에러 메시지에는 에러 메시지 여러 개가 동시에 표시될 수 있습니다. 앞의 코드도 에러 메시지가 두 개, 즉 { hello: string; why: string }을 Example 타입에 대입할 수 없다는 에러와 'why' 속성이 Example 타입에 존재하지 않는다는 에러가 있는데, 두 번째 에러가 첫 번째 에러보다 더 구체적인 에러입니다. 따라서 에러를 분석할 때 에러 메시지가 여러 개 있다면 위에서 아래로 읽으면서 구체적인 에러의 위치를 찾아나가면 됩니다(이 책은 지면 관계상 모든 에러 메시지를 표시하는 대신 중요한 에러 메시지만 표시합니다).

함수에서도 같은 현상이 발생합니다.

```typescript
interface Money {
  amount: number;
  unit: string;
}

const money = { amount: 1000, unit: 'won', error: '에러 아님' };

function addMoney(money1: Money, money2: Money): Money {
  return {
    amount: money1.amount + money2.amount,
    unit: 'won',
  }
}
addMoney(money, { amount: 3000, unit: 'money', error: '에러' });
```

> Argument of type '{ amount: number; unit: string; error: string; }' is not assignable to parameter of type 'Money'.
>   Object literal may only specify known properties, and 'error' does not exist in type 'Money'.

인수 자리에 변수로 값을 대입하면 에러가 발생하지 않지만, 객체 리터럴을 대입하면 에러가 발생합니다. 이러한 현상이 발생하는 이유는 객체 리터럴을 대입할 때와 변수를 대입할 때 타입스크립트가 다르게 처리하기 때문입니다.

객체 리터럴을 대입하면 잉여 속성 검사(Excess Property Checking)가 실행됩니다. 잉여 속성 검사는 타입 선언에서 선언하지 않은 속성을 사용할 때 에러를 표시하는 것을 의미합니다.

변수를 대입할 때는 객체 간 대입 가능성을 비교하게 됩니다. 2.13절에서 변수를 대입할 때의 상황을 자세하게 알아보겠습니다.

객체에서도 전개 문법과 나머지 속성을 사용할 수 있습니다.

```
                       ┌------- const nested: string
const { prop: { nested, ...rest } } = { prop: { nested: 'hi', a: 1, b: true } };
                          └------- const rest: { a: number, b: boolean }
const spread = { a: 'hi', b: 123 };
const obj = {...spread}; ------ const obj: { a: string, b: number }
```

구조분해 할당을 명시적으로 타이핑할 때는 다음과 같은 실수를 많이 합니다.

```
const { prop: { nested: string } } = { ------ const string: string
  prop: { nested: 'hi' },
};
console.log(nested); ------ Cannot find name 'nested'.
console.log(string);
```

타이핑할 때 에러가 안 나서 올바르게 타이핑한 것이라 생각할 수 있지만 아닙니다. 앞의 코드는
nested의 타입을 string으로 표기한 것이 아니라 nested 속성 값을 string이라는 변수 이름에 대
입한 것입니다. 올바르게 타이핑하려면 다음과 같이 해야 합니다.

```
const { prop: { nested } }: { prop: { nested: string } } = {
  prop: { nested: 'hi' },
};
console.log(nested);
```

2.10.1 인덱스 접근 타입

특정 속성의 타입을 별도 타입으로 만들고 싶다면 어떻게 해야 할까요? 예를 들어 다음 코드에서
name 속성의 타입을 별도 타입으로 만들 수 있을까요?

```
type Animal = {
  name: string;
}
```

```
// 다음처럼 하면 될까요?
type N = string;
```

N 타입을 name 속성 타입과 같게 선언하면 될까요? 이렇게 하면 나중에 name 속성 타입을 변경할 때 N 타입도 따로 변경해야 합니다.

```
type Animal = {
  name: number; // 여기를 변경하면
}

type N = number; // 여기도 변경해야 해요.
```

특정한 속성에 연동되게 타입을 만들고 싶다면 다음과 같이 작성하면 됩니다.

```
type Animal = {
  name: string;
}

type N1 = Animal['name']; ------- type N1 = string
type N2 = Animal["name"];
type N3 = Animal.name; ------- Cannot access 'Animal.name' because 'Animal' is a type,
                               but not a namespace. Did you mean to retrieve the type of
                               the property 'name' in 'Animal' with 'Animal["name"]'?
```

자바스크립트에서 객체의 속성에 접근하듯 접근합니다. 작은따옴표 대신 큰따옴표를 사용해도 됩니다. 다만 '객체.속성' 꼴의 방식은 사용할 수 없습니다. 에러가 발생하면서 에러 메시지로 Animal["name"] 꼴로 바꾸라고 안내합니다. 이렇게 객체 속성의 타입에 접근하는 방식을 인덱스 접근 타입(Indexed Access Type)이라고 부릅니다.

속성의 키와 값의 타입이 궁금할 수도 있습니다.

```
const obj = {
  hello: 'world',
  name: 'zero',
  age: 28,
}
```

이러한 객체가 있다면 키의 타입은 'hello' | 'name' | 'age'이고, 값의 타입은 string | number 입니다. 값의 타입이 'world' | 'zero' | 28이 아닌 이유는 obj 객체가 변경 가능하기 때문입니다. 만약 뒤에 as const가 붙었다면 'world' | 'zero' | 28이었겠죠.

이때는 keyof 연산자와 인덱스 접근 타입을 활용해 키의 타입과 값의 타입을 구할 수 있습니다. 키의 타입은 'keyof 객체_타입'이고, 값의 타입은 '객체_타입[키의_타입]'입니다.

```
const obj = {
  hello: 'world',
  name: 'zero',
  age: 28,
};
type Keys = keyof typeof obj;    ------- type Keys = 'hello' | 'name' | 'age'
type Values = typeof obj[Keys];  ------- type Values = string | number
```

obj는 값이라서 타입 자리에 바로 쓸 수 없습니다. 그래서 typeof 연산자를 붙여 타입으로 만들었습니다. Keys 타입에는 obj의 속성 키 타입이 들어 있습니다. typeof obj가 객체 타입이고, Keys가 키의 타입이므로 Values는 값의 타입이 됩니다.

keyof의 특성을 몇 가지만 더 확인해봅시다.

```
type Keys = keyof any;  ------- type Keys = string | number | symbol
type ArrayKeys = keyof [1, 2, 3];
let a: ArrayKeys = 'lastIndexOf';
a = 'length';
a = '2';
a = '3';  ------- Type '"3"' is not assignable to type 'keyof [1, 2, 3]'
a = 3;
```

먼저 keyof any는 string | number | symbol입니다. 객체의 키는 string과 symbol만 되는 것이 원칙이나 타입스크립트에서는 배열을 위해 number 타입의 키를 허용합니다.

배열에 keyof를 적용하면 'number | 배열_속성_이름_유니언 | 배열_인덱스_문자열_유니언'이 됩니다. 배열 속성 이름은 배열에 공통적으로 존재하는 length, forEach, lastIndexOf 등을 의미하고 배열 인덱스 문자열은 [1, 2, 3]의 인덱스인 '0' | '1' | '2'를 의미합니다. 재밌는 점이 있는데,

ArrayKeys에 문자열 '3'은 안 되지만 숫자 3은 포함된다는 것입니다. 모든 number는 배열의 키로 허용되기 때문입니다.

튜플과 배열에도 인덱스 접근 타입을 사용할 수 있습니다.

```
type Arr = [1, 3, 5];
type First = Arr[0]; ------- type First = 1
type Length = Arr['length']; ------- type Length = 3

type Arr2 = (string | boolean)[];
type El = Arr2[number]; ------- type El = string | boolean
```

배열에는 숫자 키가 허용되므로 Arr[0]과 Arr['0'] 모두 유효한 문법입니다. El 타입처럼 배열 [number] 인덱스 접근 타입으로 배열 요소들의 타입을 모두 가져올 수도 있습니다.

인덱스 접근 타입을 활용해서 특정 키들의 값 타입만 추릴 수 있습니다.

```
const obj = {
  hello: 'world',
  name: 'zero',
  age: 28,
};
type Values = typeof obj['hello' | 'name']; ------- type Values = string
```

'hello'와 'name' 속성의 값은 둘 다 string이므로 Values도 string이 됩니다.

객체의 메서드를 선언할 때는 세 가지 방식으로 할 수 있습니다.

```
interface Example {
  a(): void;
  b: () => void;
  c: {
    (): void;
  }
}
```

다음과 같은 꼴입니다.

- 메서드(매개변수): 반환값

- 메서드: (매개변수) => 반환값

- 메서드: { (매개변수): 반환값 }

셋은 거의 같지만 한 가지 경우에서 다릅니다. 이 부분은 어려우므로 2.19절에서 따로 다루겠습니다.

2.10.2 매핑된 객체 타입

이전 절에서 인덱스 시그니처에 대해 배웠습니다. 객체의 속성 값을 전부 특정 타입으로 만들 수 있었는데요. 속성 전부에 타입을 지정하는 대신 일부 속성에만 타입을 부여할 수도 있습니다. 인덱스 시그니처를 사용해서 hello와 hi라는 속성 이름을 가진 객체를 타이핑해봅시다. 속성 값의 타입은 모두 string입니다. 일단 배운 것을 바탕으로 코드를 작성해보겠습니다.

```
type HelloAndHi = {
  [key: 'hello' | 'hi']: string;    An index signature parameter type cannot be a literal type or
};                                  generic type. Consider using a mapped object type instead.
```

안타깝게도 에러가 발생합니다. 사실 인덱스 시그니처에서 사용할 수 있는 타입은 string, number, symbol, 템플릿 리터럴 타입과 이들의 유니언뿐입니다.

에러 메시지도 매핑된 객체 타입(Mapped Object Type)을 대신 쓰라고 알려주고 있습니다. 매핑된 객체 타입이란 기존의 다른 타입으로부터 새로운 객체 속성을 만들어내는 타입을 의미합니다. 인터페이스에서는 쓰지 못하고 타입 별칭에서만 사용할 수 있습니다. 다음과 같이 사용합니다.

```
type HelloAndHi = {          type HelloAndHi = {
  [key in 'hello' | 'hi']: string;    hello: string;
};                                    hi: string;
                             }
```

in 연산자를 사용해서 인덱스 시그니처가 표현하지 못하는 타입을 표현합니다. in 연산자 오른쪽에는 유니언 타입이 와야 합니다. 유니언 타입에 속한 타입이 하나씩 순서대로 평가되어 객체의 속성이 됩니다. 먼저 'hello': string이 속성이 되고, 다음에는 'hi': string이 속성이 되어 최종적으로 { hello: string, hi: string } 객체가 됩니다.

다만 매핑된 객체 타입은 이것보다는 좀 더 복잡한 상황에 주로 사용합니다. 다음은 기존 객체 타입을 복사하는 코드입니다.

```typescript
interface Original {
  name: string;
  age: number;
  married: boolean;
}
type Copy = {
  [key in keyof Original]: Original[key];
}
```

```typescript
type Copy = {
  name: string;
  age: number;
  married: boolean;
}
```

in 연산자 오른쪽에는 유니언 타입이 와야 하므로 keyof 연산자를 사용해 Original의 속성 이름만 추렸습니다('name' | 'age' | 'married'). 속성 값의 타입은 인덱스 접근 타입을 사용해서 원래 객체의 타입을 가져옵니다. 여기서도 유니언 타입에 속한 타입들이 하나씩 순서대로 평가됩니다. 먼저 'name': Original['name']에서 'name': string이 속성이 되고, 'age': Original['age']에서 'age': number가 속성이 됩니다. 마지막으로 'married': Original['married']에서 married: boolean이 속성이 됩니다.

튜플과 배열도 객체이므로 매핑된 객체 타입을 적용할 수 있습니다.

```typescript
type Tuple = [1, 2, 3];
type CopyTuple = {
  [Key in keyof Tuple]: Tuple[Key];
}

const copyTuple: CopyTuple = [1, 2, 3];
```

```typescript
type CopyTuple = {
  [x: number]: 2 | 1 | 3;
  0: 1;
  1: 2;
  2: 3;
  length: 3;
  toString: () => string;
  toLocaleString: () => string;
  pop: () => 2 | 1 | 3 | undefined;
  push: (...items: (2 | 1 | 3)[]) => number;
  concat: {
    (...items: ConcatArray<2 | 1 | 3>[]): (2 | ... 1
more ... | 3)[];
    (...items: (2 | ... 2 more ... | ConcatArray<...>)
[]): (2 | ... 1 more ... | 3)[];
  };
  ... 25 more ...;
  [Symbol.unscopables]: () => {
    ...;
  };
}
```

```typescript
type Arr = number[];
type CopyArr = {
  [Key in keyof Arr]: Arr[Key];
}

const copyArr: CopyArr = [1, 3, 9];
```

```typescript
type CopyArr = {
  [x: number]: number;
  length: number;
  toString: () => string;
  toLocaleString: () => string;
  pop: () => number | undefined;
  push: (...items: number[]) => number;
  concat: {
    (...items: ConcatArray<number>[]): number[];
    (...items: (number | ConcatArray<...>)[]): number[];
  };
  ... 25 more ...;
  [Symbol.unscopables]: () => {
    ...;
  };
}
```

CopyTuple과 CopyArr은 객체 타입이지만 배열을 값으로 받을 수 있습니다. 이러한 현상이 가능한 이유는 구조적 타이핑 때문입니다(구조적 타이핑은 2.13절에서 좀 더 자세하게 알아봅니다).

다른 타입으로부터 값을 가져오면서 수식어를 붙일 수도 있습니다. 읽기 전용으로 만들려면 readonly를, 옵셔널로 만들려면 ? 수식어를 붙이면 됩니다.

```typescript
interface Original {
  name: string;
  age: number;
  married: boolean;
}
type Copy = {
  readonly [key in keyof Original]?: Original[key];
}
```

```typescript
type Copy = {
  readonly name?: string | undefined;
  readonly age?: number | undefined;
  readonly married?: boolean | undefined;
}
```

반대로 제거할 수도 있습니다. 수식어 앞에 −를 붙이면 해당 수식어가 제거된 채로 속성을 가져옵니다.

```typescript
interface Original {
  readonly name?: string;
  readonly age?: number;
  readonly married?: boolean;
}
type Copy = {
  -readonly [key in keyof Original]-?: Original[key];
}
```

```typescript
type Copy = {
  name: string;
  age: number;
  married: boolean;
}
```

Copy는 -readonly와 -?을 사용하여 Original로부터 readonly와 ? 수식어를 모두 제거했습니다.

속성 이름을 바꿀 수도 있습니다. Capitalize는 타입스크립트에서 제공하는 타입으로 문자열의 첫 번째 자리를 대문자화합니다. as 예약어를 통해 속성 이름을 어떻게 바꿀지 정할 수 있습니다. 다음 예제는 기존 이름에서 첫 번째 문자만 대문자로 바꿔보았습니다.

```
interface Original {
  name: string;
  age: number;
  married: boolean;
}
type Copy = {
  [key in keyof Original as Capitalize<key>]: Original[key];
}
```

```
type Copy = {
  Name: string;
  Age: number;
  Married: boolean;
}
```

2.11 타입을 집합으로 생각하자 (유니언, 인터섹션)

2.6절에서 유니언 연산자를 배웠습니다. 유니언의 뜻 중에 합집합이 있는데, 유니언 연산자는 실제로 합집합 역할을 합니다.

```
let strOrNum: string | number = 'hello';
strOrNum = 123;
```

string | number 타입은 string과 number의 합집합이라고 생각할 수 있으며, 벤다이어그램으로 집합을 표현하면 다음과 같습니다.

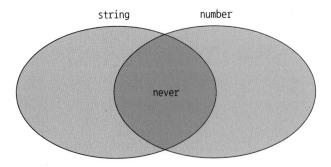

▼ 그림 2-3 string | number는 string과 number의 합집합

unknown

색칠한 부분이 string | number입니다. string과 number의 합집합만큼의 영역을 차지합니다.

교집합을 나타내는 연산자도 있습니다. & 연산자입니다. & 연산자를 인터섹션(intersection) 연산자라고 부릅니다.

string과 number에서 겹치는 부분은 교집합 영역입니다. 그런데 string이면서 number인 값이 있을 수 있을까요? 존재하지 않습니다. 원소가 존재하지 않는 집합은 공집합이라고 부릅니다. 타입스크립트에서는 never가 그 역할을 맡습니다.

```
type nev = string & number;  ┈┈┈ type nev = never
```

이처럼 타입스크립트의 타입을 집합 관계로 볼 수 있습니다. 타입스크립트에서 전체집합은 unknown입니다. 벤다이어그램에서 가장 넓은 영역을 차지하고 있으므로 가장 넓은 타입이라고 말할 수 있습니다. 반대로 never는 공집합이므로 가장 좁은 타입입니다.

정리하면 전체집합은 unknown으로, 공집합은 never로 생각할 수 있고, &은 교집합, |는 합집합이되는 것입니다.

타입스크립트에서는 좁은 타입을 넓은 타입에 대입할 수 있습니다. 반대로 넓은 타입은 좁은 타입에 대입할 수 없지요. never는 unknown에 대입할 수 있지만, unknown은 never에 대입할 수 없는 것입니다.

항상 좁은 타입에서 넓은 타입으로 대입해야 한다.

unknown은 가장 넓은 타입이므로 모든 타입을 unknown에 대입할 수 있고, unknown은 다른 타입에 대입할 수 없습니다(any와 unknown 제외). never는 가장 좁은 타입이므로 어떠한 타입도 never에 대입할 수 없고, 모든 타입에 never를 대입할 수 있습니다. 대입 관계가 헷갈릿다면 2.7.6절의 표를 다시 참고하세요.

any 타입은 집합 관계를 무시하므로 any와는 &, | 연산을 하지 않는 것이 좋습니다. 일관성이 없어서 값을 예측하기 쉽지 않습니다. any 타입을 쓰지 말아야 할 이유이기도 합니다.

타입스크립트의 &, | 연산자도 집합의 교집합, 합집합과 성질이 비슷합니다.

```
type A = string | boolean;
type B = boolean | number;
type C = A & B; ······· type C = boolean

type D = {} & (string | null); ······· type D = string

type E = string & boolean; ······· type E = never

type F = unknown | {}; ······· type F = unknown
type G = never & {}; ······· type G = never
```

- 타입 C는 A와 B의 교집합이라고 생각해도 됩니다. 따라서 boolean이 됩니다.
- 타입 D는 {}와 string | null의 교집합입니다. {}에는 string이 포함되나 null은 포함되지 않습니다. 따라서 D는 string이 됩니다.
- 타입 E처럼 서로 간에 겹치는 것이 없다면 never가 됩니다.
- 타입 F와 G처럼 unknown과의 | 연산은 무조건 unknown이고, never와의 & 연산은 무조건 never가 됩니다. 이는 집합의 성질과 동일합니다. 전체집합과의 합집합은 항상 전체집합이고, 공집합과의 교집합은 항상 공집합입니다.

다만 한 가지 특이한 점이 있습니다. null/undefined를 제외한 원시 자료형과 비어 있지 않은 객체를 & 연산할 때는 never가 되지 않습니다.

```
type H = { a: 'b' } & number; ······· type H = { a: 'b' } & number
type I = null & { a: 'b' }; ······· type I = never
type J = {} & string; ······· type J = string
```

- 즉, 타입 H는 never가 아닙니다. 객체 타입과 원시값은 겹치는 부분이 없으므로 never가 되는 게 원칙인데, 왜 타입 H는 never가 아닐까요? 이는 예외 사항이라고 보면 됩니다. 타입스크립트에서 종종 활용하는 브랜딩이라는 기법인데요. 2.28절에서 이 특성을 활용하는 방법을 배웁니다.
- 타입 I는 null과 객체의 교집합이라 never가 됩니다.
- 타입 J는 never가 아니라 string입니다. 헷갈리면 안 됩니다. {}는 객체를 의미하는 타입이 아니라 null과 undefined를 제외한 모든 값을 의미하는 타입이므로 string과의 교집합을 구하면 string이 됩니다.

2.12 타입도 상속이 가능하다

자바스크립트에서는 객체 간에 상속이 가능합니다. 상속을 하면 부모 객체에 존재하는 속성을 다시 입력하지 않아도 되므로 중복이 제거됩니다.

자바스크립트

```javascript
class Animal {
  constructor(name) {
    this.name = name;
  }
}

class Dog extends Animal {
  bark() {
    console.log(`${this.name} 멍멍`)
  }
}

class Cat extends Animal {
  meow() {
    console.log(`${this.name} 야옹`)
  }
}
```

Animal 클래스를 상속하는 Dog와 Cat은 name 속성을 따로 입력하지 않아도 됩니다. 타입스크립트에서도 객체 타입 간에 상속하는 방법이 있습니다.

```
interface Animal {
  name: string;
}
interface Dog extends Animal {
  bark(): void;
}
interface Cat extends Animal {
  meow(): void;
}
```

extends 예약어를 사용해서 기존 타입을 상속할 수 있습니다. 상속하면 Dog와 Cat 인터페이스에 name 속성이 존재하게 됩니다. 상속을 통해 속성을 중복으로 선언하는 것을 막아보세요.

타입 별칭에서도 상속처럼 작업할 수 있습니다.

```
type Animal = {
  name: string;
}
type Dog = Animal & {
  bark(): void;
}
type Cat = Animal & {
  meow(): void;
}
type Name = Cat['name'];
```

이전 절에서 배운 & 연산자를 사용해 상속을 나타낼 수도 있습니다. 상속받는다는 것은 더 좁은 타입이 된다는 것을 의미하므로 & 연산자를 사용하여 교집합을 나타내면 됩니다. Cat 타입에 name 속성을 선언하지 않았음에도 Name 타입이 string이 되는 것을 확인할 수 있습니다. Animal 타입으로부터 name 속성을 상속받았기 때문입니다.

&과 |가 헷갈릴 수도 있습니다. 앞의 코드를 다음과 같이 바꿔봅시다. & 연산자를 | 연산자로 바꾸었습니다.

```
interface Animal {
  name: string;
}
type Dog = Animal | {
  bark(): void;
}
type Cat = Animal | {
  meow(): void;
}

type Name = Cat['name']; ……… Property 'name' does not exist on type 'Cat'.
```

│ 연산자를 사용하면 Cat 타입은 Animal 타입이거나 { meow(): void } 타입이라는 의미가 됩니다.
Cat 타입이 Animal 타입인 경우에는 name 속성이 있지만, Cat 타입이 { meow(): void } 타입인 경우에는 name 속성이 없으므로 에러가 발생합니다.

한 가지 알아두어야 할 점은 타입 별칭이 인터페이스를 상속할 수도 있고, 인터페이스가 타입 별칭을 상속할 수도 있다는 점입니다.

```
type Animal = {
  name: string;
}
interface Dog extends Animal {
  bark(): void;
}
interface Cat extends Animal {
  meow(): void;
}

type Name = Cat['name'];
```

타입스크립트에서는 대부분 타입 별칭으로 선언한 객체 타입과 인터페이스로 선언한 객체 타입이 호환됩니다.

반드시 하나의 타입만 상속해야 하는 것도 아닙니다. 한 번에 여러 타입을 상속할 수도 있습니다.

```
type Animal = {
  name: string;
}
interface Dog extends Animal {
  bark(): void;
}
interface Cat extends Animal {
  meow(): void;
}

interface DogCat extends Dog, Cat {}
type meow = DogCat['meow'];
type bark = DogCat['bark'];
```

DogCat 인터페이스는 Dog와 Cat을 둘 다 상속하므로 meow, bark 메서드를 사용할 수 있습니다.

상속할 때 부모 속성의 타입을 변경할 수도 있습니다.

```
interface Merge {
  one: string;
  two: string;
}
interface Merge2 extends Merge {
  one: 'h' | 'w';
  two: '123';
}
```

다만 완전히 다른 타입으로 변경하면 에러가 발생합니다.

```
interface Merge {
  one: string;
  two: string;
}
interface Merge2 extends Merge {
  one: 'h' | 'w';
  two: 123;
}
```

> Interface 'Merge2' incorrectly extends interface 'Merge'.
>   Types of property 'two' are incompatible.
>   Type 'number' is not assignable to type 'string'.

부모의 속성 타입을 바꾸더라도 부모에 대입할 수 있는 타입으로 바꾸어야 합니다. 'h' | 'w'는 string에 대입할 수 있고, '123'도 string에 대입할 수 있으나, 123은 string에 대입할 수 없습니다. 대입할 수 있는지 없는지를 판단하는 방법은 다음 절에서 배워보겠습니다.

2.13 / 객체 간에 대입할 수 있는지 확인하는 법을 배우자

2.10절에서 객체 리터럴이 아닌 변수를 대입할 때는 잉여 속성 검사가 진행되지 않는다고 설명했습니다. 변수를 대입할 때는 객체 간에 대입할 수 있는지 여부를 따져봐야 하는데, 이번 절에서 살펴보겠습니다.

```
interface A {
  name: string;
}
interface B {
  name: string;
  age: number;
}

const aObj = {
  name: 'zero',
}
const bObj = {
  name: 'nero',
  age: 32,
}
const aToA: A = aObj;
const bToA: A = bObj;
const aToB: B = aObj;  ------ Property 'age' is missing in type '{ name: string; }'
const bTob: B = bObj;          but required in type 'B'.
```

유일하게 B 타입에 A 타입 객체를 대입하는 것만 실패해서 의아할 수 있습니다. A 타입에 B 타입 객체를 대입하는 것은 가능하지만, B 타입에 A 타입 객체를 대입하는 것은 불가능합니다.

2.11절에서 좁은 타입은 넓은 타입에 대입할 수 있지만, 넓은 타입은 좁은 타입에 대입할 수 없다고 배웠습니다. 이는 객체에도 똑같이 적용됩니다. 어떤 객체가 더 넓은가만 판단할 수 있으면 됩니다.

A 타입이 B 타입보다 더 넓은 타입입니다. 또는 더 추상적인 타입이라고 표현할 수도 있습니다. 반대로 B 타입은 A 타입보다 더 좁은 타입, 또는 더 구체적인 타입이라고 표현할 수도 있습니다. B 타입에는 name과 age 속성이 꼭 있어야 하지만, A 타입에는 name밖에 없으니 혹시나 age 속성이 없을 수 있으므로 B 타입에서 A 타입으로는 대입할 수 없습니다.

어떤 이는 A보다 B가 더 넓은 게 아니냐고 착각하곤 합니다. B가 코드의 양이 많고 A보다 차지하는 줄의 폭이 넓기 때문인데요. 이렇게 생각하면 됩니다. B가 코드의 양과 줄 수가 더 많은 이유는 그만큼 더 구체적으로 적었기 때문입니다. 구체적이라는 것은 조건을 만족하기 더 힘들다는 뜻이고, 더 좁은 타입이라는 것입니다.

타입스크립트를 집합 관계로 보고, 다시 한번 벤다이어그램을 그려보겠습니다. 객체의 경우는 다음과 같이 표현할 수 있습니다.

✔ 그림 2-4 타입의 집합 관계

unknown = 전체집합

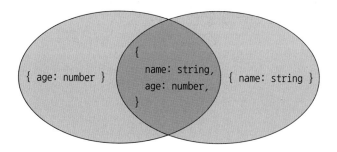

공집합 = never

집합 관계에 따르면 { name: string }이 { name: string, age: number }보다 넓은 타입입니다. { name: string } & { age: number }는 교집합 관계에 따라 { name: string, age: number }이거든요.

그렇다면 { name: string } | { age: number }는 { name: string, age: number } 또는 { name: string } 또는 { age: number }에 대입 가능할까요? 셋 다 할 수 없습니다. 합집합은 각각의 집합이나 교집합보다 넓기 때문입니다. 코드로 확인해보죠.

```typescript
interface A {
  name: string;
}
interface B {
  age: number;
}

function test(): A | B {
  if (Math.random() > 0.5) {
    return {
      age: 28,
    }
  }

  return {
    name: 'zero'
  }
};
const target1: A & B = test(); ------ Type 'A | B' is not assignable to type 'A & B'
const target2: A = test(); ------ Type 'A | B' is not assignable to type 'A'
const target3: B = test(); ------ Type 'A | B' is not assignable to type 'B'
```

A | B 타입을 반환하는 test 함수를 호출하여 target1, target2, target3에 각각 대입하면 예상대로 전부 에러가 발생합니다.

튜플은 배열보다 좁은 타입입니다. 따라서 튜플은 배열에 대입할 수 있으나, 배열은 튜플에 대입할 수 없습니다.

```typescript
let a: ['hi', 'readonly'] = ['hi', 'readonly'];
let b: string[] = ['hi', 'normal'];

a = b; ------ Type 'string[]' is not assignable to type '["hi", "readonly"]'.
              Target requires 2 element(s) but source may have fewer.
b = a;
```

배열이나 튜플에는 readonly 수식어를 붙일 수 있었습니다. readonly 수식어가 붙은 배열이 더 넓은 타입입니다.

```
let a: readonly string[] = ['hi', 'readonly'];
let b: string[] = ['hi', 'normal'];

a = b;
b = a;  -------  The type 'readonly string[]' is 'readonly' and cannot
                 be assigned to the mutable type 'string[]'.
```

string[]이 readonly string[]보다 더 좁은 타입이므로 b를 a에 대입할 수 있습니다. 반대는 불가능합니다.

이번에는 readonly 튜플과 일반 배열을 서로 대입해보겠습니다.

```
let a: readonly ['hi', 'readonly'] = ['hi', 'readonly'];
let b: string[] = ['hi', 'normal'];

a = b;  -------  Type 'string[]' is not assignable to type 'readonly ["hi", "readonly"]'.
                 Target requires 2 element(s) but source may have fewer.
b = a;
        --------  The type 'readonly ["hi", "readonly"]' is 'readonly' and
                  cannot be assigned to the mutable type 'string[]'.
```

두 가지 경우 모두 에러가 발생합니다.

- 배열을 튜플에 대입하려는 a = b의 경우, 배열이 튜플보다 넓은 타입이므로 에러가 발생합니다.
- 튜플을 배열에 대입하려는 b = a의 경우, 튜플이 배열보다 좁은 타입인 것은 맞으나 readonly 수식어가 붙는다면 일반 배열보다 넓은 타입이므로 대입할 수 없습니다.

두 객체가 있고 속성이 동일할 때, 속성이 옵셔널인 객체가 옵셔널이지 않은 객체보다 더 넓은 타입입니다.

```
type Optional = {
  a?: string;
  b?: string;
};
type Mandatory = {
```

```
    a: string;
    b: string;
  };
  const o: Optional = {
    a: 'hello',
  };
  const m: Mandatory = {
    a: 'hello',
    b: 'world',
  };
  const o2: Optional = m;
  const m2: Mandatory = o;
```

Type 'Optional' is not assignable to type 'Mandatory'.
  Types of property 'a' are incompatible.
    Type 'string | undefined' is not assignable to type 'string'.
      Type 'undefined' is not assignable to type 'string'.

옵셔널이란 기존 타입에 undefined가 유니언된 것과 같습니다. 기존 타입 | undefined가 기존 타입보다 넓은 타입이므로 옵셔널인 객체가 더 넓은 타입입니다.

배열과 다르게 객체에서는 속성에 readonly가 붙어도 서로 대입할 수 있습니다.

```
  type ReadOnly = {
    readonly a: string;
    readonly b: string;
  };
  type Mandatory = {
    a: string;
    b: string;
  };
  const o: ReadOnly = {
    a: 'hi',
    b: 'world',
  };
  const m: Mandatory = {
    a: 'hello',
    b: 'world',
  };
  const o2: ReadOnly = m;
  const m2: Mandatory = o;
```

이렇게 넓은 타입, 좁은 타입만 구분할 수 있다면 누가 누구에게 대입할 수 있는지 없는지를 쉽게 판단할 수 있습니다.

2.13.1 구조적 타이핑

타입스크립트에서는 모든 속성이 동일하면 객체 타입의 이름이 다르더라도 동일한 타입으로 취급합니다.

```typescript
interface Money {
  amount: number;
  unit: string;
}

interface Liter {
  amount: number;
  unit: string;
}

const liter: Liter = { amount: 1, unit: 'liter' };
const circle: Money = liter;
```

Money와 Liter 인터페이스는 number인 amount 속성과 string인 unit 속성을 갖고 있습니다. 인터페이스 이름을 제외하고는 다른 점이 없는 것이죠. 타입스크립트는 둘을 동일한 타입으로 인식합니다. 객체를 어떻게 만들었든 간에 구조가 같으면 같은 객체로 인식하는 것을 구조적 타이핑 (structural typing)이라고 부릅니다.

이번 2.13절에서 처음 나왔던 코드에도 구조적 타이핑이 있었습니다. 다시 한번 보겠습니다.

```typescript
interface A {
  name: string;
}
interface B {
  name: string;
  age: number;
}

const aObj = {
  name: 'zero',
}
const bObj = {
  name: 'nero',
```

```
    age: 32,
  }
const aToA: A = aObj;
const bToA: A = bObj;
const aToB: B = aObj;  ········  Property 'age' is missing in type '{ name: string; }'
const bTob: B = bObj;            but required in type 'B'.
```

B 인터페이스는 A 인터페이스이기 위한 모든 조건이 충족되어 있습니다. A 인터페이스에 존재하는 name 속성을 B 인터페이스도 갖고 있기 때문입니다. 따라서 B 인터페이스는 구조적 타이핑 관점에서 A 인터페이스라고 볼 수 있습니다. 반대로 A 인터페이스에는 age 속성이 존재하지 않으므로 B 인터페이스가 아닙니다. 이처럼 완전히 구조가 같아야만 동일한 것도 아니고, B가 A라고 해서 A도 B인 것도 아닙니다.

2.10.2절에서 배열에 매핑된 객체 타입이 적용된 경우에도 구조적 타이핑의 특성이 나타납니다.

```
type Arr = number[];
type CopyArr = {
  [Key in keyof Arr]: Arr[Key];
}

const copyArr: CopyArr = [1, 3, 9];
```

CopyArr은 객체 타입인데도 숫자 배열을 대입할 수 있습니다. CopyArr 타입에 존재하는 모든 속성을 숫자 배열이 갖고 있으므로 둘은 구조적으로 동일한 셈이기 때문입니다. 더 간단하게는 다음과 같은 코드도 가능합니다.

```
type SimpleArr = { [key: number]: number, length: number };
const simpleArr: SimpleArr = [1, 2, 3];
```

숫자 배열은 SimpleArr 객체 타입에 있는 모든 속성을 갖고 있습니다. 숫자 배열은 구조적으로 SimpleArr이라고 볼 수 있기에 대입할 수 있습니다.

그럼 서로 대입하지 못하게 하려면 어떻게 해야 할까요? 어쩔 수 없이 서로를 구분하기 위한 속성을 추가해야 합니다. 다시 말해 구조적으로 동일하지 않게 만드는 것입니다.

```
interface Money {
  __type: 'money';
  amount: number;
  unit: string;
}

interface Liter {
  __type: 'liter';
  amount: number;
  unit: string;
}
const liter: Liter = { amount: 1, unit: 'liter', __type: 'liter' };
const circle: Money = liter;
```

> Type 'Liter' is not assignable to type 'Money'.
>   Types of property '__type' are incompatible.
>   Type '"liter"' is not assignable to type '"money"'.

서로 __type 속성이 다르므로 대입되지 않습니다. 이럴 때는 객체를 구별할 수 있는 속성을 하나 추가하면 됩니다. 속성의 이름은 꼭 __type이 아니어도 됩니다. 다른 속성과 겹치지 않는 이름으로 만들면 됩니다. __type 같은 속성을 브랜드(brand) 속성이라고 부릅니다. 그리고 브랜드 속성을 사용하는 것을 브랜딩(branding)한다고 표현합니다.

2.14 / 제네릭으로 타입을 함수처럼 사용하자

TYPESCRIPT

자바스크립트는 값에 중복이 발생하면 함수를 만들어 중복을 제거하곤 합니다. 다음과 같은 자바스크립트 코드를 봅시다.

자바스크립트

```
const person1 = {
  type: 'human',
  race: 'yellow',
  name: 'zero',
  age: 28
}
const person2 = {
```

```
  type: 'human',
  race: 'yellow',
  name: 'nero',
  age: 32
}
```

두 객체의 속성을 보면 type과 race가 동일합니다. name과 age는 서로 다릅니다. 이럴 때 함수를 사용해 중복된 부분을 제거할 수 있습니다.

자바스크립트

```
const personFactory = (name, age) => ({
  type: 'human',
  race: 'yellow',
  name,
  age,
})
const person1 = personFactory('zero', 28);
const person2 = personFactory('nero', 32);
```

타입스크립트도 타입 간에 중복이 발생할 수 있습니다. 다음 코드를 보겠습니다.

```
interface Zero {
  type: 'human',
  race: 'yellow',
  name: 'zero',
  age: 28,
}

interface Nero {
  type: 'human',
  race: 'yellow',
  name: 'nero',
  age: 32,
}
```

모든 속성이 리터럴 타입인 Zero와 Nero 인터페이스입니다. type과 race 속성의 타입은 동일한데, name과 age 속성의 타입은 다릅니다. 이럴 때 제네릭(generic)을 사용해서 중복을 제거할 수 있습니다.

```
interface Person<N, A> {
  type: 'human',
  race: 'yellow',
  name: N,
  age: A,
}
interface Zero extends Person<'zero', 28> {}
interface Nero extends Person<'nero', 32> {}
```

제네릭 표기는 <>로 하며, 인터페이스 이름 바로 뒤에 위치합니다. <> 안에 타입 매개변수(Type Parameter)를 넣으면 됩니다. 서로 다른 부분인 name과 age 속성의 타입을 각각 타입 매개변수 N과 A로 만들었습니다. 선언한 제네릭을 사용할 때는 Person<'zero', 28>과 같이 매개변수에 대응하는 실제 타입 인수(Type Argument)를 넣으면 됩니다. <N, A>로 선언한 것에 <'zero', 28>이 들어가므로 N은 'zero', A는 28이 됩니다. 함수의 매개변수에 호출할 때 넣은 인수가 대응되는 것과 유사합니다.

```
interface Zero extends Person<'zero', 28> {}
// 최종적으로 다음과 같은 꼴이 됨
interface Zero {
  type: 'human',
  race: 'yellow',
  name: 'zero', // N 자리에 'zero'
  age: 28, // A 자리에 28
}
```

배열의 타입을 표기할 때 사용했던 Array도 제네릭 타입이기 때문에 <> 부분이 있는 것입니다. Array 타입은 다음과 같은 꼴로 선언되어 있습니다.

```
interface Array<T> {
  [key: number]: T,
  length: number,
  // 기타 속성들
}
```

그래서 Array<string>하면 [key: number]: string이 되어 요소의 타입이 전부 string이 됩니다. 제네릭이 없었다면 다음과 같이 요소 타입별로 Array 타입을 다르게 선언해야 했을 것입니다.

```
interface StringArray {
  [key: number]: String,
  length: number,
  // 기타 속성들
}
interface BooleanArray {
  [key: number]: BooleanArray,
  length: number,
  // 기타 속성들
}
```

제네릭 덕분에 타입 간에 중복되는 부분을 없애고 하나의 타입을 여러 방법으로 재사용할 수 있게 되었습니다.

또한, 타입 매개변수의 개수와 타입 인수의 개수가 일치하지 않으면 에러가 발생합니다.

```
interface Zero extends Person<'zero'> {}
                       └------------ Generic type 'Person<N, A>' requires 2 type argument(s).
interface Zero extends Person<'zero', 28> {}
interface Zero extends Person<'zero', 28, boolean> {}
                       └------------ Generic type 'Person<N, A>' requires 2 type argument(s).
```

에러 메시지로 정확히 두 개의 타입 인수를 넣어야 함을 알립니다.

인터페이스뿐만 아니라 클래스와 타입 별칭, 함수도 제네릭을 가질 수 있습니다.

```
type Person<N, A> = {
  type: 'human',
  race: 'yellow',
  name: N,
  age: A,
}
type Zero = Person<'zero', 28>;
type Nero = Person<'nero', 32>;
```

```
class Person<N, A> {
  name: N;
  age: A;
  constructor(name: N, age: A) {
    this.name = name;
    this.age = age;
  }
}
```

함수에서는 함수 선언문이냐 표현식이냐에 따라 제네릭 표기 위치가 다르므로 주의해야 합니다.

```
const personFactoryE = <N, A>(name: N, age: A) => ({
  type: 'human',
  race: 'yellow',
  name,
  age,
});

function personFactoryD<N, A>(name: N, age: A) {
  return ({
    type: 'human',
    race: 'yellow',
    name,
    age,
  })
};
```

interface와 type 간에 교차 사용도 가능합니다.

```
interface IPerson<N, A> {
  type: 'human',
  race: 'yellow',
  name: N,
  age: A,
}
type TPerson<N, A> = {
  type: 'human',
  race: 'yellow',
  name: N,
```

```
    age: A,
  }
type Zero = IPerson<'zero', 28>;
interface Nero extends TPerson<'nero', 32> {}
```

정리하면 제네릭은 다음과 같은 위치에 사용할 수 있습니다.

- interface 이름<타입 매개변수들> {...}

- type 이름<타입 매개변수들> = {...}

- class 이름<타입 매개변수들> {...}

- function 이름<타입 매개변수들>(...) {...}

- const 함수이름 = <타입 매개변수들>(...) => {...}

객체나 클래스의 메서드에 따로 제네릭을 표기할 수도 있습니다. 제네릭의 자리를 기억해두세요.

```
class Person<N, A> {
  name: N;
  age: A;
  constructor(name: N, age: A) {
    this.name = name;
    this.age = age;
  }
  method<B>(param: B) {}
}

interface IPerson<N, A> {
  type: 'human',
  race: 'yellow',
  name: N,
  age: A,
  method: <B>(param: B) => void;
}
```

타입 매개변수에는 기본값(default)을 사용할 수 있습니다.

```
interface Person<N = string, A = number> {
  type: 'human',
```

```
    race: 'yellow',
    name: N,
    age: A,
  }
  type Person1 = Person;           ------- type Person1 = Person<string, number>
  type Person2 = Person<number>;   ------- type Person2 = Person<number, number>
  type Person3 = Person<number, boolean>; ------- type Person3 = Person<number, boolean>
```

타입 매개변수 N과 A를 보면 = 연산자를 사용해서 각각 string, number 타입이 대입되어 있습니다. 타입 인수로 N과 A 자리에 타입을 제공하지 않으면 각각의 타입 매개변수는 기본값 타입이 됩니다.

Person1에서 N의 타입은 string, A의 타입은 number입니다. 어디까지나 기본값이므로 다른 타입을 명시적으로 넣었다면 그 타입이 됩니다. Person2에서는 N 자리에 number 타입을 넣었으므로 N의 타입은 number입니다. A는 타입을 제공하지 않았으므로 기본값인 number가 됩니다.

타입스크립트는 제네릭에 직접 타입을 넣지 않아도 추론을 통해 타입을 알아낼 수 있습니다.

```
  interface Person<N, A> {
    type: 'human',
    race: 'yellow',
    name: N,
    age: A,
  }

  const personFactoryE = <N, A = unknown>(name: N, age: A): Person<N, A> => ({
    type: 'human',
    race: 'yellow',
    name,
    age,
  });

  const zero = personFactoryE('zero', 28); ------- const zero: Person<string, number>
```

변수 zero는 name 매개변수에 'zero'를, age 매개변수에 28을 인수로 넣었습니다. name: string, age: number이므로 N은 string이, A는 number가 됩니다. A에 기본값으로 unknown이 들어 있지만 number가 좀 더 구체적인(좁은) 타입이므로 unknown 대신 number로 추론합니다. 따라서 zero의 타입은 반환값 타입인 Person<string, number>입니다.

이처럼 타입스크립트가 추론을 통해 타입을 알아낼 수 있는 경우 직접 ◇에 타입을 넣지 않아도 됩니다. 실제로도 직접 넣지 않는 경우가 더 많습니다.

타입스크립트 5.0 버전에서는 상수 타입 매개변수가 추가되었습니다.

```typescript
function values<T>(initial: T[]) {
  return {
    hasValue(value: T) { return initial.includes(value) },
  };
}

const savedValues = values(["a", "b", "c"]);
savedValues.hasValue("x");
```

이 코드에서 타입 매개변수 T는 무엇으로 추론될까요? ['a', 'b', 'c']가 T[]인 상황입니다. ['a', 'b', 'c']는 string[]으로 추론되므로 T는 string이 됩니다. 그래서 value 매개변수도 string이 되고, hasValue("x")를 해도 문제가 없습니다.

만약 T를 string 대신 'a' | 'b' | 'c'와 같은 요소의 유니언으로 추론되게 하고 싶으면 어떻게 해야 할까요? 4.9 버전까지는 다음과 같이 했습니다.

```typescript
function values<T>(initial: readonly T[]) {
  return {
    hasValue(value: T) { return initial.includes(value) },
  };
}

const savedValues = values(["a", "b", "c"] as const);
savedValues.hasValue("x"); ------- Argument of type '"x"' is not assignable to parameter
                                   of type '"a" | "b" | "c"'.
```

as const 접미사로 ['a', 'b', 'c']를 튜플로 만들고, 매개변수에도 readonly 수식어를 붙이면 됩니다. T가 'a' | 'b' | 'c'이므로 'x'에서 에러가 발생합니다.

5.0 버전에서는 상수 타입 매개변수가 도입되어 다음과 같이 해도 됩니다.

```
function values<const T>(initial: T[]) {
  return {
    hasValue(value: T) { return initial.includes(value) },
  };
}

const savedValues = values(["a", "b", "c"]);
savedValues.hasValue("x"); ┈┈┈┈ Argument of type '"x"' is not assignable to parameter
                                of type '"a" | "b" | "c"'.
```

타입 매개변수 앞에 const 수식어를 추가하면 타입 매개변수 T를 추론할 때 as const를 붙인 값으로 추론됩니다.

2.14.1 제네릭에 제약 걸기

타입 매개변수에는 제약(constraint)을 사용할 수 있습니다. extends 문법으로 타입 매개변수의 제약을 표시하는 것입니다. 타입의 상속을 의미하던 extends와는 사용법이 다릅니다. 타입 매개변수 A의 타입은 숫자 타입이어야 한다는 뜻입니다.

```
interface Example<A extends number, B = string> {
  a: A,
  b: B,
}                              ┈┈┈┈ Type 'string' does not satisfy the constraint 'number'.
type Usecase1 = Example<string, boolean>;
type Usecase2 = Example<1, boolean>;
type Usecase3 = Example<number>;
```

- Usecase1 타입에서 A 자리에 string 타입을 넣었더니, 제약을 충족시키지 못했다는 에러가 발생합니다.

- Usecase2 타입을 보면 A 자리에 number이기도 하면서 number보다 구체적인 타입인 1 리터럴 타입을 넣고 있습니다. 즉, 특정 타입 매개변수에 제약이 걸리면 제약에 어긋나는 타입은 입력할 수 없지만 제약보다 더 구체적인 타입은 입력할 수 있습니다.

이러한 점에서 제약은 기본값과 다릅니다. 기본값으로 지정한 타입과 완전히 다른 타입을 제공할 수 있지만, 제약에 어긋나는 타입은 제공할 수 없습니다. 타입 매개변수에 사용하는 extends는 제약을 의미함을 기억하세요.

하나의 타입 매개변수가 다른 타입 매개변수의 제약이 될 수도 있습니다.

```
interface Example<A, B extends A> {
  a: A,
  b: B,
}                                    Type 'number' does not satisfy the constraint 'string'.
type Usecase1 = Example<string, number>;
type Usecase2 = Example<string, 'hello'>;
type Usecase3 = Example<number, 123>;
```

B 타입 매개변수는 A 타입이어야 한다는 제약이 걸려 있습니다. 타입을 선언할 때는 A 타입이 구체적으로 무엇인지 알 수 없지만 Usecase1, 2, 3와 같이 타입을 사용할 때는 A 타입이 무엇인지 알수 있습니다. 이때 B의 제약도 구체적으로 정해지게 됩니다. Usecase1에서는 A의 타입이 string이되었으므로 B의 제약도 string이 됩니다. 그런데 B의 타입으로 number를 넣었으니 에러가 발생합니다. Usecase2와 Usecase3는 모두 B의 제약을 잘 충족시키는 예시입니다.

다음과 같은 제약들이 자주 쓰입니다. 각각 타입 매개변수가 객체, 배열, 함수, 생성자, 속성의 키여야 한다는 제약을 나타냅니다.

```
<T extends object> // 모든 객체
<T extends any[]> // 모든 배열
<T extends (...args: any) => any> // 모든 함수
<T extends abstract new (...args: any) => any> // 생성자 타입
<T extends keyof any> // string | number | symbol
```

제네릭에 제약을 사용할 때 흔히 하는 실수가 있습니다. 타입 매개변수와 제약을 동일하게 생각하는 것입니다.

```
interface VO {
  value: any;
}
```

```
const returnV0 = <T extends V0>(): T => {
  return { value: 'test' };  ········ Type '{ value: string; }' is not assignable to type 'T'.
}                                       '{ value: string; }' is assignable to the constraint of type
                                        'T', but 'T' could be instantiated with a different subtype of
                                        constraint 'V0'.
```

타입 매개변수 T에 V0 인터페이스라는 제약이 걸려 있고, f 함수의 반환값 타입이 T로 되어 있습니다. returnV0 함수의 실제 반환값 타입인 { value: string }도 V0 인터페이스와 일치하는데, 왜 에러가 발생할까요?

이것이 바로 타입 매개변수와 제약을 동일하게 생각해서 발생하는 실수입니다. T는 정확히 V0가 아니라 V0에 대입할 수 있는 모든 타입을 의미합니다. 즉, { value: string, another: string }도 T가 될 수 있습니다. 이러면 { value: string }은 T가 아닙니다. 따라서 에러가 발생하는 것이죠.

다음 코드도 역시 에러가 발생합니다.

```
function onlyBoolean<T extends boolean>(arg: T = false): T {
  return arg;             Type 'boolean' is not assignable to type 'T'.
}                           'boolean' is assignable to the constraint of type 'T', but 'T' could be
                        instantiated with a different subtype of constraint 'boolean'.
```

타입 매개변수 T에 boolean 제약이 걸려 있고, 함수의 매개변수도 T 타입인 상황입니다. 그런데 false를 기본값으로 넣으니 에러가 발생합니다. T는 boolean이니까 true 아니면 false일 텐데 왜 에러가 발생하는 걸까요?

바로 never 때문에 그렇습니다. never는 모든 타입에 대입할 수 있으므로 never extends boolean 은 참입니다. 따라서 T가 never일 수도 있으므로 false를 기본값으로 넣는 것이 불가능한 것입니다.

이처럼 타입 매개변수와 제약의 관계에서는 타입 매개변수와 제약을 동일하게 생각하면 안 됩니다. 타입 매개변수가 제약에 대입할 수 있는 타입인지를 따져보아야 합니다.

그럼 onlyBoolean 함수를 유효하게 만들고 싶다면 어떻게 해야 할까요? 간단합니다. 제네릭을 쓰지 않으면 됩니다.

```
function onlyBoolean(arg: true | false = true): true | false {
  return arg;
}
```

강박적으로 제네릭을 쓸 필요는 없습니다. 특히 원시값 타입만 사용한다면 대부분 제약을 걸지 않아도 되는 경우가 많습니다. returnV0 함수도 제네릭을 제거하면 에러가 사라집니다.

```typescript
interface V0 {
  value: any;
}

const f = (): V0 => {
  return { value: 'test' };
}
```

2.15 조건문과 비슷한 컨디셔널 타입이 있다

타입스크립트에서는 조건에 따라 다른 타입이 되는 컨디셔널 타입(Conditional Type)이 있습니다.

```typescript
type A1 = string;
type B1 = A1 extends string ? number : boolean;  ------- type B1 = number

type A2 = number;
type B2 = A2 extends string ? number : boolean;  ------- type B2 = boolean
```

이번에도 extends 예약어가 사용되었습니다. 여기의 extends는 삼항연산자와 같이 사용됩니다.

특정 타입 extends 다른 타입 ? 참일 때 타입 : 거짓일 때 타입

특정 타입을 다른 타입에 대입할 수 있을 때 참이 됩니다. 다시 말해 특정 타입이 다른 타입의 부분집합일 때 참이 됩니다.

앞의 예제에서 A1(string) extends string은 true이므로 B1 타입은 number이고, A2(number) extends string은 false이므로 B2 타입은 boolean입니다.

extends라는 예약어 때문에 헷갈릴 수 있는데 명시적으로 extends해야만 참이 되는 것이 아닙니다.

```typescript
interface X {
  x: number;
}
interface XY {
  x: number;
  y: number;
}
interface YX extends X {
  y: number;
}

type A = XY extends X ? string : number;  ------ type A = string
type B = YX extends X ? string : number;  ------ type B = string
```

YX는 X를 명시적으로 extends하므로 B는 참일 때 타입인 string입니다. 하지만 XY는 X를 명시적으로 extends하지 않음에도, A는 마찬가지로 string입니다. XY 타입이 X 타입에 대입 가능하므로 extends하는 것과 다름 없기 때문입니다.

컨디셔널 타입은 타입 검사를 위해서도 많이 사용합니다.

```typescript
type Result = 'hi' extends string ? true : false;  ------ type Result = true
type Result2 = [1] extends [string] ? true : false;  ------ type Result2 = false
```

앞의 코드를 통해 'hi'가 string 타입인지 아닌지를 알아낼 수 있습니다. 또한 [1]도 [string] 타입이 아님을 확인했습니다. [1]은 [number]나 number[] 타입입니다.

또한, 컨디셔널 타입은 never와 함께 사용할 때도 많습니다. 다음은 타입이 string | number이면 배열로 만들고, 그게 아니면 never로 만드는 코드입니다.

```typescript
type Start = string | number;
type New = Start extends string | number ? Start[] : never;
let n: New = ['hi'];
n = [123];
```

여기서는 그냥 type New = Start[]로 타이핑하면 되지 않을까요? 사실 그렇습니다. 단순한 상황에서는 never와 함께 쓸 이유가 없습니다. 보통은 제네릭과 더불어 쓸 때만 never가 의미가 있습니다.

```
type ChooseArray<A> = A extends string ? string[] : never;
type StringArray = ChooseArray<string>; ┈┈┈┈┈ type StringArray = string[]
type Never = ChooseArray<number>; ┈┈┈┈┈ type Never = never
```

참고로 never는 모든 타입에 대입할 수 있기에 모든 타입을 extends할 수 있습니다.

```
type Result = never extends string ? true : false; ┈┈┈┈┈ type Result = true
```

매핑된 객체 타입에서 키가 never이면 해당 속성은 제거됩니다. 따라서 다음과 같이 컨디셔널 타입과 함께 사용할 수 있습니다.

```
type OmitByType<O, T> = {
  [K in keyof O as O[K] extends T ? never : K]: O[K];
};
type Result = OmitByType<{ ┈┈┈┈┈ type Result = {
  name: string;                        name: string;
  age: number;                         age: number;
  married: boolean;                  }
  rich: boolean;
}, boolean>;
```

OmitByType 타입은 특정 타입인 속성을 제거하는 타입으로, 예제에서는 boolean인 속성을 제거하고 있습니다. O[K] extends T ? never : K에서 속성의 타입이 T이면 never가 됩니다. 키가 never이면 해당 속성은 제거되므로 속성의 타입이 T인 속성들은 전부 제거됩니다.

컨디셔널 타입을 자바스크립트의 삼항연산자처럼 중첩해서 만들 수도 있습니다.

```
type ChooseArray<A> = A extends string
  ? string[]
  : A extends boolean ? boolean[] : never;
type StringArray = ChooseArray<string>; ┈┈┈┈┈ type StringArray = string[]
```

```
type BooleanArray = ChooseArray<boolean>; ------ type BooleanArray = boolean[]
type Never = ChooseArray<number>; ------ type Never = never
```

또는 인덱스 접근 타입으로 컨디셔널 타입을 표현할 수도 있습니다.

```
type A1 = string;
type B1 = A1 extends string ? number : boolean;
type B2 = {
  't': number;
  'f': boolean;
}[A1 extends string ? 't' : 'f'];
```

B1과 B2의 타입은 같습니다. 왜 굳이 더 복잡하게 사용할까요? 참일 때와 거짓일 때의 타입이 복잡한 경우는 이렇게 나타내기도 합니다(이 경우는 3.9절에서 또 보게 될 것입니다).

2.15.1 컨디셔널 타입 분배법칙

컨디셔널 타입, 제네릭과 never의 조합은 더 복잡한 상황에서 진가를 발휘합니다.

다음과 같은 상황을 생각해봅시다. string | number 타입이 있는데 이 타입으로부터 string[] 타입을 얻고 싶은 상황입니다. 일단 다음 코드처럼 시도해보겠습니다.

```
type Start = string | number;
type Result = Start extends string ? Start[] : never; ------ type Result = never
```

하지만 뜻하지 않게 Result 타입이 never가 되어버립니다. string | number가 string을 extends할 수 없기 때문입니다.

이럴 때 컨디셔널 타입을 제네릭과 함께 사용하면 원하는 바를 얻을 수 있습니다.

```
type Start = string | number;
type Result<Key> = Key extends string ? Key[] : never;
let n: Result<Start> = ['hi']; ------ let n: string[]
```

타입을 제네릭으로 바꾸었습니다. 검사하려는 타입이 제네릭이면서 유니언이면 분배법칙이 실행됩니다. Result<string | number>는 Result<string> | Result<number>가 됩니다. 따라서 Key extends string | boolean ? Key[ ] : never를 거치면 string [ ] | never가 되고, never는 사라져서 최종적으로 string[ ] 타입이 됩니다.

다만 boolean에 분배법칙이 적용될 때는 조심해야 합니다.

```
type Start = string | number | boolean;
type Result<Key> = Key extends string | boolean ? Key[] : never;
let n: Result<Start> = ['hi']; ┄┄┄ let n: string[] | false[] | true[]
n = [true];
```

string[ ] | boolean[ ]이 될 것이라는 예상과 달리 string[ ] | false[ ] | true[ ]가 됩니다. boolean을 true | false로 인식하기 때문입니다.

분배법칙이 일어나는 것을 막고 싶을 수도 있습니다. 다음과 같이 'hi' | 3이 string인지 검사하는 타입을 만들어보겠습니다. 3은 string이 아니므로 false가 나와야 합니다.

```
type IsString<T> = T extends string ? true : false;
type Result = IsString<'hi' | 3>; ┄┄┄ type Result = boolean
```

Result 타입이 false 대신 boolean입니다. 유니언과 제네릭이 만나면서 분배법칙이 실행되었기 때문인데요. 분배법칙에 따라 IsString<'hi'> | IsString<3>이고, ('hi' extends string ? true : false) | (3 extends string ? true : false)를 수행하면 true | false이므로 최종적으로 boolean이 된 것입니다.

이럴 때는 분배법칙이 일어나지 않게 해야 합니다.

```
type IsString<T> = [T] extends [string] ? true : false;
type Result = IsString<'hi' | 3>; ┄┄┄ type Result = false
```

배열로 제네릭을 감싸면 분배법칙이 일어나지 않습니다. ['hi' | 3]이 [string]을 extends하는지 검사하므로 false가 됩니다. 분배법칙을 막는 방법도 기억해두세요.

또 한 가지 기억할 점이 있습니다. 앞에서 설명하지 않았지만, never도 분배법칙의 대상이 됩니다. never가 유니언으로 보이지는 않지만 유니언이라고 생각하는 것이 좋습니다.

```
type R<T> = T extends string ? true : false;
type RR = R<never>; ------ type RR = never
```

앞에서 never는 모든 타입을 extends할 수 있다고 했습니다. 그런데 RR 타입은 true가 아니라 never입니다. T가 never가 되면서 분배법칙이 일어났기 때문입니다. 단, never는 공집합과 같으므로 공집합에서 분배법칙을 실행하는 것은 아무것도 실행하지 않는 것과 같습니다. 따라서 결과는 never입니다.

간단하게 컨디셔널 타입에서 제네릭과 never가 만나면 never가 된다고 생각하면 됩니다. 따라서 never를 타입 인수로 사용하려면 분배법칙이 일어나는 것을 막아야 합니다.

```
type IsNever<T> = [T] extends [never] ? true : false;
type T = IsNever<never>; ------ type T = true
type F = IsNever<'never'>; ------ type F = false
```

같은 이유로 제네릭과 컨디셔널 타입을 같이 사용할 때는 다음 사항을 조심해야 합니다.

```
function test<T>(a: T) {
  type R<T> = T extends string ? T : T;
  const b: R<T> = a; ------ Type 'T' is not assignable to type 'R<T>'
}
```

매개변수 a는 T 타입이고, R<T> 타입은 T가 string이든 아니든 T 타입이 됩니다. 변수 b는 R<T> 타입으로 표기했으니 T 타입인 매개변수 a를 대입할 수 있어야 합니다. 그런데 여기서도 문제가 발생합니다.

여기서 문제는 R<T> 타입이 T가 될 거라고 생각하는 것입니다. 타입스크립트는 제네릭이 들어 있는 컨디셔널 타입을 판단할 때 값의 판단을 뒤로 미룹니다. 즉, 변수 b에 매개변수 a를 대입할 때까지도 타입스크립트는 R<T>가 T라는 것을 알지 못합니다. 그래서 T를 R<T>에 대입할 수 없다는 에러가 발생하는 것입니다.

따라서 이때도 타입스크립트가 판단을 뒤로 미루지 못하도록 배열로 제네릭을 감싸면 됩니다.

```typescript
function test<T extends ([T] extends [string] ? string : never)>(a: T) {
  type R<T> = [T] extends [string] ? T : T;
  const b: R<T> = a;
}
```

제네릭에 제약을 거는 부분이 복잡해졌는데, 타입 매개변수를 선언할 때 바로 <[T] extends [string]>하는 것이 불가능하므로 한 번 더 컨디셔널 타입으로 묶어 선언한 것입니다.

컨디셔널 타입은 추후 infer를 배우면 더 강력하게 사용할 수 있습니다(이 내용은 2.22절에서 배웁니다).

2.16 함수와 메서드를 타이핑하자

이번 절부터는 함수 타이핑에 대해 더 자세하게 알아보겠습니다. 타입스크립트에는 함수의 매개변수를 타이핑하기 위한 다양한 문법이 준비되어 있습니다.

```typescript
function example(a: string, b?: number, c = false) {}
//       example  function example(a: string, b?: number, c?: boolean): void
example('hi', 123, true);
example('hi', 123);
example('hi');
```

매개변수 b를 보면 옵셔널 수식어가 붙어 있습니다. 매개변수 a는 필수로 제공해야 하지만, b는 넣어도 그만, 안 넣어도 그만이라는 뜻입니다. 매개변수 c는 기본값으로 false가 들어 있고, 타입 추론을 통해 boolean 타입이 되었습니다. 또한, 기본값이 제공된 매개변수는 자동으로 옵셔널이 됩니다.

매개변수는 배열이나 객체처럼 ...(나머지) 문법을 사용할 수 있습니다. 배열이나 객체에서의 ... 문법은 나머지 속성 문법이었고, 함수에서의 ... 문법은 나머지 매개변수 문법입니다.

```
function example1(a: string, ...b: number[]) {}
example1('hi', 123, 4, 56);
function example2(...a: string[], b: number) {}
                      ┊──────────── A rest parameter must be last in a parameter list.
```

나머지 매개변수 문법을 사용하는 매개변수는 항상 배열이나 튜플 타입이어야 합니다. 나머지 매개변수를 한데 묶는 것이라 배열 꼴일 수밖에 없습니다. example1 함수에서 매개변수 b는 첫 번째 자리의 매개변수 a를 제외한 나머지 매개변수를 의미하고, 나머지 매개변수는 모두 숫자여야 합니다. example1에서 b는 [123, 4, 56]이 됩니다.

example2 함수에서는 에러가 발생하는데요. 나머지 매개변수 문법은 배열의 전개 문법과는 달리 매개변수의 마지막 자리에만 위치해야 합니다.

매개변수 자리에 전개 문법을 사용할 수도 있습니다.

```
function example3(...args: [number, string, boolean]) {}
            ┊──── function example3(args_0: number, args_1: string, args_2: boolean): void
example3(1, '2', false);


          ┊──── function example4(a: number, b: string, c: boolean): void
function example4(...args: [a: number, b: string, c: boolean]) {}
```

example3 함수에서 튜플 타입을 전개했습니다. example3 함수에 마우스오버해보면 매개변수의 자리가 세 개인 것을 확인할 수 있습니다. 각 매개변수의 이름은 임의로 정해집니다. 만약 이름을 직접 정하고 싶다면 example4처럼 각 자리에 이름을 붙이면 됩니다.

매개변수에 구조분해 할당을 적용할 때는 타이핑이 헷갈릴 수 있으니 조심해야 합니다.

```
function destructuring({ prop: { nested } }) {} ──── Binding element 'nested' implicitly has
destructuring({ prop: { nested: 'hi' }});            an 'any' type.
```

앞 코드에서는 implicitAny 에러가 발생하므로 타이핑해야 합니다. 그러나 다음과 같이 잘못 타이핑하기 쉽습니다.

```
function destructuring({ prop: { nested: string } }) {}  ------ Binding element 'string'
destructuring({ prop: { nested: 'hi' }});                        implicitly has an 'any' type.
```

이 문법은 nested 속성을 string 타입으로 표기한 것이 아니라 nested 속성을 string 변수로 이름을 바꾼 것입니다. 제대로 타이핑하려면 다음과 같이 타이핑해야 합니다.

```
function destructuring({ prop: { nested } }: { prop: { nested: string }}) {}
destructuring({ prop: { nested: 'hi' }});
```

함수 내부에서 this를 사용하는 경우에는 명시적으로 표기해야 합니다. 표기하지 않으면 any로 추론되고, 에러가 발생합니다.

```
function example1() {
  console.log(this); ----- 'this' implicitly has type 'any' because it does not have a type annotation.
}

function example2(this: Window) {
  console.log(this); ------- this: Window
}

function example3(this: Document, a: string, b: 'this') {}
example3('hello', 'this'); ------- The 'this' context of type 'void' is not assignable to
                                   method's 'this' of type 'Document'.
example3.call(document, 'hello', 'this');
```

this의 타입을 어디에 표기해야 할까요? 매개변수의 첫 번째 자리에 표기하면 됩니다. 다른 매개변수들은 한 자리씩 뒤로 밀려납니다. 기억하세요. 타입스크립트에서 매개변수 자리에 존재하는 this는 실제 매개변수가 아닙니다.

다만 this에 타입을 표기했다고 해서 this를 쓸 수 있는 것은 아닙니다. example3 함수처럼 타입스크립트는 this가 Document 타입일 수 없음을 알고 있기에 에러를 표시합니다. 따라서 call 메서드 등을 활용해 this의 값을 명시적으로 document로 지정해주어야 합니다. 그러면 에러가 사라집니다.

메서드에서도 this를 사용할 수 있습니다. 일반적으로는 this가 메서드를 갖고 있는 객체 자신으로 추론되므로 this를 명시적으로 타이핑할 필요가 없습니다. 하지만 this가 바뀔 수 있을 때는 명시적으로 타이핑해야 합니다.

```
type Animal = {
  age: number;
  type: 'dog',
};
const person = {
  name: 'zero',
  age: 28,
  sayName() {
    this;
    this.name;
  },
  sayAge(this: Animal) {
    this;
    this.type;
  }
};
person.sayAge.bind({ age: 3, type: 'dog' });
```

this: {
  name: string;
  age: number;
  sayName(): void;
  sayAge(this: Animal): void;
}

this.name ------- (property) name: string

this; ------- this: Animal

this.type; ------- (property) type: "dog"

자바스크립트에서는 함수를 생성자(constructor)로 사용할 수 있습니다. new를 붙여서 객체를 만들 수 있죠. 하지만 타입스크립트에서는 기본적으로 함수를 생성자로 사용할 수 없습니다. 대신 class를 써야 합니다. 다만 다음과 같이 억지로 만들어낼 수는 있습니다.

```
type Person = {
  name: string,
  age: number,
  married: boolean,
}
interface PersonConstructor {
  new (name: string, age: number, married: boolean): Person;
}

const Person = function (this: Person, name: string, age: number, married: boolean) {
```

```
    this.name = name;
    this.age = age;
    this.married = married;
  } as unknown as PersonConstructor;
Person.prototype.sayName = function(this: Person) {
    console.log(this.name);
  }

  const zero = new Person('zero', 28, false);
```

생성자의 타입은 메서드 앞에 new를 붙이면 됩니다. 그러면 new Person과 같이 호출할 수 있습니다. 단, function을 생성자 함수로 만들려면 생성자의 타입(PersonConstructor)과 인스턴스의 타입(Person)을 따로 만들고 생성자 함수도 as unknown as PersonConstructor로 강제로 타입을 지정해야 합니다. 이는 부자연스러운 방법이므로 생성자 함수 대신 클래스를 사용하는 방법을 더 권장합니다. 2.20절에서 다시 배울 텐데, 클래스를 사용한 코드만 미리 보면 다음과 같습니다.

```
class Person {
  name: string;
  age: number;
  married: boolean;
  constructor(name: string, age: number, married: boolean) {
    this.name = name;
    this.age = age;
    this.married = married;
  }
  sayName() {
    console.log(this.name);
  }
}
const zero = new Person('zero', 28, false);
```

2.17 / 같은 이름의 함수를 여러 번 선언할 수 있다

자바스크립트에서는 함수의 매개변수에 개수와 타입이 고정되어 있지 않습니다. 호출하는 사람이 마음대로 값과 개수를 바꿔서 넣을 수 있습니다. 하지만 타입스크립트에서는 매개변수에 어떤 타입과 값이 들어올지 미리 타입 선언해야 합니다.

다음과 같이 두 문자열을 합치거나, 두 숫자를 더하는 add 함수를 만들어봅시다.

```typescript
function add(x: string | number, y: string | number): string | number {
  return x + y; ······· Operator '+' cannot be applied to types 'string | number' and 'string | number'.
}
add(1, 2); // 3
add('1', '2'); // 12
add(1, '2'); // 원하지 않는데 됨
add('1', 2); // 원하지 않는데 됨
```

아마도 처음에는 이렇게 코딩했을 것입니다. 그런데 x + y를 할 수 없다는 에러가 발생합니다. 또한 (1, 2)나 ('1', '2')만 원했는데 (1, '2'), ('1', 2) 같은 서로 다른 타입의 값도 인수로 넣을 수 있게 됩니다. 애초에 매개변수 x와 y를 모두 string | number로 타이핑했기에 x가 문자열이면서 y가 숫자일 수 있게 되는 것입니다.

이럴 때 필요한 기법이 오버로딩(overloading)입니다. 호출할 수 있는 함수의 타입을 미리 여러 개 타이핑해두는 기법입니다. 다음과 같이 코드를 변경합니다.

```typescript
function add(x: number, y: number): number
function add(x: string, y: string): string
function add(x: any, y: any) {
  return x + y;
}

add(1, 2); // 3
add('1', '2'); // 12
add(1, '2');
add('1', 2);
```

> No overload matches this call.
>   Overload 1 of 2, '(x: number, y: number): number', gave the following error.
>   Argument of type 'string' is not assignable to parameter of type 'number'.
>   Overload 2 of 2, '(x: string, y: string): string', gave the following error.
>   Argument of type 'number' is not assignable to parameter of type 'string'.

이상하게 보이나요? 하지만 타입스크립트에서는 이렇게 오버로딩합니다. 처음 두 선언은 타입만 있고 함수의 구현부(implementation)가 없습니다. 마지막 선언은 구현부는 있으나 매개변수의 타입이 any입니다. any를 명시적으로 사용한 처음이자 마지막 사례입니다. any를 제거하면 implicitAny 에러가 발생하여 어쩔 수 없이 넣었습니다. 다만 x와 y가 실제로 any가 되는 것이 아니라 오버로딩한 타입의 조합({x: number, y: number}, {x: string, y: string})만 가능합니다.

add(1, '2')와 add('1', 2)에서 발생하는 에러 메시지를 보면 Overload 1 of 2, Overload 2 of 2가 나옵니다. of 뒤에 나오는 숫자가 타입스크립트가 인식하는 오버로딩의 개수입니다. 함수의 호출이 두 오버로딩 중 어디에도 해당하지 않아 에러가 발생했다고 알리고 있습니다.

오버로딩을 선언하는 순서도 타입 추론에 영향을 끼칩니다.

```
function example(param: string): string;
function example(param: string | null): number;
function example(param: string | null): string | number {
  if (param) {
    return 'string';
  } else {
    return 123;
  }
}

const result = example('what'); ┈┈┈ const result: string
```

'what'은 string이므로 첫 번째 오버로딩과 두 번째 오버로딩 모두에 해당될 수 있습니다. 이처럼 여러 오버로딩에 동시에 해당될 수 있는 경우는 제일 먼저 선언된 오버로딩에 해당됩니다. 따라서 result는 첫 번째 오버로딩의 반환값 타입인 string입니다. 오버로딩 순서를 바꿔볼까요?

```
function example(param: string | null): number;
function example(param: string): string;
function example(param: string | null): string | number {
  if (param) {
    return 'string';
  } else {
    return 123;
  }
```

```
  }

const result = example('what'); ⋯⋯⋯ const result: number
```

result가 number로 바뀝니다. 다만 실제로는 result가 string이므로 실행할 때 에러가 발생할 것입니다. 애초에 구현부와 일치하게 타입 선언하지 않았기에 문제가 생길 수밖에 없습니다. 오버로딩의 순서는 좁은 타입부터 넓은 타입순으로 오게 해야 문제가 없습니다.

다음과 같이 인터페이스로도 오버로딩을 표현할 수 있습니다.

```
interface Add {
  (x: number, y: number): number;
  (x: string, y: string): string;
}
const add: Add = (x: any, y: any) => x + y;

add(1, 2); // 3
add('1', '2'); // 12
add(1, '2');
add('1', 2);
```
No overload matches this call.
  Overload 1 of 2, '(x: number, y: number):
number', gave the following error.
    Argument of type 'string' is not assignable
to parameter of type 'number'.
  Overload 2 of 2, '(x: string, y: string):
string', gave the following error.
    Argument of type 'number' is not assignable
to parameter of type 'string'.

타입 별칭으로도 오버로딩을 표현할 수 있습니다. 각각의 함수 타입을 선언한 뒤 & 연산자로 하나로 묶으면 오버로딩과 같은 역할을 합니다.

```
type Add1 = (x: number, y: number) => number;
type Add2 = (x: string, y: string) => string;
type Add = Add1 & Add2;
const add: Add = (x: any, y: any) => x + y;

add(1, 2); // 3
add('1', '2'); // 12
add(1, '2');
add('1', 2);
```
No overload matches this call.
  Overload 1 of 2, '(x: number, y: number):
number', gave the following error.
    Argument of type 'string' is not assignable
to parameter of type 'number'.
  Overload 2 of 2, '(x: string, y: string):
string', gave the following error.
    Argument of type 'number' is not assignable
to parameter of type 'string'.

오버로딩할 때 주의할 점이 있습니다. 너무 지나치게 오버로딩을 활용하면 안 됩니다. 다음은 애초에 오버로딩할 필요가 없는데 오버로딩했다가 문제가 되는 경우입니다.

```
function a(param: string): void
function a(param: number): void
function a(param: string | number) {}

function errorA(param: string | number) {
  a(param); ············
}
```

No overload matches this call.
  Overload 1 of 2, '(param: string): void', gave the following error.
    Argument of type 'string | number' is not assignable to parameter of type 'string'.
    Type 'number' is not assignable to type 'string'.
  Overload 2 of 2, '(param: number): void', gave the following error.
    Argument of type 'string | number' is not assignable to parameter of type 'number'.
    Type 'string' is not assignable to type 'number'.

```
function b(p1: string): void
function b(p1: string, p2: number): void
function b(p1: string, p2?: number) {}

function errorB(p1: string, p2: number | undefined) {
  b(p1, p2); ······
}
```

Argument of type 'number | undefined' is not assignable to parameter of type 'number'.
Type 'undefined' is not assignable to type 'number'.

타입스크립트는 함수에 오버로딩이 있을 때 위에서부터 순서대로 검사합니다.

- a(param)의 경우: errorA의 param이 string | number인데 a의 param은 string이나(첫 번째 오버로딩) number라서(두 번째 오버로딩) 에러가 발생합니다.

- b(p1, p2)의 경우: errorB의 p2가 number | undefined인데 b의 p2는 없거나(첫 번째 오버로딩) number라서(두 번째 오버로딩) 에러가 발생합니다.

오버로딩을 제거하면 에러 메시지가 사라집니다.

```
function a(param: string | number) {}

function errorA(param: string | number) {
  a(param);
}

function b(p1: string, p2?: number) {}

function errorB(p1: string, p2: number | undefined) {
  b(p1, p2);
}
```

유니언이나 옵셔널 매개변수를 활용할 수 있는 경우는 오버로딩을 쓰지 않는 게 좋습니다.

2.18 콜백 함수의 매개변수는 생략 가능하다

이 절에서는 함수가 콜백 함수로 사용될 때 발생하는 타입스크립트의 특징에 대해 알아보겠습니다. 다음 예제를 봅시다.

```
function example(callback: (error: Error, result: string) => void) {}
example((e, r) => {});
example(() => {});
example(() => true);
```

example 함수는 콜백 함수를 매개변수로 가지는 함수입니다. 콜백 함수의 매개변수인 error와 result는 각각 Error, string 타입입니다(이 둘은 undefined가 아닙니다. 이 점을 기억해두세요).

example 함수를 호출할 때 다양한 특징을 발견할 수 있습니다. 먼저 example 함수를 호출할 때 인수로 (e, r) => {} 콜백 함수를 제공했는데 e와 r 매개변수에는 타입을 표기하지 않았습니다. 기본적으로 함수의 매개변수에는 타입을 표기해야 한다고 배웠습니다. 그렇지 않으면 에러가 발생하기 때문입니다.

하지만 인수로 제공하는 콜백 함수의 매개변수에는 타입을 표기하지 않아도 됩니다. example 함수를 선언할 때 callback: (error: Error, result: string) => void로 콜백 함수에 대한 타입을 표기했기 때문에 (e, r) => {} 함수는 callback 매개변수의 타입으로 추론됩니다. 따라서 매개변수 e는 Error 타입이, 매개변수 r은 string 타입이 됩니다. 이런 현상을 문맥적 추론(Contextual Typing)이라고 부릅니다.

또한, 콜백 함수의 매개변수는 함수를 호출할 때 사용하지 않아도 됩니다. example(() => {})처럼 콜백 함수에 error 매개변수와 result 매개변수 자리가 없어도 호출할 수 있습니다. error 매개변수와 result 매개변수를 콜백 함수에서 사용하지 않을 뿐입니다.

여기서 많이 하는 실수가 괜히 error?과 result?처럼 옵셔널로 만들어버리는 것입니다. 옵셔널로 만들면 error와 result의 타입이 각각 Error | undefined, string | undefined가 되어버립니다. 아까 두 값이 undefined가 아니라는 점을 기억하라고 했죠? 옵셔널로 만들면 error와 result의 값이 undefined가 될 수 있으므로 의도와 달라집니다.

콜백 함수의 반환값이 void일 때는 어떠한 반환값이 와도 상관없습니다. 그래서 example(() =>
true)를 해도 에러가 발생하지 않습니다. 다만 해당 반환값은 다른 곳에 사용되지 않습니다.

이러한 특징이 생긴 이유는 배열의 forEach 메서드를 생각해보면 쉽게 알 수 있습니다.

```
[1, 2, 3].forEach((item, index, array) => {    ------ (method) Array<number>.forEach(callbackfn:
  console.log(item, index, array);                    (value: number, index: number, array: number[])
});                                                    => void, thisArg?: any): void
[1, 2, 3].forEach((item, index) => {});
[1, 2, 3].forEach((item) => item);
```

forEach 메서드의 콜백 함수는 callbackfn 타입입니다. 콜백 함수의 매개변수에 타입을 표기할 필
요가 없고, 매개변수도 전부 옵셔널입니다. callbackfn의 반환값 타입이 void라서 반환값이 없어
도 되고, 마지막 forEach처럼 있어도 됩니다.

2.19 / 공변성과 반공변성을 알아야
함수끼리 대입할 수 있다

2.7.6절에서 타입 간 대입 가능성에 대해 배웠습니다. 이 절에서는 함수 간 대입 가능성에 대해
배우면서 공변성과 반공변성에 대한 개념을 알아보겠습니다.

어떤 함수는 다른 함수에 대입할 수 있는데, 어떤 함수는 대입할 수 없습니다. 이를 이해하려면 공
변성과 반공변성이라는 개념을 알아야 합니다. 수학적 용어이므로 좀 어렵습니다만, 정리하면 다
음과 같습니다.

- 공변성: A->B일 때 T$\langle$A$\rangle$ -> T$\langle$B$\rangle$인 경우

- 반공변성: A->B일 때 T$\langle$B$\rangle$ -> T$\langle$A$\rangle$인 경우

- 이변성: A->B일 때 T$\langle$A$\rangle$ -> T$\langle$B$\rangle$도 되고 T$\langle$B$\rangle$ -> T$\langle$A$\rangle$도 되는 경우

- 무공변성: A->B일 때 T$\langle$A$\rangle$ -> T$\langle$B$\rangle$도 안 되고 T$\langle$B$\rangle$ -> T$\langle$A$\rangle$도 안 되는 경우

추가로 이변성과 무공변성까지 같이 정리했습니다. 아직은 이해가 잘 되지 않아도 코드로 보면 이해하기 쉽기 때문에 조금 뒤에 나오는 코드와 함께 보세요.

기본적으로 타입스크립트는 공변성을 갖고 있지만, 함수의 매개변수는 반공변성을 갖고 있습니다. 이때 **TS Config** 메뉴에서 strictFunctionTypes 옵션이 체크되어 있어야 합니다. strictFunctionTypes 옵션은 strict 옵션이 체크되어 있을 때 자동으로 활성화됩니다. strict와 strictFunctionTypes 모두 체크되어 있지 않다면 타입스크립트는 매개변수에 대해 이변성을 갖습니다.

실제 코드로 테스트해봅시다.

```
function a(x: string): number {
  return 0;
}
type B = (x: string) => number | string;
let b: B = a;
```

a 함수를 b 타입에 대입할 수 있습니다. 두 타입의 차이는 반환값뿐입니다. 함수의 반환값 타입을 보면 b가 a보다 넓은 타입입니다. a는 number를 반환하고 b는 number | string을 반환하니까요. a의 반환값을 b의 반환값에 대입할 수 있는 것이죠. 이 관계를 a -> b라고 표현합시다.

여기서 T 타입을 함수<반환값>이라고 생각하면 a -> b일 때 T<a>와 T<b> 간 관계를 파악하면 됩니다. 코드에서 함수 a를 타입 b에 대입할 수 있으므로 T<a> -> T<b>가 됩니다. 따라서 함수의 반환값은 공변성을 갖고 있다고 볼 수 있습니다.

반대로 해볼까요? b -> a인 상황에서 함수 a를 타입 b에 대입하려고 합니다.

```
function a(x: string): number | string {
  return 0;
}
type B = (x: string) => number;
let b: B = a;
```

> Type '(x: string) => string | number' is not assignable to type 'B'.
>   Type 'string | number' is not assignable to type 'number'.
>   Type 'string' is not assignable to type 'number'.

string | number를 number에 대입할 수 없다는 에러가 발생합니다. 여기서 strict 옵션(또는 strictFunctionTypes)을 해제하면 어떻게 될까요? 여전히 에러가 발생합니다. 즉, 반환값에 대해서는 항상 공변성을 가진다고 볼 수 있습니다.

매개변수의 경우는 strict 옵션에서 반공변성을 가진다고 했습니다. 다음 코드를 봅시다.

```typescript
function a(x: string | number): number {
  return 0;
}
type B = (x: string) => number;
let b: B = a;
```

매개변수를 보면 string -> string | number이므로 b -> a인 상황입니다. 그런데 a를 b에 대입할 수 있습니다. b -> a에서 T<a> -> T<b>이므로 매개변수가 반공변성을 가지고 있습니다.

반대는 불가능합니다. 에러가 발생합니다. 매개변수의 경우는 반공변성을 가지는 것을 확인했습니다.

```typescript
function a(x: string): number {
  return 0;
}
type B = (x: string | number) => number;
let b: B = a;
```
```
Type '(x: string) => number' is not assignable to type 'B'.
  Types of parameters 'x' and 'x' are incompatible.
    Type 'string | number' is not assignable to type 'string'.
      Type 'number' is not assignable to type 'string'.
```

여기서 strict 옵션을 해제하면 어떻게 될까요? 반환값이었을 때와는 다르게 에러가 발생하지 않습니다. 즉, 매개변수는 strict 옵션일 때 반공변성, strict 옵션이 아닐 때는 이변성을 가집니다. 이변성을 가지는 이유는 b -> a일 때, T<b> -> T<a>도 되고, T<a> -> T<b>도 되기 때문입니다.

앞으로 이 관계를 참고해서 함수에 다른 함수를 대입하세요. 매개변수는 반공변성 또는 이변성이라는 것만 기억해도 됩니다.

객체의 메서드를 타이핑할 때도 타이핑 방법에 따라 변성이 정해집니다. strict 옵션이 활성화된 상황입니다.

```typescript
interface SayMethod {
  say(a: string | number): string;
}
interface SayFunction {
  say: (a: string | number) => string;
}
interface SayCall {
```

```
  say: {
    (a: string | number): string
  }
}
const sayFunc = (a: string) => 'hello';
const MyAddingMethod: SayMethod = {
  say: sayFunc // 이변성
}
const MyAddingFunction: SayFunction = {
  say: sayFunc // 반공변성
}
const MyAddingCall: SayCall = {
  say: sayFunc // 반공변성
}
```

> Type '(a: string) => string' is not assignable to type '(a: string | number) => string'.
>   Types of parameters 'a' and 'a' are incompatible.
>   Type 'string | number' is not assignable to type 'string'.
>   Type 'number' is not assignable to type 'string'.

기본적으로 sayFunc 함수의 타입은 (a: string) => string이라서 매개변수 반공변성에 의해 (a: string | number) => string에 대입할 수 없습니다. 그런데 SayMethod 타입의 경우는 함수를 대입해도 에러가 발생하지 않습니다. 이렇게 '함수(매개변수): 반환값'으로 선언한 것은 매개변수가 이변성을 가지기 때문입니다. '함수: (매개변수) => 반환값'으로 선언한 것은 반공변성을 가집니다.

2.20 클래스는 값이면서 타입이다

이번에는 타입스크립트 클래스(class)에 존재하는 특징에 대해 알아보겠습니다. 타입스크립트에서 클래스는 다음과 같이 코딩합니다. 자바스크립트 코드와 비교해서 봅시다.

자바스크립트

```
class Person {
  constructor(name, age, married) {
    this.name = name;
    this.age = age;
    this.married = married;
```

```
    }
  }
```

```
class Person {
  name: string;
  age: number;
  married: boolean;
  constructor(name: string, age: number, married: boolean) {
    this.name = name;
    this.age = age;
    this.married = married;
  }
}
```

자바스크립트와 주요한 차이점은, 타입스크립트는 name, age, married 같은 멤버를 클래스 내부에
한 번 적어야 한다는 것입니다. 멤버의 타입은 생략할 수 있습니다. 타입스크립트가 생성자 함수
를 통해 알아서 추론합니다.

```
class Person {
  name; ------- (property) Person.name: string
  age; ------- (property) Person.age: number
  married; ------- (property) Person.married: boolean
  constructor(name: string, age: number, married: boolean) {
    this.name = name;
    this.age = age;
    this.married = married;
  }
}
```

다음과 같이 클래스 표현식으로도 선언할 수 있습니다.

```
const Person = class {
  name;
  age;
  married;
  constructor(name: string, age: number, married: boolean) {
    this.name = name;
```

```
      this.age = age;
      this.married = married;
    }
  }
```

멤버는 항상 constructor 내부와 짝이 맞아야 합니다.

```
class Person {
  name: string;
  married: boolean; ------ Property 'married' has no initializer and is not
                           definitely assigned in the constructor.
  constructor(name: string, age: number, married: boolean) {
    this.name = name;
    this.age = age; ------ Property 'age' does not exist on type 'Person'.
  }
}
```

생성자 내부에 할당 없이 멤버로만 선언하면 생성자 안에서 할당되지 않았다는 에러가 발생하고, 멤버를 선언하지 않고 생성자에서만 만들면 해당 속성이 클래스 안에 없다고 에러가 발생합니다.

조금 더 엄격하게, 클래스의 멤버가 제대로 들어 있는지 검사할 수 있습니다. 인터페이스와 함께 implements 예약어를 사용하면 됩니다.

```
interface Human {
  name: string;
  age: number;
  married: boolean;
  sayName(): void;
}
class Person implements Human { ------ Class 'Person' incorrectly implements interface 'Human'.
  name;                                 Property 'sayName' is missing in type 'Person' but
  age;                                  required in type 'Human'.
  married;
  constructor(name: string, age: number, married: boolean) {
    this.name = name;
    this.age = age;
    this.married = married;
  }
}
```

먼저 인터페이스를 하나 선언하고, 클래스가 그 인터페이스를 implements합니다. Person 클래스는 Human 인터페이스를 implements했으나 Human 인터페이스의 sayName 메서드를 구현하지 않았으므로 에러가 발생합니다.

타입스크립트는 생성자 함수 방식으로 객체를 만드는 것을 지원하지 않습니다.

```typescript
interface PersonInterface {
  name: string;
  age: number;
  married: boolean;
}
function Person(this: PersonInterface, name: string, age: number, married: boolean) {
  this.name = name;
  this.age = age;
  this.married = married;
}
new Person('zero', 28, false); ┄┄┄┄ 'new' expression, whose target lacks a construct signature,
                                    implicitly has an 'any' type.
```

따라서 클래스가 new를 붙여 호출할 수 있는 유일한 객체라고 볼 수 있습니다.

앞서 클래스는 타입스크립트에서 값으로 쓰이면서 타입이 되기도 한다고 설명했습니다. 다만 타입으로 사용할 때 클래스의 이름은 클래스 자체의 타입이 아니라 인스턴스의 타입이 됩니다. 클래스 자체의 타입이 필요하다면 'typeof 클래스이름'으로 타이핑해야 합니다.

```typescript
const person1: Person = new Person('zero', 28, false);
const P: typeof Person = Person;
const person2 = new P('nero', 32, true);
```

클래스 멤버로는 옵셔널이나 readonly뿐만 아니라 public, protected, private 수식어가 추가되었습니다.

```typescript
class Parent {
  name?: string;
  readonly age: number;
  protected married: boolean;
  private value: number;
  constructor(name: string, age: number, married: boolean) {
```

```
      this.name = name;
      this.age = age;
      this.married = married;
      this.value = 0;
    }
    changeAge(age: number) {
      this.age = age; ------- Cannot assign to 'age' because it is a read-only property.
    }
  }
  class Child extends Parent {
    constructor(name: string, age: number, married: boolean) {
      super(name, age, married);
    }
    sayName() {
      console.log(this.name);
    }
    sayMarried() {
      console.log(this.married);
    }
    sayValue() {
      console.log(this.value); ------- Property 'value' is private and only accessible
    }                                  within class 'Parent'.
  }
  const child = new Child('zero', 28, false);
  child.name;
  child.married; ------- Property 'married' is protected and only accessible within
                         class 'Parent' and its subclasses.
  child.value;
                 .................. Property 'value' is private and only accessible within
                                    class 'Parent'.
```

name에는 옵셔널 수식어를, age에는 readonly 수식어를 붙였습니다. readonly이므로 changeAge 메서드에서 에러가 발생합니다.

married에는 protected 수식어가, value에는 private 수식어가 붙었습니다. name이나 age 속성에 public이 붙지는 않았지만 protected나 private이 아니면 기본적으로 public입니다.

- public 속성인 경우: 선언한 자신의 클래스, 자손 클래스, new 호출로 만들어낸 인스턴스에서 속성을 사용할 수 있습니다. 앞의 예제에서는 name 속성을 보면 됩니다. 자손 클래스란 extends로 상속받은 클래스를 의미합니다. 여러 번 extends해도 자손 클래스입니다.

- protected 속성인 경우: 자신의 클래스와 자손 클래스에서는 속성을 사용할 수 있으나 인스턴스에서는 사용할 수 없습니다. married 속성은 child.married에서 에러가 발생합니다.

- private 속성인 경우: 자신의 클래스에서만 속성을 사용할 수 있습니다. value 속성은 Child 클래스나 child.value에서 에러가 발생합니다.

비교한 내용을 표로 정리해보았습니다.

▼ 표 2-2 public, protected, private 비교

수식어	자신 class	자손 class	인스턴스
public	O	O	O
protected	O	O	X
private	O	X	X

자바스크립트에는 자체적으로 클래스의 private 속성을 나타내는 private field(#) 기능이 있습니다. 속성 앞에 #을 붙여 선언합니다. 타입스크립트에서도 private field를 사용할 수 있는데, 자신의 클래스에서만 사용할 수 있다는 점에서 private 수식어와 의도하는 바는 같습니다. 따라서 private 속성을 선언할 때 타입스크립트의 private을 사용할지 #을 사용할지 고민이 되는데, 둘의 차이점을 알아봅시다.

```typescript
class PrivateMember {
  private priv: string = 'priv';
}
class ChildPrivateMember extends PrivateMember {
  private priv: string = 'priv';
}
class PrivateField {
  #priv: string = 'priv';
  sayPriv() {
    console.log(this.#priv);
  }
}
class ChildPrivateField extends PrivateField {
  #priv: string = 'priv';
}
```

> Class 'ChildPrivateMember' incorrectly extends base class 'PrivateMember'.
>   Types have separate declarations of a private property 'priv'.

가장 큰 차이점은 private 수식어로 선언한 속성은 자손 클래스에서 같은 이름으로 선언할 수 없다는 점입니다. 자손 클래스에서 private priv로 선언한 것은 에러가 발생하나 #priv로 선언한 것은 에러가 발생하지 않습니다.

개인적으로는 private field(#)를 선호합니다. 자바스크립트의 원래 기능과 좀 더 가깝기 때문입니다. public 수식어는 생략해도 되므로 사용하지 않고, private 수식어는 private field로 대체합니다. 따라서 protected 수식어만 명시적으로 사용합니다.

implements하는 인터페이스의 속성은 전부 public이어야 합니다.

```
interface Human {
  name: string;
  age: number;
  married: boolean;
}
class Person implements Human {  ------ Class 'Person' incorrectly implements interface 'Human'.
  name;                                 Property 'age' is protected in type 'Person' but not in
  protected age;                        type 'Human'.
  married;
  constructor(name: string, age: number, married: boolean) {
    this.name = name;
    this.age = age;
    this.married = married;
  }
}
```

애초에 인터페이스의 속성은 protected나 private이 될 수 없습니다. 따라서 implements한 클래스에서도 인터페이스의 속성들은 전부 public이어야만 합니다. 속성이 protected이거나 private인 경우에는 에러가 발생합니다.

클래스 메서드에는 override 수식어가 있는데, 이 override 수식어를 활용하려면 **TS Config** 메뉴에서 noImplicitOverride 옵션이 체크되어 있어야 합니다.

체크하면 다음 코드에서 에러가 발생합니다.

```
class Human {
  eat() {
    console.log('냠냠');
  }
  sleap() {
    console.log('쿨쿨');
  }
}
class Employee extends Human {
```

```
    work() {
      console.log('공차');
    }
    sleap() { ................ This member must have an 'override' modifier because it
      console.log('에고고');      overrides a member in the base class 'Human'.
    }
  }
```

Employee의 sleap 메서드는 Human의 sleap 메서드를 오버라이드하고 있습니다. 이렇게 명시적으로 오버라이드할 때는 앞에 override 수식어를 붙여야 합니다.

```
class Human {
  eat() {
    console.log('냠냠');
  }
  sleap() {
    console.log('쿨쿨');
  }
}
class Employee extends Human {
  work() {
    console.log('공차');
  }
  override sleap() {
    console.log('에고고');
  }
}
```

override 수식어를 붙이면 부모 클래스의 메서드가 바뀔 때 확인할 수 있다는 장점이 있습니다. 예시에서는 Human의 sleap 메서드가 sleep으로 바뀌었습니다.

```
class Human {
  eat() {
    console.log('냠냠');
  }
  sleep() {
    console.log('쿨쿨');
  }
}
```

```
class Employee extends Human {
  work() {
    console.log('공차');
  }
  override sleap() { ········· This member cannot have an 'override' modifier because it is
    console.log('에고고');       not declared in the base class 'Human'. Did you mean 'sleep'?
  }
}
```

Employee의 sleap 메서드에서는 Human에 sleap 메서드가 없는데 override했다고 에러가 발생합니다. 부모 클래스의 메서드를 실수로 변경했거나 메서드를 오버라이드할 때 오타를 낸 경우 쉽게 확인할 수 있습니다. 다만 noImplicitOverride 옵션을 직접 활성화해야 한다는 점을 기억하세요.

오버라이드와 비슷한 단어로 오버로딩이 있습니다. 클래스의 생성자 함수에도 오버로딩을 적용할 수 있습니다.

```
class Person {
  name?: string;
  age?: number;
  married?: boolean;
  constructor();
  constructor(name: string, married: boolean);
  constructor(name: string, age: number, married: boolean);
  constructor(name?: string, age?: boolean | number, married?: boolean) {
    if (name) {
      this.name = name;
    }
    if (typeof age === 'boolean') {
      this.married = age;
    } else {
      this.age = age;
    }
    if (married) {
      this.married = married;
    }
  }
}
const person1 = new Person();
const person2 = new Person('nero', true);
const person3 = new Person('zero', 28, false);
```

일반 함수와 비슷하게 타입 선언을 여러 번 하면 됩니다. 다만 함수의 구현부는 한 번만 나와야 하고, 그 구현부에서 여러 번 타입 선언한 것들에 대해 모두 대응할 수 있어야 합니다. constructor(), constructor(name: string, married: boolean), constructor(name: string, age: number, married: boolean)에 대응하기 위해 구현부가 조금 복잡해졌습니다.

클래스의 속성에도 인덱스 시그니처를 사용할 수 있습니다.

```
class Signature {
  [propName: string]: string | number | undefined;
  static [propName: string]: boolean;
}

const sig = new Signature();
sig.hello = 'world';
Signature.isGood = true;
```

static 속성에도 인덱스 시그니처가 가능하여 속성을 자유롭게 추가할 수 있습니다.

클래스나 인터페이스의 메서드에서는 this를 타입으로 사용할 수 있습니다.

```
class Person {
  age: number;
  married: boolean;
  constructor(age: number, married: boolean) {
    this.age = age;
    this.married = married;
  }
  sayAge() {
    console.log(this.age); ------- this: this
  }
  sayMarried(this: Person) {
    console.log(this.married); ------- this: Person
  }
  sayCallback(callback: (this: this) => void) {
    callback.call(this);
  }
}
```

기본적으로 this는 클래스 자신이지만, sayMarried 메서드처럼 명시적으로 this를 타이핑할 수도 있습니다. sayCallback 메서드를 주의 깊게 보아야 하는데 매개변수로 콜백 함수를 가지고 있습니다. 여기서 콜백 함수의 this는 this로 타이핑되어 있습니다. 이렇게 되면 콜백 함수의 this 타입이 Person 인스턴스가 됩니다.

조금 더 구체적인 예시를 들어보겠습니다.

```
class A {
  callbackWithThis(cb: (this: this) => void) {
    cb.call(this);
  }
  callbackWithoutThis(cb: () => void) {
    cb();
  }
}
new A().callbackWithThis(function() {
  this; ------- this: A
});
new A().callbackWithoutThis(function() {
  this; ------- 'this' implicitly has type 'any' because it
               does not have a type annotation.
});
```

callbackWithThis 메서드의 콜백 함수에는 this를 this로 타이핑했고, callbackWithoutThis 메서드의 콜백 함수에는 this를 타이핑하지 않았습니다. 따라서 나중에 메서드를 호출할 때 this의 타입이 달라지게 됩니다. 콜백 함수에서 this를 사용하고 싶다면 this를 타이핑해야 하고, 그 this가 클래스 자신이라면 this: this로 타이핑하면 됩니다.

인터페이스로 클래스 생성자를 타이핑할 수도 있습니다. 메서드를 선언하는 것과 비슷한데, 앞에 new 연산자를 추가하면 됩니다.

```
interface PersonConstructor {
  new (name: string, age: number): {
    name: string;
    age: number;
  };
}

class Person {
  name: string;
```

```
    age: number;
    constructor(name: string, age: number) {
      this.name = name;
      this.age = age;
    }
  }

  function createPerson(ctor: PersonConstructor, name: string, age: number) {
    return new ctor(name, age);
  }

  createPerson(Person, 'zero', 28);
```

해당 인터페이스는 new를 붙여 호출할 수 있습니다.

이를 활용해 타입스크립트에서도 생성자 함수를 사용할 수 있습니다.

```
  interface PersonInterface {
    name: string;
    age: number;
    married: boolean;
  }
  function Person(this: PersonInterface, name: string, age: number, married: boolean) {
    this.name = name;
    this.age = age;
    this.married = married;
  }
  type PersonType = typeof Person & {
    new (name: string, age: number, married: boolean): PersonInterface
  }
  new (Person as PersonType)('zero', 28, false);
```

다만 클래스가 있는데 굳이 이러한 방식으로 코딩할 이유는 없지요.

2.20.1 추상 클래스

implements보다 조금 더 구체적으로 클래스의 모양을 정의하는 방법이 있습니다. 추상 클래스
(abstract class)입니다.

```
abstract class AbstractPerson {
  name: string;
  age: number;
  married: boolean = false;
  abstract value: number;

  constructor(name: string, age: number, married: boolean) {
    this.name = name;
    this.age = age;
    this.married = married;
  }

  sayName() {
    console.log(this.name);
  }
  abstract sayAge(): void;
  abstract sayMarried(): void;
}
class RealPerson extends AbstractPerson {
  sayAge() {
    console.log(this.age);
  }
}
```

> Non-abstract class 'RealPerson' does not implement inherited abstract member 'sayMarried' from class 'AbstractPerson'.
> Non-abstract class 'RealPerson' does not implement inherited abstract member 'value' from class 'AbstractPerson'.

abstract class로 선언합니다. abstract 클래스의 속성과 메서드는 abstract일 수 있습니다. 속성과 메서드가 abstract인 경우 실제 값은 없고 타입 선언만 되어 있습니다. 반면 sayName 메서드나 name, age, married처럼 구현되어 있을 수도 있습니다. RealPerson 클래스는 AbstractPerson 클래스를 상속합니다. 이때 반드시 abstract 속성이나 메서드를 구현해야 합니다. RealPerson 클래스는 sayAge 메서드만 구현하고 value 속성과 sayMarried 메서드를 구현하지 않았으므로 에러가 발생합니다.

다음과 같이 구현하면 에러가 사라집니다.

```
class RealPerson extends AbstractPerson {
  value: number = 0;
  sayAge() {
    console.log(this.age);
  }
  sayMarried() {
```

```javascript
      console.log(this.married);
    }
  }
```

implements와 다르게 abstract 클래스는 실제 자바스크립트 코드로 변환됩니다.

자바스크립트

```javascript
"use strict";
class AbstractPerson {
  constructor(name, age, married) {
    this.married = false;
    this.name = name;
    this.age = age;
    this.married = married;
  }
  sayName() {
    console.log(this.name);
  }
}
```

객체의 타이핑을 위해 인터페이스를 사용하느냐, 클래스를 사용하느냐는 취향 차이라고 할 수 있습니다. 또는 자바스크립트로 변환한 후에도 코드로 남아야 하는 경우에는 클래스를 사용하고 그게 아니라면 인터페이스를 사용하면 됩니다.

TYPESCRIPT

2.21 enum은 자바스크립트에서도 사용할 수 있다

이번에는 조금 특이한 타입을 배워보겠습니다. enum(열거형)이라는 타입입니다. 이 타입은 원래 자바스크립트에는 없는 타입이지만 자바스크립트의 값으로 사용할 수 있는 특이한 타입입니다. 여러 상수를 나열하는 목적으로 쓰입니다. enum 타입은 다음과 같이 enum 예약어로 선언합니다.

```
enum Level {
  NOVICE,
  INTERMEDIATE,
  ADVANCED,
  MASTER,
}
```

앞의 코드는 난이도를 예시로 들어보았습니다. 초보(NOVICE), 중급(INTERMEDIATE), 고급
(ADVANCED), 마스터(MASTER)까지 단계가 있을 때, 단계의 이름을 Level이라는 enum 타입 아래에 모
아두었습니다. NOVICE처럼 enum 내부에 존재하는 이름을 멤버(member)라고 부릅니다.

지금까지 배웠던 타입들은 자바스크립트로 변환할 때 모두 사라졌지만, enum은 사라지지 않고 자
바스크립트 코드로 남습니다. 그래서 Level enum은 다음과 같은 자바스크립트 코드가 됩니다.

자바스크립트

```
var Level;
(function (Level) {
  Level[Level["NOVICE"] = 0] = "NOVICE";
  Level[Level["INTERMEDIATE"] = 1] = "INTERMEDIATE";
  Level[Level["ADVANCED"] = 2] = "ADVANCED";
  Level[Level["MASTER"] = 3] = "MASTER";
})(Level || (Level = {}));
```

Level[Level["NOVICE"] = 0] = "NOVICE" 같은 코드 때문에 헷갈릴 수 있지만 이는 Level[0] =
"NOVICE"와 Level["NOVICE"] = 0을 하나로 합쳐둔 것입니다. 즉, Level enum은 다음과 같은 자바
스크립트 객체가 됩니다.

자바스크립트

```
var Level = {
  0: 'NOVICE',
  1: 'INTERMEDIATE',
  2: 'ADVANCED',
  3: 'MASTER',
  NOVICE: 0,
  INTERMEDIATE: 1,
  ADVANCED: 2,
  MASTER: 3,
}
```

기본적으로 enum은 멤버의 순서대로 0부터 숫자를 할당합니다. NOVICE가 0이면 INTERMEDIATE는 1, ADVANCED는 2, MASTER는 3이 되는 식입니다.

0 대신 다른 숫자를 할당할 수도 있습니다. = 연산자를 사용하면 됩니다. 다음 코드를 보면 NOVICE 에 3, ADVANCED에 7을 할당했습니다. INTERMEDIATE에는 숫자를 할당하지 않았는데, 이러면 이전에 할당한 값에서 1을 더한 값이 저절로 할당됩니다. 같은 이유로 MASTER는 8입니다.

```
enum Level {
  NOVICE = 3,
  INTERMEDIATE, // 여기는 4
  ADVANCED = 7,
  MASTER, // 여기는 8
}
```

문자열도 할당 가능합니다. 다만 한 멤버를 문자열로 할당하면 그 다음부터는 전부 직접 값을 할 당해야 합니다. 할당하지 않으면 에러가 발생합니다.

```
enum Level {
  NOVICE, // 여기는 0
  INTERMEDIATE = 'hello',
  ADVANCED = 'oh',
  MASTER, ------- Enum member must have initializer.
}
```

enum 타입의 속성은 값으로도 활용할 수 있습니다.

```
enum Level {
  NOVICE,
  INTERMEDIATE,
  ADVANCED,
  MASTER,
}
const a = Level.NOVICE; // 0
const b = Level[Level.NOVICE]; // NOVICE
```

앞의 코드에서 Level.NOVICE는 0이 됩니다. 따라서 Level[Level.NOVICE]는 Level[0]이 되고, 최종

적으로 NOVICE 문자열이 됩니다. enum[enum의_멤버]는 enum의 멤버 이름을 가져오는 방법이니 알

아두면 좋습니다.

enum은 값으로 사용하기보다는 타입으로 사용하는 경우가 더 많습니다(이전 코드에서 이어집니다).

```typescript
function whatsYourLevel(level: Level) {
  console.log(Level[level]);
}

const myLevel = Level.ADVANCED;
whatsYourLevel(myLevel);
```

매개변수의 타입으로 enum을 사용했습니다. enum을 타입으로 사용하면 멤버의 유니언(Level.
NOVICE | Level.INTERMEDIATE | Level.ADVANCED | Level.MASTER)과 비슷한 역할을 합니다. 이제
enum의 멤버를 사용해서 함수를 호출하면 됩니다. Level[Level.ADVANCED]는 ADVANCED 문자열입
니다.

타입스크립트의 enum은 아직 완벽하지 않습니다.

```typescript
enum Role {
  USER,
  GUEST,
  ADMIN,
}
enum Role2 {
  USER = 'USER',
  GUEST = 'GUEST',
  ADMIN = 'ADMIN',
}

function changeUserRol(rol: Role) {}
function changeUserRol2(rol: Role2) {}

changeUserRol(2);
changeUserRol(4); ------ Argument of type '4' is not assignable to parameter of type 'Rol'.
changeUserRol2(Role2.USER);
changeUserRol2('USER'); ------ Argument of type '"USER"' is not assignable to parameter of type 'Rol2'.
```

Role은 숫자 enum이고, Role2는 문자열 enum입니다. Role은 0, 1, 2이므로 Role에 2가 오는 것은 허용하지만 4가 오는 것은 허용하지 않습니다. 이는 올바른 동작입니다. 타입스크립트 4.9 버전에서는 4를 넣어도 에러가 발생하지 않았습니다. 5.0 버전에서 고쳐진 사항입니다.

Role2는 'USER', 'GUEST', 'ADMIN'이지만 Role2에 'User'가 오는 것이 허용되지 않습니다. 이는 타입스크립트의 enum이 불완전하다는 예시입니다. enum은 타입스크립트 버전이 올라갈수록 조금씩 개선되고 있으므로 다음 버전을 기다려봅시다.

enum 타입은 브랜딩을 위해 사용하면 좋습니다.

```typescript
enum Money {
  WON,
  DOLLAR,
}

interface Won {
  type: Money.WON,
}
interface Dollar {
  type: Money.DOLLAR,
}

function moneyOrDollar(param: Won | Dollar) {
  if (param.type === Money.WON) {
    param; ------- (parameter) param: Won
  } else {
    param; ------- (parameter) param: Dollar
  }
}
```

브랜드 속성으로 enum의 멤버를 사용했습니다. 다만 같은 enum의 멤버여야 서로 구분됩니다. 다른 enum의 멤버끼리는 구분되지 않을 수 있습니다.

```typescript
enum Money {
  WON,
}
enum Water {
  LITER,
}
```

```
interface M {
  type: Money.WON,
}
interface N {
  type: Water.LITER,
}

function moneyOrLiter(param: M | N) {
  if (param.type === Money.WON) {
    param;
  } else {
    param;
  }
}
moneyOrLiter({ type: Money.WON }) // money
moneyOrLiter({ type: Water.LITER }) // money
```

Money와 Water를 구분하는 코드입니다. 이 코드는 타입스크립트에서 에러가 발생하지 않고 if문에서 타입 구분도 잘 됩니다. 물론 자바스크립트에서도 에러가 발생하지 않습니다.

다만 코드가 의도한 바와 전혀 다르게 동작합니다. money와 liter를 구분하길 원했지만, 실제로 실행해보면 모두 money가 됩니다. 실제 코드에서는 Money.WON도 0이고, Water.LITER도 0이기 때문입니다. 따라서 else문으로 가지 않습니다. 같은 enum의 멤버끼리 비교해야만 의미가 있다는 점을 기억하세요.

enum 타입을 사용하되, 자바스크립트 코드가 생성되지 않게 할 수도 있습니다. const enum을 사용하면 됩니다.

```
const enum Money {
  WON,
  DOLLAR,
}
```

```
Money.WON; ------ (enum member) Money.WON = 0
Money[Money.WON]; ------ A const enum member can only be accessed using a string literal.
```

Money.WON은 0으로, Money.DOLLAR는 1로 변환됩니다. 다만 Money라는 자바스크립트 객체가 없으므로 Money[Money.WON]은 불가능합니다.

2.22 infer로 타입스크립트의 추론을 직접 활용하자

infer 예약어는 타입스크립트의 타입 추론 기능을 극한까지 활용하는 기능입니다. 컨디셔널 타입과 함께 사용합니다.

다음과 같은 상황에서 infer를 활용할 수 있습니다. 배열이 있을 때 배열의 요소 타입을 얻어내고 싶은 상황입니다.

```
type El<T> = T extends (infer E)[] ? E : never;
type Str = El<string[]>; ┈┈┈┈┈ type Str = string
type NumOrBool = El<(number | boolean)[]>; ┈┈┈┈┈ type NumOrBool = number | boolean
```

El 타입에서 infer를 활용했습니다. 타입스크립트에 추론을 맡기고 싶은 부분을 'infer 타입_변수'로 표시하면 됩니다. 예제에서는 E가 타입 변수(type variable)입니다.

다만 컨디셔널 타입에서 타입 변수는 참 부분에서만 쓸 수 있습니다. 다음과 같이 거짓 부분에서 쓰려고 하면 에러가 발생합니다.

```
type El<T> = T extends (infer E)[] ? never : E; ┈┈┈┈┈ Cannot find name 'E'.
```

타입스크립트는 많은 부분을 스스로 추론할 수 있습니다. 추론하려는 부분을 infer로 만들면 됩니다. 다음은 각각 매개변수, 생성자 매개변수, 반환값, 인스턴스 타입을 추론하는 타입입니다.

```
type MyParameters<T> = T extends (...args: infer P) => any ? P : never;

type MyConstructorParameters<T> = T extends abstract new (...args: infer P) => any ? P
: never;

type MyReturnType<T> = T extends (...args: any) => infer R ? R : any;

type MyInstanceType<T> = T extends abstract new (...args: any) => infer R ? R : any;
```

```
type P = MyParameters<(a: string, b: number) => string>  ┄┄┄┄ type P = [a: string, b: number]

type R = MyReturnType<(a: string, b: number) => string>  ┄┄┄┄ type R = string

type CP = MyConstructorParameters<new (a: string, b: number) => {}>
         └┄┄┄┄┄┄┄┄ type CP = [a: string, b: number]
type I = MyInstanceType<new (a: string, b: number) => {}>  ┄┄┄┄ type I = {}
```

(...args: any) => any는 임의의 함수를 타이핑하는 부분이고, abstract new (...args: any) => any는 임의의 생성자를 타이핑하는 방법입니다. 이 둘에서 추론하길 원하는 매개변수와 반환값 부분을 infer로 바꾸면 됩니다.

타입 P와 CP는 [a: string, b: number]로 표시되는데 이는 튜플의 각 자리에 이름을 붙인 것입니다. 이름을 제외하면 [string, number]와 동일합니다.

Note ≡ **타입 이름에서 My를 제거하면 에러가 발생해요.**

앞에서 만들었던 타입의 이름에서 My를 빼면 에러가 발생합니다.

```
type Parameters<T> = T extends (...args: infer P) => any ? P : never;
              └┄┄┄┄┄┄┄┄┄┄ Duplicate identifier 'Parameters'.
                          lib.es5.d.ts(1617, 6): 'Parameters' was also declared here.
```

Parameters라는 이름이 중복되었다고 뜨는데, 타입스크립트가 이를 미리 만들어두었기 때문입니다. 타입스크립트는 자주 사용하는 타입을 미리 선언해두었습니다. 그 파일이 lib.es5.d.ts 같은 파일입니다. 이 파일은 다음 장에서 분석해봅니다.

서로 다른 타입 변수를 여러 개 동시에 사용할 수도 있습니다.

```
type MyPAndR<T> = T extends (...args: infer P) => infer R ? [P, R] : never;
            └┄┄┄┄┄ type PR = [[a: number, b: string], string]
type PR = MyPAndR<(a: string, b: number) => string>;
```

매개변수는 P 타입 변수로, 반환값은 R 타입 변수로 추론한 모습입니다.

반대로 같은 타입 변수를 여러 곳에 사용할 수도 있습니다.

```
type Union<T> = T extends { a: infer U, b: infer U } ? U : never;
type Result1 = Union<{ a: 1 | 2, b: 2 | 3 }>; ······· type Result1 = 1 | 2 | 3

type Intersection<T> = T extends {
  a: (pa: infer U) => void,
  b: (pb: infer U) => void
} ? U : never;
type Result2 = Intersection<{ a(pa: 1 | 2): void, b(pb: 2 | 3): void }>;
        ┊
        type Result2 = 2
```

Union<T> 타입에서는 a와 b 속성의 타입을 모두 U 타입 변수로 선언했습니다. Union 타입을 사용할 때는 a에 1 | 2를, b에 2 | 3 타입을 넣었습니다. 그랬더니 Result1은 1 | 2 | 3이 되었습니다. 이는 a와 b의 유니언입니다. 이처럼 같은 이름의 타입 변수는 서로 유니언이 됩니다.

반대로 Intersection<T> 타입에서는 a와 b가 메서드입니다. 메서드의 매개변수 pa, pb에 같은 U 타입 변수를 선언했습니다. Intersection 타입을 사용할 때는 pa에 1 | 2, pb에 2 | 3 타입을 넣었습니다. 그랬더니 Result2는 2가 되었습니다. 이는 pa와 pb의 인터섹션입니다. 기본적으로 같은 이름의 타입 변수는 서로 유니언이 되지만, 매개변수인 경우에는 다릅니다. 매개변수는 반공변성을 갖고 있으므로 매개변수인 경우에는 인터섹션이 됩니다. 같은 이유로, 반환값 타입을 같은 타입 변수로 선언한 경우에는 반환값이 공변성을 갖고 있기에 유니언이 됩니다.

실무에서 볼 일은 거의 없지만 같은 타입 변수 중에서 하나가 매개변수고, 하나가 반환값이면 어떻게 될까요?

```
type ReturnAndParam<T> = T extends {
  a: () => infer U,
  b: (pb: infer U) => void
} ? U : never;
type Result3 = ReturnAndParam<{ a: () => 1 | 2, b(pb: 1 | 2 | 3): void }>;
        └········· type Result3 = 1 | 2
type Result4 = ReturnAndParam<{ a: () => 1 | 2, b(pb: 2 | 3): void }>;
        └········· type Result4 = never
```

어떤 규칙으로 결괏값이 나오는 것인지 헷갈릴 수 있는데, 반환값의 타입이 매개변수의 타입의 부분집합인 경우에만 그 둘의 교집합이 됩니다. 그 외의 경우는 모두 never가 됩니다. 즉, 1 | 2 는 1 | 2 | 3의 부분집합이므로 둘의 교집합인 1 | 2가 되고, 1 | 2는 2 | 3의 부분집합이 아니므로 never가 되는 것입니다.

매개변수에 같은 타입 변수를 선언하면 인터섹션이 된다는 사실을 바탕으로 유니언을 인터섹션으로 만드는 타입을 작성할 수 있습니다.

```
type UnionToIntersection<U>
  = (U extends any ? (p: U) => void : never) extends (p: infer I) => void
    ? I
    : never;          type Result5 = {
                        a: number;
                          } & {
                        b: string;
                      }
type Result5 = UnionToIntersection<{ a: number } | { b: string }>;
type Result6 = UnionToIntersection<boolean | true>;

      type Result6 = never
```

U는 제네릭이자 유니언이므로 컨디셔널 타입에서 분배법칙이 실행됩니다. 분배법칙에 따라 UnionToIntersection<{ a: number }> | UnionToIntersection<{ b: string }>이 됩니다.

먼저 UnionToIntersection<{ a: number }>인 경우에는 U extends any ? (p: U) => void : never) 에서 { a: number }가 (p: { a: number }) => void 타입으로 바뀝니다. 이 타입은 (p: infer I) => void이므로 타입 변수 I는 추론에 따라 { a: number }가 됩니다. UnionToIntersection<{ b: string }>의 경우도 마찬가지로, 타입 변수 I는 추론에 따라 { b: string }이 됩니다. I는 매개변수이므로 인터섹션이 실행되어 최종적으로 { a: number } & { b: string }이 되고, 이는 유니언을 인터섹션으로 바꾼 셈입니다.

Result6 타입에서 UnionToIntersection<boolean | true>는 boolean & true라서 true가 되는 것이 아닙니다. boolean은 true | false이므로 UnionToIntersection<boolean | true>는 UnionToIntersection<true | false | true>가 되고, true & false & true가 되므로 never가 됩니다.

infer 활용 예시는 3, 4장에서 실전 라이브러리를 분석하면서 더 자세히 알아보겠습니다.

2.23 / 타입을 좁혀 정확한 타입을 얻어내자

지금까지 타입스크립트의 타입 대부분을 배웠습니다. 배운 타입의 종류가 많은 만큼 타입을 구분하는 것이 중요합니다.

2.6절에서 유니언 타입을 배울 때 타입 좁히기에 대해서 한 번 언급한 적이 있습니다. 그때는 typeof 연산자를 사용해서 타입을 좁혔습니다.

```typescript
function strOrNum(param: string | number) {
  if (typeof param === 'string') {
    param; ------- (parameter) param: string
  } else if (typeof param === 'number') {
    param; ------- (parameter) param: number
  } else {
    param; ------- (parameter) param: never
  }
}
```

else문에서 타입이 never가 되는 것에 주목하세요. param은 string 또는 number 타입인데 else문에서는 string도 number도 아니므로 never가 됩니다. 이렇게 타입스크립트가 코드를 파악해서 타입을 추론하는 것을 제어 흐름 분석(Control Flow Analysis)이라고 부릅니다. 다만 제어 흐름 분석이 완벽하지는 않다는 것을 염두에 두고 활용해야 합니다.

항상 typeof를 사용할 수 있는 것은 아닙니다. 따라서 다양한 타입 좁히기 방법을 알아두어야 합니다. 먼저 null과 undefined를 구분해봅시다.

```typescript
function strOrNullOrUndefined(param: string | null | undefined) {
  if (typeof param === 'undefined') {
    param; ------- (parameter) param: undefined
  } else if (param) {
    param; ------- (parameter) param: string
  } else {
    param; ------- (parameter) param: string | null
  }
}
```

사실 이 코드가 제대로 된 코드는 아닙니다. 마지막 else문에서 param의 타입이 string | null이 거든요. typeof param === 'undefined'에서 undefined 타입이 걸러지지만 else if문에서 string이 걸러지지 않습니다. 빈 문자열('')이 있으므로 else문에서도 param이 string일 수 있습니다.

그리고 자바스크립트에서는 typeof null이 'object'입니다(유명한 버그입니다). 객체와 typeof 결과가 똑같아서 typeof로는 null을 구분할 수 없습니다.

사실은 매우 간단하게 구분할 수 있습니다.

```
function strOrNullOrUndefined(param: string | null | undefined) {
  if (param === undefined) {
    param; ------- (parameter) param: undefined
  } else if (param === null) {
    param; ------- (parameter) param: null
  } else {
    param; ------- (parameter) param: string
  }
}
```

타입 좁히기에 꼭 typeof를 써야 할 필요가 없습니다. 타입스크립트도 자바스크립트 문법을 사용한다는 걸 잊지 마세요!

명시적으로 유니언인 타입만 타입 좁히기를 할 수 있는 것도 아닙니다.

```
function trueOrFalse(param: boolean) {
  if (param) {
    param; ------- (parameter) param: true
  } else {
    param; ------- (parameter) param: false
  }
}
```

boolean을 true와 false로 구분했습니다. boolean이 true | false이므로 가능합니다.

다음은 배열을 구분하는 방법입니다.

```
function strOrNumArr(param: string | number[]) {
  if (Array.isArray(param)) {
```

```
    param;  ------- (parameter) param: number[]
  } else {
    param;  ------- (parameter) param: string
  }
}
```

Array.isArray를 사용합니다. 물론 반대로 typeof param === 'string'을 사용해 else문에서 배열이 되게 하는 것도 가능합니다.

이번에는 클래스를 구분하는 방법입니다.

```
class A {}
class B {}
function classAorB (param: A | B) {
  if (param instanceof A) {
    param;  ------- (parameter) param: A
  } else {
    param;  ------- (parameter) param: B
  }
}
```

instanceof 연산자를 사용해서 구분할 수 있습니다. 마찬가지 방식으로 함수도 instanceof Function으로 구분할 수 있습니다.

이번에는 두 객체를 구분하는 방법을 배워보겠습니다. 다음과 같이 X, Y 객체를 구분하고 싶은 상황입니다.

```
interface X {
  width: number;
  height: number;
}
interface Y {
  length: number;
  center: number;
}
function objXorY(param: X | Y) {
  if (param instanceof X) {  ------- 'X' only refers to a type, but is being used as a value here.
    param;
  } else {
```

```
    param;
  }
}
```

배운 대로 instanceof를 사용했지만 에러가 발생합니다. 여기서 기억해야 하는 건, 타입 좁히기는 자바스크립트 문법을 사용해서 진행해야 한다는 점입니다. 즉, if문은 자바스크립트에서 실행되는 코드인데, X는 자바스크립트의 값이 아니라 타입스크립트의 인터페이스이므로 에러가 발생하는 것이죠.

타입 좁히기는 자바스크립트 문법을 사용해서 진행해야 한다.
자바스크립트에서도 실행할 수 있는 코드여야 하기 때문이다.

instanceof를 사용할 수 없다면 X와 Y의 차이점에 주목해야 합니다. X에는 width, height 속성이 있고, Y에는 length와 center가 있습니다. 속성으로 구분하면 될 것 같은데, 함수를 다음과 같이 수정해보겠습니다.

```
function objXorY(param: X | Y) {
  if (param.width) {
    param;          Property 'width' does not exist on type 'X | Y'.
  } else {             Property 'width' does not exist on type 'Y'.
    param;
  }
}
```

에러가 발생하네요. 이 방식은 자바스크립트에서는 유효한 방식으로, 자바스크립트에서는 이렇게 객체를 구분할 수 있습니다. 하지만 타입스크립트에서는 width 속성이 Y에 존재하지 않는다는 에러가 발생합니다. 아직 타입 좁히기가 이루어지지 않은 상황에서 width 속성에 접근했기에 에러가 발생한 것입니다.

타입스크립트에서는 다음과 같이 할 수 있습니다.

```
function objXorY(param: X | Y) {
  if ('width' in param) {
    param;  ------ (parameter) param: X
  } else {
    param;  ------ (parameter) param: Y
```

```
    }
  }
```

생소할 수 있지만 in 연산자도 자바스크립트에서 사용하는 문법입니다. 자바스크립트에서는 param.width를 해도 되고, 'width' in param을 해도 됩니다. width 속성이 존재하면 param은 X 타입이고, 존재하지 않으면 Y 타입입니다.

2.13절에서 배운 브랜드 속성을 사용하면 객체의 구분이 쉬워집니다.

```
interface Money {
  __type: 'money';
  amount: number;
  unit: string;
}

interface Liter {
  __type: 'liter';
  amount: number;
  unit: string;
}

function moneyOrLiter(param: Money | Liter) {
  if (param.__type === 'money') {
    param; ------- (parameter) param: Money
  } else {
    param; ------- (parameter) param: Liter
  }
}
```

공통 속성이 있으므로 in 연산자 대신 바로 속성에 접근할 수 있습니다.

또는 직접 타입 좁히기 함수를 만들 수도 있습니다. 다음과 같은 경우를 봅시다(앞의 예제를 변형했습니다).

```
function isMoney(param: Money | Liter) {
  if (param.__type === 'money') {
    return true;
  } else {
    return false;
```

```
    }
  }
  function moneyOrLiter(param: Money | Liter) {
    if (isMoney(param)) {
      param; ------- (parameter) param: Money | Liter
    } else {
      param; ------- (parameter) param: Money | Liter
    }
  }
```

param이 Money인지 Liter인지 판단하는 isMoney 함수를 만들어서 if문 안에서 호출했습니다. 논리적으로는 타입이 구분되어야 하지만, 타입스크립트는 타입을 구분하지 못하고 모두 Money | Liter라고 생각합니다. 이렇듯 if문에서 사용하는 함수를 직접 만들면 타입 좁히기가 정상 작동하지 않습니다. 이럴 때는 isMoney 함수에 특수한 작업을 해주어야 합니다.

```
  function isMoney(param: Money | Liter): param is Money {
    if (param.__type === 'money') {
      return true;
    } else {
      return false;
    }
  }
  function moneyOrLiter(param: Money | Liter) {
    if (isMoney(param)) {
      param; ------- (parameter) param: Money
    } else {
      param; ------- (parameter) param: Liter
    }
  }
```

isMoney 함수의 반환값 타입으로 param is Money 타입을 표기했습니다. 이를 타입 서술 함수 (Type Predicate)라고 부릅니다. Predicate는 매개변수 하나를 받아 boolean을 반환하는 함수를 의미합니다.

param is Money 타입은 기본적으로 boolean입니다. 여기에 is라는 특수한 연산자를 사용했는데, 이렇게 하면 isMoney의 반환값이 true일 때 매개변수의 타입도 is 뒤에 적은 타입으로 좁혀집니다.

다만 is 연산자를 사용할 때는 타입을 잘못 적을 가능성이 생깁니다. 예를 들어 다음 코드와 같이 실수로 param is Liter로 잘못 적은 경우에는 타입 좁히기가 반대로 되어버립니다.

```typescript
function isMoney(param: Money | Liter): param is Liter {
  if (param.__type === 'money') {
    return true;
  } else {
    return false;
  }
}
function moneyOrLiter(param: Money | Liter) {
  if (isMoney(param)) {
    param; ------- (parameter) param: Liter
  } else {
    param; ------- (parameter) param: Money
  }
}
```

따라서 최대한 기본적인 타입 좁히기를 먼저 시도하고, 정 안 될 때 타입 서술을 사용하는 게 좋습니다.

TYPESCRIPT

2.24 자기 자신을 타입으로 사용하는 재귀 타입이 있다

자바스크립트 개념 중 재귀 함수에 대해 한 번쯤 들어봤을 것입니다. 다음 코드는 피보나치 수열을 계산하는 유명한 재귀 함수입니다.

자바스크립트

```javascript
function fibonacci(num) {
  if (num <= 1) return 1;
```

```
    return fibonacci(num - 1) + fibonacci(num - 2);
  }
```

fibonacci 함수가 자기 자신을 다시 호출하고 있습니다. 이처럼 자기 자신을 다시 호출하는 함수를 재귀 함수라고 부릅니다.

타입스크립트에도 재귀 타입이 있습니다.

```
type Recursive = {
  name: string;
  children: Recursive[];
};

const recur1: Recursive = {
  name: 'test',
  children: [],
};

const recur2: Recursive = {
  name: 'test',
  children: [
    { name: 'test2', children: [] },
    { name: 'test3', children: [] },
  ],
};
```

Recursive 객체 타입을 선언했는데, Recursive 객체의 속성 타입으로 다시 Recursive를 사용하고 있습니다. 이렇게 자기 자신을 타입으로 다시 사용하는 타입을 재귀 타입이라고 부릅니다.

다음과 같이 컨디셔널 타입에도 사용할 수 있습니다.

```
type ElementType<T> = T extends any[] ? ElementType<T[number]> : T;
```

다만 타입 인수로 사용하는 것은 불가능합니다.

```
type T = number | string | Record<string, T>; ------ Type alias 'T' circularly references itself.
```

이 경우는 타입 인수를 쓰지 않는 방식으로 수정해야 합니다.

```
type T = number | string | { [key: string]: T };
```

자바스크립트에서 재귀 함수를 사용할 때는 Maximum call stack size exceeded 에러를 조심해야 합니다. 재귀 함수의 호출이 종료되는 조건이 없어 무한하게 호출이 일어날 때 발생하는 에러입니다.

자바스크립트
```
function a() {
  a();
}
a(); // Uncaught RangeError: Maximum call stack size exceeded
```

타입스크립트에서도 비슷한 에러가 발생할 수 있습니다. 다만 재귀 타입을 선언할 때 에러가 발생하기보다는 재귀 타입을 사용할 때 에러가 발생합니다.

```
type InfiniteRecur<T> = { item: InfiniteRecur<T> };
type Unwrap<T> = T extends { item: infer U } ? Unwrap<U> : T;
type Result = Unwrap<InfiniteRecur<any>>; ------ Type instantiation is excessively
                                                 deep and possibly infinite.
```

Unwrap 타입은 item 속성의 타입을 가져오는 타입입니다. 단, 가져온 타입이 { item } 객체의 꼴이면 다시 그 객체의 item 속성 타입을 가져옵니다. Unwrap<{ item: { item: { item: 'hi' } } }>은 'hi'인 셈입니다. 그런데 InfiniteRecur 타입은 무한하게 중첩된 item 속성을 갖고 있습니다. { item: { item: { item: ... } } }인 셈이죠. InfiniteRecur 타입은 무한하므로 Unwrap 타입은 유한한 시간 안에 InfiniteRecur 타입을 처리할 수 없습니다. 타입스크립트는 이를 파악할 수 있으므로 Type instantiation is excessively deep and possibly infinite. 에러를 표시합니다.

재귀 타입을 사용하는 대표적인 예시로, 프로그래밍할 때 자주 접하는 JSON 타입을 만들어봅시다. JSON은 문자열, 숫자, 불 값, null 그 자체이거나 다른 JSON으로 구성된 배열 또는 객체입니다. JSON 배열이나 JSON 객체 내부에는 다른 JSON이 들어 있을 수 있으므로 재귀 타입으로 선언해야 합니다.

```
type JSONType =
  | string
  | boolean
  | number
  | null
  | JSONType[]
  | { [key: string]: JSONType };

const a: JSONType = 'string';
const b: JSONType = [1, false, { "hi": "json" }];
const c: JSONType = {
  prop: null,
  arr: [{}],
}
```

JSONType 타입 별칭을 선언해보았는데, 이와 같이 재귀 타입을 사용하면 복잡한 구조도 쉽게 표현할 수 있습니다.

재귀 타입을 통해 더 많은 타입을 만들어낼 수 있습니다. 예를 들어 배열 타입을 거꾸로 뒤집는 것도 가능합니다. [1, 2, 3] 타입이 있다면 [3, 2, 1]로 만드는 셈인데, 어떻게 만들 수 있을지 한번 생각해보세요. 다음 코드를 보기 전에 스스로 만들어보는 연습을 하면 좋습니다. 이 절은 재귀 타입을 다루는 절이므로 재귀 타입을 사용해 만들어보세요. 제일 뒤의 것을 하나씩 앞으로 보내면 됩니다. 제일 뒤의 것은 추론을 통해 가져올 수 있습니다.

```
type Reverse<T> = T extends [...infer L, infer R] ? [R, ...Reverse<L>] : [];
```

생각보다 코드가 간단하지요? 재귀 타입은 코드를 간단하게 만듭니다. 차례대로 따져보면,

1. [1, 2, 3] 배열 타입이 있을 때 L은 [1, 2]가 되고, R은 3이 됩니다.

2. [R, ...Reverse<L>]에서 [3, ...Reverse<[1, 2]>]가 됩니다.

3. 마찬가지 이유로 Reverse<[1, 2]>는 [2, ...Reverse<[1]>]이고,

4. Reverse<[1]>은 [1, ...Reverse<[]>]입니다.

5. Reverse<[]>는 []이므로 Reverse<[1]>은 [1]이 되고,

6. Reverse<[1, 2]>는 [2, 1],

7. Reverse<[1, 2, 3]>은 [3, 2, 1]이 됩니다.

또는 Reverse 타입을 응용해서 함수의 매개변수 순서를 바꾸는 타입을 만들 수 있습니다. 이것도 한번 만들어보세요(힌트: 함수의 매개변수와 반환값 타입을 추론하는 것은 2.22절에서 배웠습니다. 같은 절에서 매개변수 타입을 튜플로 만드는 것도 배웠습니다).

```typescript
type Reverse<T> = T extends [...infer L, infer R] ? [R, ...Reverse<L>] : [];
type FlipArguments<T> = T extends (...args: infer A) => infer R
  ? (...args: Reverse<A>) => R
  : never;                          type Flipped = (args_0: boolean, args_1: number, args_2: string)
                                    => string
type Flipped = FlipArguments<(a: string, b: number, c: boolean) => string>;
```

반환값과 매개변수의 타입을 추론한 뒤, 매개변수에 Reverse 타입을 적용했습니다. A는 이미 매개변수의 튜플인 상태라 바로 Reverse 타입을 적용할 수 있습니다.

2.25 정교한 문자열 조작을 위해 템플릿 리터럴 타입을 사용하자

템플릿 리터럴 타입은 특수한 문자열 타입입니다. 백틱(backtick, `` ` ``)과 보간(interpolation, ${}})을 사용하는 자바스크립트의 템플릿 리터럴과 사용법이 비슷하지만, 값 대신 타입을 만들기 위해 사용합니다. 간단한 템플릿 리터럴 타입을 만들어보겠습니다.

```typescript
type Literal = "literal";
type Template = `template ${Literal}`;   ······· type Template = "template literal"
const str: Template = 'template literal';
```

문자열 타입 안에 다른 타입을 변수처럼 넣을 수 있습니다. Template 타입을 사용하면 정해진 문자열만 변수에 대입할 수 있습니다. 조금 더 타입을 넓혀보겠습니다.

```typescript
type Template = `template ${string}`;
let str: Template = 'template ';
str = 'template hello';
str = 'template 123';  ------ Type '"template"' is not assignable to type
str = 'template';                '`template ${string}`'.
```

마지막 str에만 에러가 발생합니다. template 문자열 뒤에 띄어쓰기가 없기 때문입니다. 이렇듯 템플릿 리터럴 타입을 사용하면 문자열 변수를 엄격하게 관리할 수 있습니다.

특히 문자열의 조합을 표현할 때 편리합니다. 다음과 같은 상황을 가정해봅시다. 지역으로는 서울 (seoul), 수원(suwon), 부산(busan)이 있고, 이동수단으로는 차(car), 자전거(bike), 도보(walk)가 있는 상황입니다. 이들의 조합을 '지역:이동수단'으로 표현하고 싶습니다. 조합은 9가지(3X3)가 나오는데, 템플릿 리터럴이 없다면 'seoul:car' | 'seoul:bike' | 'seoul:walk' | 'suwon:car' | 'suwon:bike' | 'suwon:walk' | 'busan:car' | 'busan:bike' | 'busan:walk'라고 일일이 타이핑해야겠죠? 여기서 지역이나 이동수단의 수가 더 늘어난다면 상상만으로도 끔찍합니다.

템플릿 리터럴 타입을 사용하면 다음과 같이 할 수 있습니다.

```typescript
type City = 'seoul' | 'suwon' | 'busan';
type Vehicle = 'car' | 'bike' | 'walk';
type ID = `${City}:${Vehicle}`;
const id = 'seoul:walk';
```

지역이나 이동수단의 수가 늘어나도 각각 City 타입과 Vehicle 타입에 추가하면 됩니다. ID 타입은 알아서 조합됩니다.

템플릿 리터럴 타입은 제네릭 및 infer와 함께 사용하면 더 강력합니다. 좀 더 어려운 예제로 좌우 공백이 있는 문자열 타입에서 공백을 제거하는 작업을 해보겠습니다. ' test ' 문자열 타입을 'test' 타입으로 만드는 것입니다. 책에서는 공백이 몇 개인지 잘 보이지 않으므로, 공백 대신 좌우의 x를 지우는 타입을 만들어보겠습니다. 'xxtestxx' 문자열 타입을 'test'로 만들면 됩니다.

```typescript
type RemoveX<Str> = Str extends `x${infer Rest}`
  ? RemoveX<Rest>
  : Str extends `${infer Rest}x` ? RemoveX<Rest> : Str;
type Removed = RemoveX<'xxtestxx'>  ------ type Removed = 'test'
```

재귀 타입으로 만들어보았습니다. 복잡해 보이나요? 좀 더 쉽게 이해할 수 있게 한 단계씩 살펴보겠습니다. 먼저 알아두어야 할 것은 템플릿 리터럴 타입은 재귀 호출이 가능하다는 점입니다.

1. RemoveX<'xxtestxx'>

   먼저 xxtestxx에 대해 Str extends `x${infer Rest}`를 평가하는데 xxtestxx는 x로 시작하는 문자열이므로 true가 되고, Rest는 xtestxx가 됩니다. 다시 재귀적으로 RemoveX<'xtestxx'>가 수행됩니다.

2. RemoveX<'xtestxx'>

   1단계와 같은 이유로 Remove<'testxx'>가 됩니다.

3. RemoveX<'testxx'>

   이제 좌측에 x가 전부 지워졌으니 Str extends `x${infer Rest}`는 false가 되고, Str extends `${infer Rest}x`를 평가합니다. testxx는 x로 끝나는 문자열이므로 true가 되고, Rest는 testx가 됩니다. 그러면 Remove<'testx'>가 수행됩니다.

4. RemoveX<'testx'>

   3단계와 같은 이유로 Remove<'test'>가 됩니다.

5. RemoveX<'test'>

   Str extends `x${infer Rest}`도 false고 Str extends `${infer Rest}x`도 false이므로 자기 자신인 Str이 됩니다. 최종적으로 'test'가 됩니다.

처음부터 Str extends `x${infer Rest}x`를 하면 좌우를 동시에 지울 수 있지 않을까요? 좋은 생각이지만 이 경우는 xxtestxx일 때만 동작합니다. 'xxtest'나 'testxx'와 같이 한쪽에만 x가 있는 경우에는 지워지지 않습니다. 어떤 타입을 만든 뒤에는 여러 테스트 사례를 생각해서 어떠한 경우에도 다 돌아가도록 만들어야 합니다.

양쪽 공백을 지우는 함수는 RemoveX를 응용하여 다음과 같이 만들면 됩니다.

```
type RemoveEmpty<Str> = Str extends ` ${infer Rest}`
  ? RemoveEmpty<Rest>
  : Str extends `${infer Rest} ` ? RemoveEmpty<Rest> : Str;
type Removed = RemoveEmpty<' test '> ------- type Removed = "test"
```

2.26 추가적인 타입 검사에는 satisfies 연산자를 사용하자

타입스크립트 4.9 버전에 satisfies 연산자가 추가되었습니다. 타입 추론을 그대로 활용하면서 추가로 타입 검사를 하고 싶을 때 사용합니다.

다음 코드를 봅시다. 객체의 타입을 선언 및 검사하려는 상황입니다. 하나의 속성에는 일부러 sirius 대신 sriius로 오타를 냈습니다.

```
const universe = {
  sun: "star",
  sriius: "star", // sirius 오타
  earth: { type: "planet", parent: "sun" },
};
```

속성 키의 타입은 'sun | 'sirius' | 'earth'이고 속성 값의 타입은 { type: string, parent: string } 또는 string 타입이니까 { type: string, parent: string } | string입니다.

따라서 인덱스 시그니처를 사용해 다음과 같이 타이핑할 수 있습니다. 이렇게 하면 sirius의 오타는 잡힙니다.

```
const universe: {
  [key in 'sun' | 'sirius' | 'earth']: { type: string, parent: string } | string
} = {
  sun: "star",
  sriius: "star", // sirius 오타
  earth: { type: "planet", parent: "sun" },
};
```

Type '{ sun: string; sriius: string; earth: { type: string; parent: string; }; }' is not assignable to type '{ sun: string | { type: string; parent: string; }; sirius: string | { type: string; parent: string; }; earth: string | { type: string; parent: string; }; }'.
  Object literal may only specify known properties, but 'sriius' does not exist in type '{ sun: string | { type: string; parent: string; }; sirius: string | { type: string; parent: string; }; earth: string | { type: string; parent: string; }; }'. Did you mean to write 'sirius'?

다만 속성 값을 사용할 때가 문제입니다. earth의 타입이 객체라는 것을 제대로 잡아내지 못합니다.

```
universe.earth.type;  ┄┄┄┄ Property 'type' does not exist on type 'string | { type: string;
                             parent: string; }'.
                           Property 'type' does not exist on type 'string'.
```

속성 값의 타입을 객체와 문자열의 유니언으로 표기해놨기에 earth가 문자열일 수도 있다고 생각하는 것이죠.

universe에 마우스오버하면 다음과 같이 타입을 추론하고 있는 것을 볼 수 있습니다.

```
const universe: {
  sun: string | {
    type: string;
    parent: string;
  };
  sirius: string | {
    type: string;
    parent: string;
  };
  earth: string | {
    type: string;
    parent: string;
  };
}
```

즉, earth도 string | { type: string, parent: string } 타입으로 인식하고 있는 것이죠. 다시 처음으로 돌아가봅시다.

```
const universe = {  ┄┄┄┄┄┄┄┄┄┄┄┄┄┄┄┄┄┄┄┄┄┄   const universe: {
  sun: "star",                                   sun: string;
  sriius: "star", // sirius 오타                  sriius: string;
  earth: { type: "planet", parent: "sun" },       earth: {
};                                                  type: string;
                                                    parent: string;
                                                  };
                                                }
```

처음에 universe 변수를 이렇게 선언하면 sun, sriius, earth의 값 타입이 각각 문자열, 문자열, 객체로 정확하게 추론됩니다.

이 이점을 누리면서 sriius에서 오타가 났다는 것을 알릴 방법은 없을까요? 이게 바로 satisfies 연산자가 나온 이유입니다. 객체 리터럴 뒤에 'satisfies 타입'을 표기하면 됩니다.

```
const universe = {
  sun: "star",
  sriius: "star", // sirius 오타 ┈┈┈┈┈┈┈┈┈┈┈┈┈┈┈┈┈┈┈┈┈┈┈┈┈┈┈┈
  earth: { type: "planet", parent: "sun" },
} satisfies {
  [key in 'sun' | 'sirius' | 'earth']: { type: string, parent: string } | string
};
        Type '{ sun: string; sriius: string; earth: { type: string; parent: string; }; }' does not satisfy
        the expected type '{ sun: string | { type: string; parent: string; }; sirius: string | { type:
        string; parent: string; }; earth: string | { type: string; parent: string; }; }'.
          Object literal may only specify known properties, but 'sriius' does not exist in type '{ sun:
        string | { type: string; parent: string; }; sirius: string | { type: string; parent: string; };
        earth: string | { type: string; parent: string; }; }'. Did you mean to write 'sirius'?
```

이러면 universe의 타입은 타입 추론된 것을 그대로 사용하면서, 각각의 속성들은 satisfies에 적은 타입으로 다시 한번 검사합니다. 여기서 sriius 오타가 발견됩니다.

universe에 마우스오버하면 satisfies 연산자를 사용하기 전과 동일하게 타입을 추론하고 있는 것을 확인할 수 있습니다.

```
const universe: {
  sun: string;
  sriius: string;
  earth: {
    type: string;
    parent: string;
  };
}
```

이제 earth의 속성도 에러 없이 쓸 수 있습니다.

```
universe.earth.type;
```

2.27 타입스크립트는 건망증이 심하다

타입스크립트에서 자주 하는 실수가 있습니다. 이 실수는 타입을 강제로 주장하는 경우에 흔히 나타납니다. 다음 코드를 보세요.

```
try {} catch (error) {
  if (error) {
    error.message; ┈┈┈┈┈ Property 'message' does not exist on type '{}'.
  }
}
```

error는 unknown 타입입니다. unknown은 if문을 통과하면 {} 타입이 됩니다.

{} 타입은 속성을 사용할 수 없는 타입이므로 다음과 같이 구체적으로 타입을 주장하겠습니다.

```
try {} catch (error) {
  if (error as Error) {
    error.message; ┈┈┈┈┈ 'error' is of type 'unknown'.
  }
}
```

분명 if문에서 error를 Error 타입이라 강제 주장했는데 바로 아랫줄에서는 error가 여전히 unknown이라고 나옵니다. 이는 as로 강제 주장한 것이 일시적이기 때문입니다. if문이 참인지 거짓인지를 판단할 때만 주장한 타입이 사용되고, 판단한 후에는 원래 타입으로 되돌아가버립니다.

따라서 이 문제를 해결하기 위해서는 주장한 타입을 계속 기억할 수 있게 만들어야 합니다. 이럴 때 변수를 사용합니다.

```
try {} catch (error) {
  const err = error as Error; ┈┈┈┈┈ const err: Error
  if (err) {
    err.message;
  }
}
```

err 변수를 선언할 때 타입이 Error가 됩니다. 이제 if문 안에서도 Error 타입인 err 변수를 사용할 수 있습니다. 타입을 주장할 때는 그 타입이 일시적이므로, 변수에 담아야 오래 기억한다는 것을 기억하세요.

사실 제일 좋은 방법은 as를 쓰지 않는 것입니다. error는 때마침 Error라는 클래스의 인스턴스이므로 다음과 같이 할 수 있습니다.

```
try {} catch (error) {
  if (error instanceof Error) {
    error.message;
  }
}
```

as를 쓰지 않고도 깔끔하게 타입 추론을 할 수 있으나, 클래스의 인스턴스인 경우에만 가능하다는 단점이 있습니다. 타입 주장은 변수에 적용해야만 타입이 유지된다는 점을 기억하세요.

2.28 / 원시 자료형에도 브랜딩 기법을 사용할 수 있다

TYPESCRIPT

이 절에서는 2.13절을 조금 더 응용하여 자바스크립트에서는 할 수 없었던 것을 가능하게 하는, 타입스크립트만의 기법을 하나 소개하겠습니다.

원시 자료형 타입에 브랜드 속성을 추가하는 기법입니다. 이 기법을 사용하면 string, number 같은 원시 자료형 타입도 더 세밀하게 구분할 수 있습니다.

문제 상황은 다음과 같습니다. 다음과 같이 킬로미터를 마일로 바꿔주는 함수가 있습니다.

```
function kmToMile(km: number) {
    return km * 0.62;
}
const mile = kmToMile(3);
```

자바스크립트 입장에서는 3이라는 숫자가 있을 때 이 숫자가 킬로미터 단위인지 마일 단위인지 알 길이 없습니다. 숫자라는 타입은 있지만 킬로미터나 마일이라는 타입은 없기 때문입니다. 이럴 때 브랜딩 기법을 사용해서 더 구체적으로 타입을 정할 수 있습니다.

```typescript
type Brand<T, B> = T & { __brand: B };
type KM = Brand<number, 'km'>;
type Mile = Brand<number, 'mile'>;

function kmToMile(km: KM) {
    return km * 0.62 as Mile;
}

const km = 3 as KM;
const mile = kmToMile(km); ------- const mile: Mile
const mile2 = 5 as Mile; ------- Argument of type 'Mile' is not assignable to parameter of type 'KM'.
kmToMile(mile2);
```

Brand라는 새로운 타입을 만들었습니다. T는 원래 자료형을 의미하고, B는 새로 만들 자료형을 의미합니다. & 연산자로 원래 자료형과 새로 만들 자료형을 합칩니다. 2.11절에서 말했듯, 객체 타입이 아니더라도 & 연산자를 사용할 수 있습니다. 반드시 속성 값이 __brand여야 하는 것은 아닙니다. 다른 T 타입의 속성과 겹치지 않을 이름이면 됩니다.

Brand 타입으로 만들어낸 KM 타입은 number & { __brand: 'km' }라는 타입이고, Mile 타입은 number & { __brand: 'mile' }이라는 타입입니다. 2.13절에 따라 number 타입에 각자 다른 브랜드 속성을 추가한 것입니다. 이러면 둘 다 number이지만 서로 구별되게 됩니다.

KM, Mile 타입은 원래부터 존재하던 타입이 아니므로 as로 강제 변환해야 합니다. 하지만 한 번 변환하고 나면 그 다음부터는 계속 KM, Mile로 사용할 수 있습니다. mile2는 Mile 타입으로 kmToMile 함수의 인수로 넣을 수 없습니다.

이렇게 브랜딩 기법을 활용하여 number 타입을 KM, Mile 타입으로 세분화했습니다. 타입스크립트라서 가능한 방법입니다. 타입을 더 정밀하게 활용할수록 안정성도 더 올라가므로 여러분의 프로젝트에 적용해보기를 추천합니다.

2.29 배운 것을 바탕으로 타입을 만들어보자

이 절에서는 지금까지 배웠던 내용을 바탕으로 유용한 타입들을 만들어보겠습니다.

2.29.1 판단하는 타입 만들기

타입스크립트를 작성할 때는 특정 타입이 무슨 타입인지 판단할 수 있어야 합니다. 그래야 그 타입을 컨디셔널 타입으로 제거할 수도 있고, 그 타입만 추릴 수도 있습니다. 다양한 판단 타입을 직접 만들어봅시다. 참고로 타입을 만들 때 any 타입은 쓰지 않는 것이 좋습니다.

IsNever

먼저 never인지 판단하는 IsNever 타입입니다. 분배법칙을 배울 때 만든 적이 있습니다.

```
type IsNever<T> = [T] extends [never] ? true : false;
```

배열로 감싸는 이유는 T에 never를 넣을 때 분배법칙이 일어나는 것을 막기 위해서입니다.

IsAny

any 타입인지 판단하는 IsAny 타입도 만들어보겠습니다.

```
type IsAny<T> = string extends (number & T) ? true : false;
```

생각했던 코드와 전혀 다른 코드인가요? 기본적으로 string과 number는 겹치지 않아서 extends할 수가 없습니다. 또한, number & T는 number의 부분집합이므로 더욱 string과 겹치지 않습니다. 하지만 T가 any라면 이야기가 달라집니다. number & any는 any이고, string은 any를 extends할 수 있게 됩니다. 따라서 T가 any일 때만 true이므로 any인지 아닌지를 판단하는 역할을 할 수 있습니다.

IsArray

이번에는 배열인지 판단하는 IsArray 타입입니다.

```
type IsArray<T> = IsNever<T> extends true
  ? false
  : T extends readonly unknown[]
    ? IsAny<T> extends true
      ? false
      : true
    : false;
```

생각보다 상당히 복잡합니다. IsArray<T>를 T extends unknown[] ? true : false로 작성했다면 반례를 생각하지 않은 것입니다. T가 never, any, readonly [] 타입일 때는 false가 되지 않습니다. IsArray<T> 타입이 복잡한 건 다음 이유 때문입니다.

- IsArray<never>가 never가 되는 것을 막기 위해 IsNever<T> extends true가 필요
- IsArray<any>가 boolean이 되는 것을 막기 위해 IsAny<T> extends true가 필요
- IsArray<readonly []>가 false가 되는 것을 막기 위해 T extends readonly unknown[]이 필요

IsTuple

이번에는 배열 중에서 튜플만 판단하는 IsTuple 타입을 만들어보겠습니다. 튜플이 아닌 배열 타입은 false가 되어야 합니다.

```
type IsTuple<T> = IsNever<T> extends true
  ? false
  : T extends readonly unknown[]
    ? number extends T["length"]
      ? false
      : true
    : false;
```

배열과 튜플의 가장 큰 차이점은 뭘까요? 튜플은 길이가 고정되어 있다는 것입니다. 튜플이 아닌 배열은 length가 number입니다. 튜플은 1, 2, 3 같은 개별 숫자입니다. 즉, number extends T["length"]가 false여야 하는 것이 중요합니다.

왜 이번에는 any인지 검사하지 않을까요? any는 number extends T["length"]에서 걸러집니다. any["length"]는 any이므로 number extends any는 true가 됩니다. 튜플이려면 number extends T["length"]가 false여야 하므로 IsTuple⟨any⟩는 false가 됩니다.

IsUnion

다음으로는 유니언인지 판단하는 IsUnion 타입을 만들어보겠습니다.

```
type IsUnion<T, U = T> = IsNever<T> extends true
  ? false
  : T extends T
    ? [U] extends [T]
      ? false
      : true
    : false;
```

왜 U = T로 타입 매개변수를 하나 더 만들었을까요? T extends T는 무슨 의미일까요? T extends T는 항상 true가 아니냐고 할 수 있는데 사실 그렇습니다. 그런데도 사용하는 이유는 바로 분배법칙을 만들기 위해서입니다. 유니언의 경우 컨디셔널 타입 제네릭과 만나면 분배법칙이 발생합니다.

T가 string | number인 경우 T extends T는 string | number extends string | number가 아니라 (string extends string | number) | (number extends string | number)가 됩니다. 이는 다음 코드에 영향을 미치는데 [U] extends [T]는 [string | number] extends [string] 또는 [string | number] extends [number]가 됩니다. U = T를 통해 U에 분배법칙이 일어나지 않은 원본 타입을 담아두었습니다. 그래서 [U] extends [T]는 false가 되어 최종적으로 IsUnion⟨string | number⟩는 true가 됩니다.

만약 T가 string이었다면 [U] extends [T]에서 [string] extends [string]이 되므로 true가 되어버립니다. 그러면 최종적으로 IsUnion⟨string⟩은 false가 됩니다.

2.29.2 집합 관련 타입 만들기

타입스크립트의 타입은 집합으로 생각해도 될 정도로 집합의 원리를 충실하게 따르고 있습니다. 다양한 집합의 연산, 특성을 타입으로 나타내봅시다.

앞에서 배운 집합이 있습니다. 이전 장에서 전체집합은 unknown이고, 공집합은 never라는 것을 배웠습니다. 합집합과 교집합 또한 이전 절에서 배웠던 대로 각각 | 연산자와 & 연산자를 사용하면 되므로 넘어가겠습니다.

이어서 차집합을 만들어보겠습니다. 예를 들어 A가 { name: string, age: number }, B가 { name: string, married: boolean }인 경우 둘을 차집합(A - B)하면 { age: number }가 나와야 합니다. B - A의 경우에는 { married: boolean }이어야 합니다.

```
type Diff<A, B> = Omit<A & B, keyof B>;
type R1 = Diff<{ name: string, age: number }, { name: string, married: boolean }>;
    type R1 = { age: number }
```

▼ 그림 2-5 차집합

정의 차집합

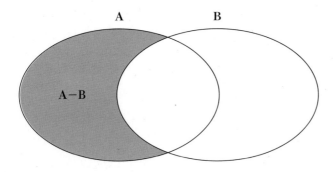

$$A - B = \{\, x \mid x \in A \text{ 이고 } x \notin B \,\}$$

Omit

Omit 타입은 특정 객체에서 지정한 속성을 제거하는 타입입니다(3.2절에서 구체적인 구현 원리를 알아봅니다). A & B는 { name: string, age: number, married: boolean }인데 keyof B는 name | married이므로, name과 married 속성을 제거하면 age 속성만 남게 됩니다.

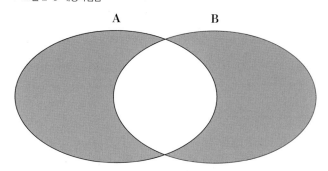

Diff

Diff 타입을 조금 응용하면 대칭차집합도 찾아낼 수 있습니다. 예를 들어 { name: string, age: number }를 { name: string, married: boolean }과 대칭차집합하면 { age: number, married: boolean }이 나와야 합니다. 서로 겹치지 않는 부분을 합쳐놓은 것입니다. 합집합에서 교집합을 뺀 것이라고 볼 수도 있습니다.

▼ 그림 2-6 대칭차집합

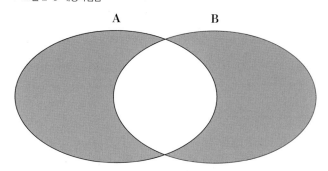

```
type SymDiff<A, B> = Omit<A & B, keyof (A | B)>;
type R2 = SymDiff<{ name: string, age: number }, { name: string, married: boolean }>;
    type R2 = { age: number, married: boolean }
```

다만 현재 코드에서 차집합과 대칭차집합은 객체에만 적용 가능합니다. 유니언에는 적용되지 않습니다. 유니언에서 대칭차집합을 적용하려면 다음과 같이 수정해야 합니다.

```
type SymDiffUnion<A, B> = Exclude<A | B, A & B>;
type R3 = SymDiffUnion<1 | 2 | 3, 2 | 3 | 4>; ------- type R3 = 1 | 4
```

Exclude

Exclude는 어떤 타입(A | B)에서 다른 타입(A & B)을 제거하는 타입입니다(이 타입도 3.2절에서 구현 원리에 대해 배웁니다).

부분집합은 이미 배웠습니다. A가 B 타입에 대입 가능하면 A는 B의 부분집합이라는 의미입니다.

```
type IsSubset<A, B> = A extends B ? true : false;
type R1 = IsSubset<string, string | number>; ------ type R1 = true
type R2 = IsSubset<{ name: string, age: number }, { name: string }>; ------ type R2 = true
type R3 = IsSubset<symbol, unknown>; ------ type R3 = true
```

Equal

두 타입이 동일하다는 것을 판단하는 방법도 알아보겠습니다. 타입도 집합이므로 A가 B의 부분집합이고 B도 A의 부분집합이면, 집합 A와 B가 서로 동일하다는 뜻이겠죠? 이를 곧이곧대로 코드로 나타내면 다음과 같습니다.

```
type Equal<A, B> = A extends B ? B extends A ? true : false : false;
```

이 코드에는 허점이 있습니다. 다음 예제들은 true가 될 것으로 예상했으나 그렇지 않은 사례들입니다.

```
type R1 = Equal<boolean, true | false>; ------ type R1 = boolean
type R2 = Equal<never, never>; ------ type R2 = never
```

이유는 이전 장에서 배웠습니다. boolean이나 never는 유니언이므로 분배법칙이 발생하기 때문입니다. 따라서 분배법칙이 일어나지 않게 바꾸면 됩니다.

```
type Equal<A, B> = [A] extends [B] ? [B] extends [A] ? true : false : false;
```

다만 이 Equal 타입은 any와 다른 타입을 구별하지 못합니다.

```
type R3 = Equal<any, 1>; ------ type R3 = true
type R4 = Equal<[any], [number]>; ------ type R4 = true
```

any와 다른 타입을 구별하려면 Equal 타입을 다음과 같이 만들면 됩니다.

```
type Equal2<X, Y>
  = (<T>() => T extends X ? 1 : 2) extends (<T>() => T extends Y ? 1 : 2)
    ? true
    : false
```

한 번에 이해하기 어려운 코드입니다. 좀 더 설명하면, 이 코드의 뜻은 (<T>() => T extends X ? 1 : 2) 타입을 (<T>() => T extends Y ? 1 : 2) 타입에 대입할 수 있는지 묻는 것입니다. 왜 이것이 Equal을 의미하는지 알기 위해서는 X, Y에 실제 타입을 넣어보아야 합니다.

일단 X랑 Y가 같은 타입이면 Equal2<X, Y>는 true가 됩니다. X == Y인 상황에서 (<T>() => T extends X ? 1 : 2) 타입은 (<T>() => T extends Y ? 1 : 2) 타입과 동일하므로 extends할 수 있기 때문입니다.

그러면 두 타입이 다를 때 Equal2<X, Y> 타입이 false가 된다는 것만 확인하면 됩니다. X를 string, Y를 any라고 해봅시다. 이제 T에 여러 타입을 넣어서 하나라도 false가 나오는지 확인합니다. 하나만 false여도 (<T>() => T extends string ? 1 : 2) 타입을 (<T>() => T extends any ? 1 : 2) 대입할 수 없기 때문입니다. 여기서는 T가 number일 때 false가 됩니다.

이처럼 X, Y가 서로 다른 경우에는 대부분 쉽게 Equal2<X, Y>를 false로 만드는 T를 찾을 수 있습니다. 다양한 사례를 표로 정리해보았습니다. 언제나 extends를 false로 만드는 T가 있습니다.

▼ 표 2-3 반례 T를 찾을 수 있습니다

X	Y	T	(<T>() => T extends X ? 1 : 2)	(<T>() => T extends Y ? 1 : 2)	extends
string	any	number	2	1	false
any	string	number	1	2	false
1	number	2	2	1	false

따라서 Equal2 타입은 두 타입이 동일한 타입인지 판단할 때 사용할 수 있습니다.

- Equal2 타입을 사용하면 any는 다른 타입과 잘 구별하나 인터섹션을 인식하지 못합니다.
- Equal2<any, unknown>의 경우는 extends를 false로 만드는 T가 없음에도 false가 됩니다.

위 두 경우는 타입스크립트의 논리적 한계를 보여주는 사례입니다.

```
type R5 = Equal2<any, 1>; ┄┄┄┄ type R5 = false
type R6 = Equal2<{ x: 1 } & { y: 2 }, { x: 1, y: 2 }>; ┄┄┄┄ type R6 = false
type R7 = Equal2<any, unknown>; ┄┄┄┄ type R7 = false
```

이처럼 Equal의 두 방식에는 각자 장단점이 있으니 필요에 따라 선택하면 됩니다.

NotEqual

Equal과는 반대로 해당 타입이 아닌지 판단하는 NotEqual 타입도 만들어보겠습니다.

```
type NotEqual<X, Y> = Equal<X, Y> extends true ? false : true;
```

Equal 타입의 결과를 반대로 적용하면 됩니다.

2.30 타입스크립트의 에러 코드로 검색하자

지금까지 책에는 표기하지 않았지만, 타입스크립트의 에러 메시지 끝에는 항상 숫자가 있습니다. 다음 코드를 보세요.

```
const arr1: string[] = ['1', '2', '3'];
const arr2: Array<number> = [1, 2, 3];
arr1.push(4); ┄┄┄┄ Argument of type 'number' is not assignable to parameter of type 'string'. (2345)
```

에러 메시지에 2345라는 숫자 코드가 붙어 있는데, 앞에 TS를 붙여 구글에 'TS2345'라고 검색하면 에러에 대한 해결 방법이 나옵니다.

빈번히 발생하는 에러에 대한 해결책을 설명했습니다만, 이 책에서 다루지 않은 에러를 볼 수도 있습니다. 그럴 때는 검색해보면서 에러를 해결해야 하는데, 보통 에러 메시지에는 변수 이름이나 타입 이름이 포함되어 있어서 사람마다 에러 메시지가 다를 수 있습니다. 하지만 에러의 유형은 정해져 있고, 유형은 2345 같은 숫자로 표시됩니다. 따라서 유형으로 검색하면 더 정확한 검색 결과를 얻을 수 있습니다.

다만 같은 에러 유형이더라도 사람에 따라 구체적인 코드 내용이 다를 수 있으니, 다른 사람들은 어떻게 에러를 해결했는지 살펴보고 자신의 코드에 맞춰 적용할 수 있어야 합니다.

타입스크립트의 에러 코드와 해결 방법을 정리한 사이트[1]도 있습니다. 하지만 여기도 모든 에러가 정리되어 있지 않으므로 여전히 스스로 검색하는 방법은 알아두어야 합니다.

2.31 함수에 기능을 추가하는 데코레이터 함수가 있다

TYPESCRIPT

타입스크립트 5.0에서는 데코레이터(decorator) 함수가 정식으로 추가되었습니다. 데코레이터는 클래스의 기능을 증강하는 함수로 여러 함수에서 공통으로 수행되는 부분을 데코레이터로 만들어 두면 좋습니다.

```
class A {
  eat() {
    console.log('start');
    console.log('Eat');
    console.log('end');
  }

  work() {
    console.log('start');
    console.log('Work');
    console.log('end');
```

---

1 https://typescript.tv/errors

```
  }

  sleap() {
    console.log('start');
    console.log('Sleap');
    console.log('end');
  }
}
```

클래스 A에는 세 메서드 eat, work, sleap이 있는데 start를 로깅하는 console.log와 end를 로깅하는 console.log가 중복됩니다. 이렇게 중복이 있는 경우 다음과 같이 데코레이터를 사용하여 중복을 제거할 수 있습니다.

```
function startAndEnd(originalMethod: any, context: any) {
  function replacementMethod(this: any, ...args: any[]) {
    console.log('start');
    const result = originalMethod.call(this, ...args);
    console.log('end');
    return result;
  }
  return replacementMethod;
}

class A {
  @startAndEnd
  eat() {
    console.log('Eat');
  }

  @startAndEnd
  work() {
    console.log('Work');
  }

  @startAndEnd
  sleap() {
    console.log('Sleap');
  }
}
```

eat, work, sleep 메서드를 startAndEnd 데코레이터가 장식하고 있습니다. eat 메서드를 호출하면 콘솔에 start, Eat, end가 차례로 기록됩니다.

startAndEnd 데코레이터의 선언을 한번 봅시다. originalMethod 매개변수가 eat, work, sleep 같은 기존 메서드입니다. 이 메서드가 대체 메서드(replacementMethod)로 바뀐다고 생각하면 됩니다. replacementMethod에 따라 기존 메서드의 호출 전후로 start와 end가 로깅됩니다.

현재 데코레이터가 any로 타이핑되어 있는데 제대로 타이핑하면 다음과 같아집니다.

```
function startAndEnd<This, Args extends any[], Return>(
  originalMethod: (this: This, ...args: Args) => Return,
  context: ClassMethodDecoratorContext<This, (this: This, ...args: Args) => Return>
) {
  function replacementMethod(this: This, ...args: Args): Return {
    console.log('start');
    const result = originalMethod.call(this, ...args);
    console.log('end');
    return result;
  }
  return replacementMethod;
}
```

기존 메서드의 this, 매개변수, 반환값을 각각 This, Args, Return 타입 매개변수로 선언했습니다. 이들의 타입은 그대로 대체 메서드에 적용됩니다. context는 데코레이터의 정보를 갖고 있는 매개변수입니다. startAndEnd 데코레이터는 클래스의 메서드를 장식하고 있으므로 context는 ClassMethodDecoratorContext가 됩니다.

context에는 다음과 같은 종류가 있습니다.

- ClassDecoratorContext: 클래스 자체를 장식할 때
- ClassMethodDecoratorContext: 클래스 메서드를 장식할 때
- ClassGetterDecoratorContext: 클래스의 getter를 장식할 때
- ClassSetterDecoratorContext: 클래스의 setter를 장식할 때
- ClassMemberDecoratorContext: 클래스 멤버를 장식할 때
- ClassAccessorDecoratorContext: 클래스 accessor를 장식할 때
- ClassFieldDecoratorContext: 클래스 필드를 장식할 때

어떤 문법을 장식하냐에 따라 context의 타입을 교체하면 됩니다.

context 객체는 다음과 같은 타입입니다.

```
type Context = {
  kind: string;
  name: string | symbol;
  access: {
    get?(): unknown;
    set?(value: unknown): void;
    has?(value: unknown): boolean;
  };
  private?: boolean;
  static?: boolean;
  addInitializer?(initializer: () => void): void;
}
```

kind(데코레이터의 유형, ClassDecoratorContext라면 class, ClassMethodDecoratorContext 라면 method), name(장식 대상의 이름), access(has, get, set 등의 접근자를 모아둔 객체), private(private 여부), static(static 여부) 속성이 있습니다. 데코레이터 유형에 따라 속성이 존 재하지 않는 경우도 있습니다. 초기화할 때 실행되는 addInitializer라는 메서드도 있습니다. 이 들을 활용해서 장식 대상의 정보를 가져올 수 있습니다.

데코레이터 자체도 함수이므로 매개변수를 가질 수 있습니다. 다만 고차함수를 활용해야 합니다.

```
function startAndEnd(start = 'start', end = 'end') {
  return function RealDecorator<This, Args extends any[], Return>(
    originalMethod: (this: This, ...args: Args) => Return,
    context: ClassMethodDecoratorContext<This, (this: This, ...args: Args) => Return>
  ) {
    function replacementMethod(this: This, ...args: Args): Return {
      console.log(context.name, start);
      const result = originalMethod.call(this, ...args);
      console.log(context.name, end);
      return result;
    }
    return replacementMethod;
  }
}
```

```
class A {
  @startAndEnd()
  eat() {
    console.log('Eat');
  }

  @startAndEnd()
  work() {
    console.log('Work');
  }

  @startAndEnd('시작', '끝')
  sleap() {
    console.log('Sleap');
  }
}
```

매우 복잡해보이지만 실상은 기존 데코레이터를 다른 함수로 한 겹 감싼 것일 뿐입니다. @startAndEnd 데코레이터가 인수를 받게 되었습니다. 두 인수는 각각 start와 end 매개변수로 전달됩니다. console.log에는 context.name도 추가해보았습니다. 장식 대상의 이름이 들어 있습니다. 그래서 sleap 메서드를 호출하면 콘솔에 sleap 시작, Sleap, sleap 끝이 차례로 기록됩니다.

몇 가지 예시를 더 추가해보겠습니다.

```
function startAndEnd(start = 'start', end = 'end') {
  ...
}
function log<Input extends new (...args: any[]) => any>(
  value: Input,
  context: ClassDecoratorContext
) {
  if (context.kind === "class") {
    return class extends value {
      constructor(...args: any[]) {
        super(args);
      }
      log(msg: string): void {
        console.log(msg);
      }
    };
```

```
    }
    return value;
  }
  function bound(originalMethod: unknown, context: ClassMethodDecoratorContext<any>) {
    const methodName = context.name;
    if (context.kind === 'method') {
      context.addInitializer(function () {
        this[methodName] = this[methodName].bind(this);
      });
    }
  }


  @log
  export class C {
    @bound
    @startAndEnd()
    eat() {
      console.log('Eat');
    }

    @bound @startAndEnd() work() {
      console.log('Work');
    }

    @startAndEnd('시작', '끝')
    sleap() {
      console.log('Sleap');
    }
  }
```

context에는 addInitializer라는 메서드도 있습니다. bound 데코레이터를 보면 context의 addInitializer 메서드를 호출하고 있습니다. addInitializer에 등록한 함수는 클래스의 인스턴스를 생성할 때(초기화)에 호출됩니다. 즉, new C()를 할 때 this.eat = this.eat.bind(this)가 호출됩니다.

class C의 eat이나 work 데코레이터처럼 데코레이터를 여러 개 붙일 수도 있습니다. 이때 eat의 경우처럼 줄바꿈해도 되고, work의 경우처럼 줄바꿈하지 않아도 됩니다.

log 데코레이터는 클래스 데코레이터입니다. 따라서 클래스 선언 위에 데코레이터를 붙였습니다. 클래스 데코레이터라서 첫 번째 매개변수가 클래스 타입이고 반환값도 장식 대상 클래스를 상속한 클래스입니다.

클래스 데코레이터의 경우 export나 export default 앞이나 뒤에 데코레이터를 붙일 수 있습니다. 다만 앞과 뒤에 동시에 붙일 수는 없습니다. 다음은 모두 올바르게 데코레이터를 붙인 것입니다.

```
@Log export class C {

export @Log class C {

@Log
export class C {
```

데코레이터가 공식적으로 도입되고 타입 지원됨에 따라 타입스크립트의 클래스에서 예전보다 더 효과적으로 코드를 작성할 수 있게 되었습니다. 적극적으로 활용해보세요.

2.32 앰비언트 선언도 선언 병합이 된다

TYPESCRIPT

타입스크립트는 자바스크립트 코드와 함께 쓰는 경우가 많습니다. 또한, 자바스크립트 생태계도 그대로 사용합니다. 자바스크립트 생태계에서는 남의 코드를 가져다 쓰는 경우가 많은데 타입스크립트도 그렇습니다. 만약 타입스크립트에서 남의 라이브러리를 사용할 때 그 라이브러리가 자바스크립트라면 직접 타이핑해야 하는 경우가 생깁니다.

그럴 때 사용하는 것이 앰비언트 선언(ambient declaration)입니다. 앰비언트 선언(declare)을 위해서는 declare 예약어를 사용해야 합니다.

```
declare namespace NS {
  const v: string;
};
declare enum Enum {
```

```
    ADMIN = 1
  }
  declare function func(param: number): string;
  declare const variable: number;
  declare class C {
    constructor(p1: string, p2: string);
  };

  new C(func(variable), NS.v);
```

잘 보면 코드에 구현부가 없습니다. 함수 func나 class C에는 타입만 있고 구현부가 존재하지 않습니다. 변수에도 타입만 있고 값을 대입하지 않았습니다. 그래도 new C나 func(variable), NS.v처럼 값으로 사용할 수 있습니다. 외부 파일에 실제 값이 존재한다고 믿기 때문입니다. 그런데 외부 파일에 값이 없으면 코드를 실행할 때 에러가 발생하게 됩니다(런타임에러). 따라서 declare로 앰비언트 선언할 때는 반드시 해당 값이 실제로 존재함을 확인해야 합니다.

namespace와 enum은 왜 declare로 선언할까요? namespace를 declare로 선언하면 내부 멤버의 구현부를 생략할 수 있습니다. enum을 declare로 선언하면 자바스크립트로 변환할 때 실제 코드가 생성되지 않습니다. declare를 쓰는 경우에는 이미 다른 곳에 실제 값이 있다고 생각하기 때문입니다.

인터페이스와 타입 별칭도 declare로 선언할 수 있습니다.

```
declare interface Int {}
declare type T = number;
```

하지만 인터페이스와 타입 별칭은 declare로 선언하지 않아도 동일하게 작동하므로 굳이 declare를 붙일 필요가 없습니다.

타입스크립트에서 선언할 수 있는 타입으로는 네임스페이스, 클래스, enum, 인터페이스, 타입 별칭, 함수, 변수가 있습니다. 앞에서 declare로도 한 번씩 선언해보았습니다. 또한, 이들은 선언할 때 네임스페이스나 타입 또는 값으로 사용될 수 있습니다. 각각 어떻게 사용되는지 표로 정리했습니다.

❤ 표 2-4 선언이 생성하는 개체

유형	네임스페이스	타입	값
네임스페이스	O		O
클래스		O	O
enum		O	O
인터페이스		O	
타입 별칭		O	
함수			O
변수			O

네임스페이스로 선언한 것은 네임스페이스이면서 값으로 사용됩니다. 일반적으로는 네임스페이스로 사용되지만 값으로 사용되는 경우는 2.9.2절에서 배웠습니다.

클래스나 enum은 타입으로 사용될 수도, 값으로 사용될 수도 있습니다. 2.20절 제목에서 클래스는 값이면서 타입이라고 한 것과 같은 의미입니다. 인터페이스와 타입 별칭은 타입으로만, 함수와 변수는 값으로만 사용할 수 있습니다.

네임스페이스, 클래스, enum, 인터페이스, 타입 별칭, 함수, 변수는 같은 이름으로 여러 번 선언할 수 있는 것이 있고, 없는 것이 있습니다. 인터페이스나 네임스페이스는 같은 이름으로 여러 개 존재할 때 병합되고, 여러 번 선언할 수 있는 대표적인 예입니다. 함수는 오버로딩되므로 여러 번 선언할 수 있습니다.

이를 표로 정리해보았습니다.

❤ 표 2-5 같은 이름의 다른 선언과 병합 가능 여부

병합 가능 여부	네임스페이스	클래스	enum	인터페이스	타입 별칭	함수	변수
네임스페이스	O	O	O	O	O	O	O
클래스	O	X	X	O	X	O	X
enum	O	X	O	X	X	X	X
인터페이스	O	O	X	O	X	O	O
타입 별칭	O	X	X	X	X	O	O
함수	O	O	X	O	O	O	X
변수	O	X	X	O	O	X	X

이 표를 외우기는 쉽지 않습니다. 따라서 인터페이스, 네임스페이스 병합이나 함수 오버로딩 같이 널리 알려진 경우를 제외하고는 웬만하면 같은 이름으로 여러 번 선언하지 않는 것이 좋습니다.

하지만 다음과 같은 경우에는 선언 병합을 활용하면 좋습니다.

```
declare class A {
  constructor(name: string);
}
function A(name: string) {
  return new A(name);
}

new A('zerocho');
A('zerocho');
```

클래스가 있을 때 new를 붙이지 않아도 되게 하는 코드입니다. class A는 앰비언트 선언이고, function A는 일반 선언입니다. declare로 앰비언트 선언한 타입도 병합되고, 표 2-5를 따릅니다. 앰비언트 선언한 타입과 그렇지 않은 타입끼리도 병합됩니다.

다음 경우에도 선언 병합을 활용하면 좋습니다.

```
function Ex() { return 'hello'; }
namespace Ex {
  export const a = 'world';
  export type B = number;
}
Ex(); // hello
Ex.a; // world
const b: Ex.B = 123;
```

자바스크립트에서는 함수도 객체이므로 함수에 속성을 추가할 수 있습니다. 함수와 네임스페이스가 병합될 수 있으므로 앞의 코드에 에러가 발생하지 않는 것입니다. 함수에 속성이 별도로 있다는 걸 알리고 싶다면 함수와 동일한 이름의 namespace를 추가하면 됩니다.

3^장

lib.es5.d.ts
분석하기

이 장에서는 타입스크립트에서 기본적으로 제공하는 타입 선언이 모여 있는 lib.es5.d.ts 파일을 분석해보겠습니다. '타입스크립트는 어떻게 타입을 선언했는지'를 보면서 타입 선언 방법이나 기술을 익히면 좋습니다.

2장을 먼저 학습하고 3장을 봐도 좋고, 3장을 먼저 보다가 모르는 타입이 있을 때 2장에서 해당 부분을 찾아 공부하는 방식도 괜찮습니다. 책에 모든 코드를 담을 수는 없으므로, 특히 중요하다고 여겨지는 부분만 선별해서 설명하겠습니다.

플레이그라운드에서도 lib.es5.d.ts를 살펴볼 수 있습니다. 예를 들어 Array<string>을 입력하고 Array 위에서 마우스 오른쪽 버튼을 눌러 **Go to Definition**을 선택합니다.

❤ 그림 3-1 Go to Definition 클릭

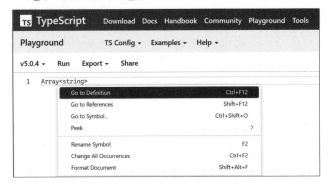

그러면 모달이 하나 뜨는데, 모달 우측에서 lib.es5.d.ts 파일을 선택합니다.

❤ 그림 3-2 Array 인터페이스

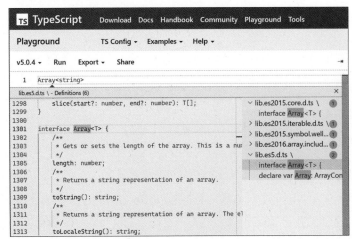

lib.es5.d.ts의 Array 인터페이스를 보거나, 스크롤을 조작해 파일의 다른 부분을 볼 수도 있습니다. 모든 부분을 볼 필요는 없고 해당 타입을 사용할 때 lib.es5.d.ts 파일을 열어 타입을 분석해도 됩니다.

lib.es5.d.ts 외에 lib.es2015.core.d.ts, lib.es2015.iterable.d.ts 등의 파일에도 배열 타입이 선언되어 있습니다. 자바스크립트의 버전이 올라감에 따라 배열에 신기능이 추가되고, 신기능에 맞춰 타입 선언되어 있는 파일도 추가되었기 때문입니다. 배열은 모든 파일에 인터페이스로 선언되어 있어서 서로 합쳐집니다.

확장자가 단순히 ts가 아니라 .d.ts인 이유는, 타입스크립트의 .d.ts 파일에는 타입 선언만 있고 실제 구현부가 없기 때문입니다. 자바스크립트 문법은 따로 구현되어 있기에 타입스크립트에서는 타입 선언만 제공하는 것입니다. lib.es5.d.ts, lib.es2015.core.d.ts 등의 파일에는 실제로 실행되는 코드는 없고 자바스크립트의 타입 선언만 들어 있습니다.

이제 lib.es5.d.ts에 있는 중요한 타입들을 배워보겠습니다.

3.1 Partial, Required, Readonly, Pick, Record

TYPESCRIPT

Partial, Required, Readonly, Pick, Record는 타입스크립트 공식 사이트의 Reference[1] 중 Utility Types에서 매핑된 객체 타입을 사용하는 것만 추린 것입니다.

먼저 기존 객체의 속성을 전부 옵셔널로 만드는 Partial 함수입니다.

```typescript
type MyPartial<T> = {
  [P in keyof T]?: T[P];
};

type Result = MyPartial<{ a: string, b: number }>;
```

```
type Result = {
    a?: string | undefined;
    b?: number | undefined;
}
```

---

1 https://www.typescriptlang.org/docs/handbook/utility-types.html

2.22절과 같은 이유로 타입 이름 앞에 My를 붙였습니다. My를 붙이지 않으면 lib.es5.d.ts의 선언과 중복되기 때문입니다.

매핑된 객체 타입으로 기존 객체의 속성을 가져오면서 옵셔널 수식어를 추가로 붙이고 있습니다. 따라서 모든 객체의 속성이 옵셔널이 됩니다.

일부 속성만 옵셔널로 만들고 싶으면 어떻게 해야 할까요? 예를 들어 앞의 예시에서 a만 옵셔널로 만들고 싶은 상황입니다. 이건 다음 절에서 배워봅시다. 지금까지 배운 지식을 총동원하면 만들수 있기는 하지만, 이번 절의 내용과 관련이 없으므로 나중으로 미뤄두겠습니다.

이번에는 반대로 모든 속성을 옵셔널이 아니게 만들어보겠습니다. Required 타입입니다.

```
type MyRequired<T> = {
  [P in keyof T]-?: T[P];        type Result = {
};                                   a: string;
                                     b: number;
                                 }
type Result = MyRequired<{ a?: string, b?: number }>;
```

같은 원리로 모든 속성을 readonly로 만들거나 readonly가 아니게 만들 수 있습니다. Readonly 타입입니다.

```
type MyReadonly<T> = {
  readonly [P in keyof T]:   type Result = {
};                               readonly a: string;
                                 readonly b: number;
                             }
type Result = MyReadonly<{ a: string, b: number }>;
```

모든 속성을 readonly가 아니게 만들려면 -readonly를 대신 적으면 됩니다.

이번에는 객체에서 지정한 속성만 추려보겠습니다. Pick 타입입니다.

```
type MyPick<T, K extends keyof T> = {
  [P in K]: T[P];        type Result = {
};                           a: string;
                             c: number;
                         }
type Result = MyPick<{ a: string, b: number, c: number }, 'a' | 'c'>;
```

K 타입 매개변수는 T 객체의 속성 이름이어야 하므로 extends keyof T 제약을 주었습니다. MyPick 타입을 사용해 keyof T인 'a' | 'b' | 'c'에서 'a' | 'c'만 추릴 수 있게 됩니다. 반대로 지정한 속성을 제거하려면 어떻게 해야 할까요? 이 방법은 다음 절에서 설명하겠습니다.

코드를 다음과 같이 수정하면 에러가 발생합니다.

```
type Result = MyPick<{ a: string, b: number, c: number }, 'a' | 'c' | 'd'>;
```

```
Type '"a" | "c" | "d"' does not satisfy the constraint '"a" | "c" | "b"'.
  Type '"d"' is not assignable to type '"a" | "c" | "b"'.
```

'd'가 T 객체의 속성 이름이 아니기 때문인데요. 만약 'a' | 'c' | 'd' 중에서 'd'처럼 객체의 속성이 아닌 경우는 무시하고, 나머지 'a' | 'c' 속성만 추리려면 어떻게 해야 할까요?

```
type MyPick<T, K> = {
  [P in (K extends keyof T ? K : never)]: T[P];
};

type Result = MyPick<{ a: string, b: number, c: number }, 'a' | 'c' | 'd'>;
```

매핑된 객체 타입과 컨디셔널 타입을 같이 사용하면 됩니다. 'a' | 'c' | 'd'는 제네릭(K)이자 유니언이므로 분배법칙이 실행됩니다.

{ a: string, b: number, c: number }를 T라고 할 때, 'a' extends keyof T ? 'a' : never | 'c' extends keyof T ? 'c' : never | 'd' extends keyof T ? 'd' : never가 실행되고, MyPick<T, K>는 { [P in 'a' | 'c' | never]: T[P] }가 됩니다. 최종적으로 { [P in 'a' | 'c']: T[P] }가 되어 { a: string, c: number }만 남게 됩니다.

다만 이 방식은 단점도 있습니다. 다음과 같이 K가 'd'인 경우에는 Result가 {} 타입이 되어버립니다.

```
type MyPick<T, K> = {
  [P in (K extends keyof T ? K : never)]: T[P];
};
                    ┌───── type Result = {}
type Result = MyPick<{ a: string, b: number, c: number }, 'd'>;
const result: Result = { a: '이게 되네?' };
```

{} 타입은 객체를 의미하는 것이 아니라 null과 undefined를 제외한 모든 값을 의미하는 만큼, 의도가 달라져 버립니다.

마지막으로 모든 속성의 타입이 동일한 객체의 타입인 Record를 타이핑해보겠습니다.

```typescript
type MyRecord<K extends keyof any, T> = {
  [P in K]: T;                type Result = {
};                               a: string;
                                 b: string;
                               }
type Result = MyRecord<'a' | 'b', string>;
```

K extends keyof any를 통해 K에 string | number | symbol로 제약을 걸었습니다. 제약은 가능하면 엄격하게 거는 것이 좋습니다. 속성 이름으로 사용할 수 없는 값을 K로 제공하는 실수를 막을 수 있기 때문입니다.

다음 절에서는 컨디셔널 타입을 활용하는 Utility Types를 살펴보겠습니다.

3.2 Exclude, Extract, Omit, NonNullable

2.15.1절에서 컨디셔널 타입일 때 유니언인 기존 타입과 제네릭이 만나면 분배법칙이 실행된다고 배웠습니다. 이 절에서 배우는 타입은 모두 분배법칙을 활용하는 타입입니다.

먼저 어떠한 타입에서 지정한 타입을 제거하는 Exclude 타입을 만들어보겠습니다.

```typescript
type MyExclude<T, U> = T extends U ? never : T;
type Result = MyExclude<1 | '2' | 3, string>;    type Result = 1 | 3
```

2.22절과 같은 이유로 타입 이름 앞에 My를 붙였습니다. My를 붙이지 않으면 lib.es5.d.ts의 선언과 중복되기 때문입니다.

1 | '2' | 3은 유니언이므로 분배법칙이 실행됩니다. MyExclude<1 | '2' | 3, string>은 MyExclude<1, string> | MyExclude<'2', string> | MyExclude<3, string>이 되고, 다시 (1 extends string ? never : 1) | ('2' extends string ? never : '2') | (3 extends string ? never : 3)이 되어 1 | never | 3이 됩니다. 그래서 Result는 1 | 3이 됩니다.

이번에는 어떠한 타입에서 지정한 타입만 추출해내는 Extract 타입을 만들어보겠습니다.

```
type MyExtract<T, U> = T extends U ? T : never;
type Result = MyExtract<1 | '2' | 3, string>; ------ type Result = "2"
```

Extract 타입은 Exclude 타입과 하는 행동이 반대입니다. 컨디셔널 타입의 참, 거짓 부분만 서로 바꾸면 됩니다.

다음은 특정 객체에서 지정한 속성을 제거하는 Omit 타입입니다.

```
type MyOmit<T, K extends keyof any> = Pick<T, Exclude<keyof T, K>>;
type Result = MyOmit<{ a: '1', b: 2, c: true }, 'a' | 'c'>; ------ type Result = { b: 2 }
```

Omit 타입은 Pick 타입과 반대되는 행동을 합니다. 그러면서 Omit 타입은 Pick과 Exclude 타입을 활용합니다.

먼저 Exclude<keyof T, K>를 하여 지정한 속성을 제거합니다. 'a' | 'b' | 'c' 중에 'a' | 'c'를 지정했으니 'b'만 추려집니다. Pick 타입을 통해 객체에서 추려낸 속성을 선택합니다. 최종적으로 'b' 속성만 있는 객체 타입이 남게 됩니다.

마지막으로 타입에서 null과 undefined를 제거하는 NonNullable 타입을 만들어보겠습니다.

```
type MyNonNullable<T> = T extends null | undefined ? never : T;
type Result = MyNonNullable<string | number | null | undefined>; ------ type Result = string | number
```

T가 string | number | null | undefined 타입이라고 해봅시다. 제네릭과 유니언이 만났으므로 분배법칙이 실행되어 NonNullable<string> | NonNullable<number> | NonNullable<null> | NonNullable<undefined>가 됩니다. 여기서 다시 string | number | never | never가 되고, 최종적으로는 string | number가 됩니다.

하지만 이것은 예전 코드이고 요즘은 NonNullable 타입이 다음과 같이 더 간단하게 변경되었습니다.

```
type MyNonNullable<T> = T & {};
```

T가 string | number | null | undefined라고 해봅시다. {}는 string과 number는 포함하나 null과 undefined는 포함하지 않습니다. 따라서 T와 {}의 교집합은 string | number입니다. 이러한 이유로 NonNullable 타입이 T & {}로 간소화되었습니다.

여기까지 배웠으면 이전 절에서 언급했던, 일부 속성만 옵셔널로 만드는 타입을 작성할 수 있습니다. Optional 타입은 lib.es5.d.ts에 있는 타입이 아닙니다.

```
type Optional<T, K extends keyof T> = Omit<T, K> & Partial<Pick<T, K>>

type Result = Optional<{ a: 'hi', b: 123 }, 'a'>; ------- type Result = { a?: 'hi', b: 123 }
```

일부 속성만 옵셔널로 만들려면 옵셔널이 될 속성과 아닌 속성을 구분해야 합니다. 옵셔널이 될 속성은 Pick으로 고른 뒤에 Partial을 적용하고({ a?: 'hi' }), 아닌 속성들은 Omit<T, K>로 추리면 됩니다({ b: 123 }). 이 둘을 & 연산자로 합치면 Optional 속성이 됩니다. 헷갈리면 T와 K에 실제 타입을 넣어서 하나씩 결과 타입으로 바꾸면서 분석해보세요.

다음 절에서는 infer를 활용한 타입들을 살펴보겠습니다.

3.3 Parameters, ConstructorParameters, ReturnType, InstanceType

이번에 배울 Utility Types는 infer를 활용한 타입들입니다.

```
type MyParameters<T extends (...args: any) => any>
  = T extends (...args: infer P) => any ? P : never;

type MyConstructorParameters<T extends abstract new (...args: any) => any>
  = T extends abstract new (...args: infer P) => any ? P : never;

type MyReturnType<T extends (...args: any) => any>
  = T extends (...args: any) => infer R ? R : any;

type MyInstanceType<T extends abstract new (...args: any) => any>
  = T extends abstract new (...args: any) => infer R ? R : any;
```

어디서 본 것 같나요? 맞습니다. 이 타입들은 2.22절 예제로 사용했습니다. 타입 이름에서 My만 빼면 모두 lib.es5.d.ts에 있는 타입입니다. 다만 이번 절에서는 타입 매개변수 T에 엄밀하게 제약을 걸어두었습니다.

abstract new (...args: any) => any는 무엇일까요? 우선 new (...args: any) => any는 모든 생성자 함수를 의미하는 타입입니다. 클래스를 포함해서요. 다만 추상 클래스는 포함하지 않습니다. 추상 클래스까지 포함하려면 abstract new (...args: any) => any로 타이핑해야 합니다.

3.1, 3.2, 3.3절에 있는 타입들은 외우지 말고 타입이 만들어진 원리를 생각해서 스스로 만들 수 있게 연습해야 합니다. 그래야 나중에 이를 활용하여 더 복잡한 타입을 만들 수 있습니다.

3.4 ThisType

TYPESCRIPT

Utility Types에는 ThisType도 있습니다. 메서드들에 this를 한 방에 주입하는 타입입니다. 다음과 같은 객체가 있다고 해보겠습니다.

```
const obj = {
  data: {
    money: 0,
  },
```

```
  methods: {
    addMoney(amount: number) {
      this.money += amount;          Property 'money' does not exist on type '{ addMoney(amount:
    },                               number): void; useMoney(amount: number): void; }'.
    useMoney(amount: number) {
      this.money -= amount;
    }                    Property 'money' does not exist on type '{ addMoney(amount:
  }                      number): void; useMoney(amount: number): void; }'.
};
```

addMoney나 useMoney 같은 메서드에서 this를 쓰고 싶은 상황입니다. 다만 이 예제에서 this는
obj 객체가 아니라 data와 methods 객체를 합친 타입입니다. 즉, this.data.money로 접근하는 것
이 아니라 this.money로 바로 접근할 수 있게 하고 싶습니다. 메서드들도 this.methods.addMoney
가 아니라 this.addMoney로 접근하려 합니다.

앞의 예제에 타입을 추가해보겠습니다.

```
type Data = { money: number };
type Methods = {
  addMoney(this: Data & Methods, amount: number): void;
  useMoney(this: Data & Methods, amount: number): void;
};
type Obj = {
  data: Data;
  methods: Methods;
};
const obj: Obj = {
  data: {
    money: 0,
  },
  methods: {
    addMoney(amount) {
      this.money += amount;
    },
    useMoney(amount) {
      this.money -= amount;
    }
  }
};
```

메서드에 this를 직접 타이핑함으로써 에러를 해결했습니다. 다만 앞으로 추가할 모든 메서드에 this를 일일이 타이핑해야 하므로(this: Data & Methods) 중복이 발생합니다. 이럴 때 ThisType 타입을 사용하면 중복을 제거할 수 있습니다.

```typescript
type Data = { money: number };
type Methods = {
  addMoney(amount: number): void;
  useMoney(amount: number): void;
};
type Obj = {
  data: Data;
  methods: Methods & ThisType<Data & Methods>;
};
const obj: Obj = {
  data: {
    money: 0,
  },
  methods: {
    addMoney(amount) {
      this.money += amount;
    },
    useMoney(amount) {
      this.money -= amount;
    }
  }
};
```

메서드에 일일이 타이핑하는 게 아니라, 메서드를 담고 있는 객체 타입인 Methods에 ThisType <Data & Methods>를 인터섹션했습니다. 이렇게 하면 this는 Data & Methods가 됩니다. 일일이 this 타이핑하지 않아도 되므로 편리합니다.

ThisType은 lib.es5.d.ts에 존재하나 구현되어 있지 않습니다.

lib.es5.d.ts

```typescript
type Uppercase<S extends string> = intrinsic;

type Lowercase<S extends string> = intrinsic;

type Capitalize<S extends string> = intrinsic;
```

```
type Uncapitalize<S extends string> = intrinsic;

interface ThisType<T> { }
```

ThisType 타입은 타입스크립트 코드로는 구현할 수 없기에 비어 있는 인터페이스만 선언해 다른 곳에서 사용할 수 있게 한 것입니다. 이와 같은 타입은 내부 구현이 특별하게 처리되어 있을 가능성이 높습니다.

참고로 ThisType 인터페이스 위에는 UpperCase, LowerCase, Capitalize, Uncapitalize 타입 별칭들이 선언되어 있습니다. 각각 문자열을 대문자화, 소문자화, 첫 글자를 대문자화, 첫 글자를 소문자화하는 타입입니다. 이들의 타입도 intrinsic으로 되어 있는데 역시 내부적으로 따로 구현되어 있다는 뜻입니다. 어떻게 구현되었는지는 알 수 없지만 사용할 수는 있습니다.

```
type U = Uppercase<'hi'>; ------- type U = 'HI'
type C = Capitalize<'hi'>; ------- type C = 'Hi'
```

다음 절에서는 배열의 메서드를 직접 타이핑하며 스스로 타입을 만드는 연습을 해보겠습니다.

3.5 / forEach 만들기

배열에는 forEach 메서드가 있습니다. 갑자기 이 메서드를 직접 타이핑해보라고 하면 매우 당황스러울 것입니다. 타이핑하는 연습이 되어 있지 않기 때문입니다. 이번 시간에는 배열의 메서드를 직접 타이핑하며 타입을 만드는 과정을 알아보겠습니다.

forEach 메서드는 이미 lib.es5.d.ts에 있으므로, 대신 forEach와 동일한 기능을 하는 myForEach라는 메서드를 만들어보겠습니다.

```
[1, 2, 3].myForEach(() => {}) ------- Property 'myForEach' does not exist on type 'number[]'.
                                       Did you mean 'forEach'?
```

지금은 myForEach 메서드가 없다고 에러가 발생합니다. lib.es5.d.ts는 Array를 인터페이스로 만들어두었기 때문에 같은 이름의 인터페이스를 만들어 병합할 수 있습니다.

▼ 그림 3-3 Array 인터페이스

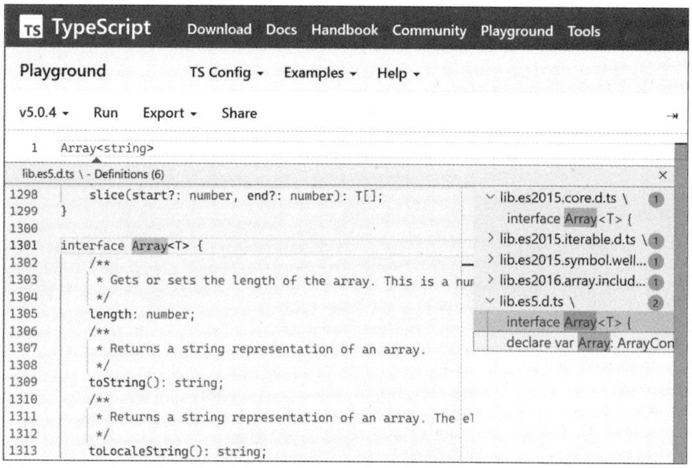

```
[1, 2, 3].myForEach(() => {});  ⋯⋯⋯ Expected 0 arguments, but got 1.

interface Array<T> {
  myForEach(): void;
}
```

Array 인터페이스를 선언해 기존 인터페이스를 병합했습니다. 이때 제네릭 타입 매개변수인 T까지 동일하게 선언해야 합니다. 가장 간단하게 myForEach(): void로 타이핑하니 인수의 개수가 0개여야 하는데 1개를 제공했다는 에러가 발생합니다. 인수를 넣을 수 있게 매개변수를 타이핑합니다.

```
[1, 2, 3].myForEach(() => {});

interface Array<T> {
  myForEach(callback: () => void): void;
}
```

에러가 사라졌습니다. 그러면 제대로 타이핑한 것일까요? 아닙니다. 다양한 테스트 사례를 만들어서 에러가 발생하는지 확인해야 합니다.

```typescript
[1, 2, 3].myForEach(() => {});
[1, 2, 3].myForEach((v, i, a) => { console.log(v, i, a) });
[1, 2, 3].myForEach((v, i) => console.log(v));
[1, 2, 3].myForEach((v) => 3);

interface Array<T> {
  myForEach(callback: () => void): void;
}
```

Argument of type '(v: any, i: any, a: any) => void' is not assignable to parameter of type '() => void'.

Argument of type '(v: any, i: any) => void' is not assignable to parameter of type '() => void'.

Type 'number' is not assignable to type 'void'.

Parameter 'v' implicitly has an 'any' type.

테스트 사례를 추가하니 역시나 에러가 발생합니다. forEach 메서드의 콜백 함수는 매개변수가 3개이며 순서대로 요소 값, 인덱스, 원본 배열입니다. 매개변수를 타이핑해봅시다.

```typescript
[1, 2, 3].myForEach(() => {});
[1, 2, 3].myForEach((v, i, a) => { console.log(v, i, a) });
[1, 2, 3].myForEach((v, i) => console.log(v));
[1, 2, 3].myForEach((v) => 3);

interface Array<T> {
  myForEach(callback: (v: number, i: number, a: number[]) => void): void;
}
```

매개변수를 타이핑하니 에러가 전부 해결되었습니다. 이제는 완벽하게 타이핑한 것일까요? 아직 아닙니다. 더 다양한 테스트 사례를 생각해보아야 합니다. 배열을 다르게 해봅시다.

참고로 새로운 테스트 사례를 추가할 때 기존 테스트 사례를 지우면 안 됩니다. 타이핑을 수정하면 기존에 정상이라 확인했던 테스트 사례에서 다시 에러가 발생할 수도 있으므로, 기존 테스트 사례를 남겨둔 채 새로운 테스트 사례를 추가합니다.

```typescript
[1, 2, 3].myForEach(() => {});
[1, 2, 3].myForEach((v, i, a) => { console.log(v, i, a) });
[1, 2, 3].myForEach((v, i) => console.log(v));
[1, 2, 3].myForEach((v) => 3);
['1', '2', '3'].myForEach((v) => {
```

```
    console.log(v.slice(0)); ······· Property 'slice' does not exist on type 'number'.
  });
  [true, 2, '3'].myForEach((v) => {
    if (typeof v === 'string') {
      v.slice(0); ······· Property 'slice' does not exist on type 'never'.
    } else {
      v.toFixed();
    }
  });

  interface Array<T> {
    myForEach(callback: (v: number, i: number, a: number[]) => void): void;
  }
```

다시 에러가 발생합니다. 반대로 테스트 사례 중 v.toFixed()에서는 에러가 발생해야 하는데 발생하지 않습니다. 에러가 발생하는 상황만이 문제가 아닙니다. 에러가 발생해야 하는데 발생하지 않는 상황도 문제입니다.

현재 문제의 원인은 각각 요소와 원본 배열의 타입인 매개변수 v와 a가 모두 number 기반으로 고정되어 있기 때문입니다. Array에는 제네릭 타입 매개변수인 T가 있습니다. T는 요소의 타입을 의미합니다. 따라서 number 대신 제네릭 기반으로 타입을 수정해보겠습니다.

```
  ...
  [true, 2, '3'].myForEach((v) => {
    if (typeof v === 'string') {
      v.slice(0);
    } else {
      v.toFixed(); ······· Property 'toFixed' does not exist on type 'number | boolean'.
                           Property 'toFixed' does not exist on type 'false'.
    }
  });

  interface Array<T> {
    myForEach(callback: (v: T, i: number, a: T[]) => void): void;
  }
```

기존 에러 메시지는 전부 사라지고, 테스트 사례에 있었으나 잡지 못했던 에러를 제대로 잡아내기 시작합니다.

이렇게 타이핑은 한 단계씩 차근차근 진행합니다. 다양한 테스트 사례가 있어야 정교하게 타이핑할 수 있습니다. 이제 완벽하게 타이핑한 것일까요? 아직 확신할 수는 없습니다. 그래도 대부분의 경우에는 문제없이 기능할 것입니다.

이제 타입스크립트가 lib.es5.d.ts에서 타이핑한 forEach 메서드를 확인해봅시다.

lib.es5.d.ts

```
interface Array<T> {
  forEach(callbackfn: (value: T, index: number, array: T[]) => void, thisArg?: any):
void;
}
```

거의 비슷하게 했지만 thisArg?: any라는 두 번째 매개변수가 있습니다. forEach 메서드 사용법에서 놓치고 있던 부분이죠. thisArg는 콜백 함수 선언문에서 this를 사용할 때, this 값을 직접 바꿀 수 있게 하는 부분입니다. this 값을 직접 바꾸지 않는다면 브라우저에서는 this가 window가 되고, Node.js에서는 global이 됩니다. strict 모드("use strict")에서는 undefined가 됩니다.

이처럼 타입 선언을 살펴보다 보면 미처 알지 못하던 사용법을 발견하기도 됩니다. 타입 선언이 해당 함수에 대한 설명서 역할을 하는 것입니다.

재미있는 점은 lib.es5.d.ts의 타이핑을 그대로 사용하면 this에서 에러가 발생한다는 점입니다.

```
[1, 2, 3].forEach(function() {
  console.log(this); ------- 'this' implicitly has type 'any' because it does not have a type annotation.
});
```

this의 타입이 number로 추론되지 않습니다. lib.es5.d.ts의 타이핑이 완벽하지 않기 때문에 그렇습니다. myForEach에서는 this 타이핑이 제대로 되게 타입을 수정해봅시다.

```
...
[1, 2, 3].myForEach(function() {
  console.log(this); ------- this: Window
});
[1, 2, 3].myForEach(function() {
  console.log(this); ------- this: {
}, { a: 'b' });                 a: string;
                             }
```

```
interface Array<T> {
  myForEach<K = Window>(callback: (this: K, v: T, i: number, a: T[]) => void, thisArg?:
➡ K): void;
}
```

타입 매개변수 K를 선언했습니다. 타입 매개변수를 선언할 수 있는 자리는 Array<T, K>와 myForEach<K>인데, Array<T, K>를 수정할 수 없으므로 myForEach<K> 자리에 선언했습니다. Array<T, K>를 수정할 수 없는 이유는 lib.es5.d.ts에 있는 배열의 인터페이스와 타입 매개변수가 동일해야 하기 때문입니다.

myForEach<K = Window>로 선언했기에 K는 기본적으로 Window입니다. 즉, thisArg를 사용하지 않으면 this의 타입이 Window가 됩니다. thisArg를 사용했다면 그 값의 타입이 this의 타입이 됩니다. thisArg에 { a: 'b' }를 넣은 테스트 사례에서는 K가 { a: string }이 되었으므로 this도 { a: string }이 됩니다.

다만 이 타입도 정확한 타입이 아닙니다. Node.js에서는 window가 아니라 global이기 때문입니다. 타입스크립트에서 정확하게 타이핑하지 못한 이유도 실행 환경에 따라 this가 변하기 때문입니다.

자신이 만든 타입이 100% 정확한 타입인지 알 수 있는 방법은 없습니다. 심지어 타입스크립트가 미리 만들어둔 타입마저 정확한 타입이 아닙니다. 그래서 생각해낼 수 있는 테스트 사례에 모두 부합하면 그냥 잘 만들었을 것이라 믿고 사용하는 것입니다. 사용하다가 에러가 발생하는 테스트 사례가 나오면 그때 고치면 됩니다.

마지막으로 알아두어야 할 것이 있습니다. 현재 코드는 에러가 없어도 실제로 실행되지 않습니다. 배열에 myMap이라는 메서드가 존재하지 않기 때문입니다. 타이핑만 했을 뿐 myMap이라는 메서드를 구현한 적이 없습니다. 단순히 타입 선언을 통해 타입스크립트를 속였을 뿐, 자바스크립트까지 속일 수는 없습니다. 타입스크립트에서 타입에러가 없더라도 실제로 실행됨이 보장되는 것은 아니라는 점도 알아두어야 합니다.

3.6 / map 만들기

이번에는 map 메서드를 직접 타이핑해보겠습니다. 이전 절에서 forEach 타이핑을 해봤으므로, map 을 만들 때 완전 백지부터 출발하지는 않겠습니다.

미리 테스트 사례도 많이 준비했고, myMap 메서드의 콜백 함수도 에러가 발생하지 않을 정도로만 타이핑해두었습니다. lib.es5.d.ts와의 충돌을 방지하기 위해 myMap으로 이름을 바꿨습니다. 타입 스크립트에서는 실행 환경에 따라 변하는 this를 정확하게 타이핑하기 어려우므로 this와 관련한 사례는 만들지 않았습니다.

```typescript
const r1 = [1, 2, 3].myMap(() => {});
const r2 = [1, 2, 3].myMap((v, i, a) => v);
const r3 = ['1', '2', '3'].myMap((v) => parseInt(v));
const r4 = [{ num: 1 }, { num: 2 }, { num: 3 }].myMap(function(v) {
  return v.num;
});

interface Array<T> {
  myMap(callback: (v: T, i: number, a: T[]) => void): void;
}
```

눈에 보이는 에러는 없는데 완벽하게 타이핑한 것일까요? 다시 한번 말하지만,

100% 정확하게 타이핑하는 것은 매우 어려운 일입니다.
적당히 쓸 만하게 타이핑하는 것이 중요합니다.

map과 forEach의 가장 큰 차이점은 반환값이 있다는 것입니다. 반환값의 타입은 배열 요소의 타입 과 다를 수 있습니다. 그런데 변수 r1, r2, r3, r4의 타입은 모두 void입니다. 따라서 이 부분을 수 정해야 합니다. 다음 코드를 보기 전에 직접 타이핑해보세요. 콜백 함수의 반환값과 map 메서드의 반환값이 서로 관련되어 있다는 것이 힌트입니다.

```
const r1 = [1, 2, 3].myMap(() => {}); ------- const r1: void[]
const r2 = [1, 2, 3].myMap((v, i, a) => v); ------- const r2: number[]
const r3 = ['1', '2', '3'].myMap((v) => parseInt(v)); ------- const r3: number[]
const r4 = [{ num: 1 }, { num: 2 }, { num: 3 }].myMap(function(v) { ------- const r4: number[]
  return v.num;
});

interface Array<T> {
  myMap<R>(callback: (v: T, i: number, a: T[]) => R): R[];
}
```

반환값이 어떤 타입이 될지 미리 알 수가 없습니다. 그럴 때는 제네릭 타입 매개변수로 선언하면 됩니다. forEach 때와 마찬가지로 Array<T>에는 새로운 타입 매개변수를 선언할 수 없기에 myMap 메서드에 R 타입 매개변수를 선언했습니다.

자바스크립트에서 콜백 함수의 반환값이 number이면 map 메서드의 반환값도 number[]이고, 콜백 함수의 반환값이 string이면 map 메서드의 반환값도 string[]이 됩니다. 즉, 콜백 함수의 반환값이 R이면, map 메서드의 반환값은 R[]이 되는 것입니다.

이제 변수 r1, r2, r3, r4의 타입이 제대로 추론됩니다. 타입스크립트는 어떻게 R[]을 추론할 수 있을까요? 변수 r3의 경우를 봅시다. T는 string인데, parseInt(v)에서 숫자로 바뀝니다. 그래서 callback 매개변수의 반환값 R이 number로 추론됩니다. 따라서 R[]은 number[]가 됩니다.

lib.es5.d.ts의 타이핑을 보면 다음과 같습니다.

lib.es5.d.ts

```
interface Array<T> {
  ...
  map<U>(callbackfn: (value: T, index: number, array: T[]) => U, thisArg?: any): U[];
  ...
}
```

map 메서드에서도 thisArg가 있으므로 그 부분만 추가하면 됩니다.

3.7 filter 만들기

이번에는 filter 메서드를 타이핑해보겠습니다. 이미 forEach와 map 메서드를 타이핑해보았으므로 첫 타이핑을 조금 더 구체적으로 했습니다.

```
const r1 = [1, 2, 3].myFilter((v) => v < 2); ┈┈┈ const r1: number[]
const r2 = [1, 2, 3].myFilter((v, i, a) => {}); ┈┈┈ const r2: number[]
const r3 = ['1', 2, '3'].myFilter((v) => typeof v === 'string'); ┈┈┈ const r3: (string | number)[]
const r4 = [{ num: 1 }, { num: 2 }, { num: 3 }].myFilter(function(v) {
  return v.num % 2;          const r4: {
});                            num: number;
                             }[]

interface Array<T> {
  myFilter(callback: (v: T, i: number, a: T[]) => void, thisArg?: any): T[];
}
```

사실상 타이핑을 다 한 것이나 다름없습니다. 다만 forEach 메서드의 반환값 타입이 T[]인지라 r2는 number[]가 되고, r3는 (string | number)[]가 됩니다. 실제로는 각각 never[], string[]이 되어야 합니다. 반환값의 타입이 배열의 타입과 달라지게 되므로 새로운 타입 매개변수가 필요합니다.

```
const r1 = [1, 2, 3].myFilter((v) => v < 2); ┈┈┈ const r1: number[]
const r2 = [1, 2, 3].myFilter((v, i, a) => {}); ┈┈┈ const r2: number[]
const r3 = ['1', 2, '3'].myFilter((v) => typeof v === 'string'); ┈┈┈ const r3: (string | number)[]
const r4 = [{ num: 1 }, { num: 2 }, { num: 3 }].myFilter(function(v) {
  return v.num % 2;          const r4: {
});                            num: number;
                             }[]

interface Array<T> {
  myFilter<S extends T>(callback: (v: T, i: number, a: T[]) => void, thisArg?: any):
➧ S[];
}
```

새로운 타입 매개변수를 myFilter⟨S extends T⟩로 선언하겠습니다. S extends T인 이유는, 새로운 타입 매개변수는 배열 요소의 타입에 대입할 수 있어야 하기 때문입니다. map과 다르게 S는 T와 완전히 다른 타입일 수 없습니다. filter 메서드는 기존 요소에서 값을 추리는 것이므로 기존 타입을 벗어날 수 없는 것이죠.

하지만 이렇게 타입 매개변수 S를 도입해도 달라지는 부분이 없습니다. 타입스크립트가 콜백 함수의 반환값과 filter 메서드의 반환값 사이의 관계를 이해하지 못하기 때문입니다. 타입스크립트가 스스로 추론하지 못한다면 직접 입력하는 수밖에 없습니다. 다만 as로 강제로 주장하는 것은 아닙니다.

filter 메서드는 잘 보면 변수 r2나 r3에서 타입 좁히기를 수행하고 있습니다. number[]에서 never[]로, (string | number)[]에서 string[]으로 타입이 좁아졌습니다. 2.23절에서 직접 타입 좁히기를 수행할 수 있는 타입 서술 함수를 배운 것을 기억하나요? filter 메서드의 콜백 함수가 타입 서술 함수의 역할을 하면 됩니다.

```
                    Signature '(v: number): boolean' must be a type predicate.

const r1 = [1, 2, 3].myFilter((v) => v < 2);
                                                    Signature '(v: number, i: number, a:
const r2 = [1, 2, 3].myFilter((v, i, a) => {}); ----number[]): void' must be a type predicate.
const r3 = ['1', 2, '3'].myFilter((v) => typeof v === 'string');
const r4 = [{ num: 1 }, { num: 2 }, { num: 3 }].myFilter(function(v) {
  return v.num % 2;
});                   Signature '(v: number): boolean'        Signature '(v: { num: number; }): number'
                      must be a type predicate.                must be a type predicate.

interface Array<T> {
  myFilter<S extends T>(callback: (v: T, i: number, a: T[]) => v is S, thisArg?: any):
  S[];
}
```

반환값 부분에 is 연산자를 사용해 타이핑하면 됩니다. 다만 테스트 사례의 콜백 함수에 전부 에러가 발생합니다. 에러 메시지는 전부 콜백 함수가 타입 서술 함수가 아니라는 에러입니다. 모든 함수를 타입 서술 함수로 만듭시다.

```
const r1 = [1, 2, 3].myFilter((v): v is number => v < 2);
```
A function whose declared type
is neither 'void' nor 'any'
must return a value

const r2: never[]

```
const r2 = [1, 2, 3].myFilter((v, i, a): v is never => {});
const r3 = ['1', 2, '3'].myFilter((v): v is string => typeof v === 'string');
```

const r3: string[]

```
const r4 = [{ num: 1 }, { num: 2 }, { num: 3 }].myFilter(
  function(v): v is { num: number } {
    return v.num % 2;            Type 'number' is not assignable to type 'boolean'.
  }
);

interface Array<T> {
  myFilter<S extends T>(callback: (v: T, i: number, a: T[]) => v is S, thisArg?: any):
➡ S[];
}
```

타입 서술 함수가 된 콜백 함수 일부에서 에러가 발생합니다. 타입 서술 함수는 boolean을 반환해
야 하기 때문입니다. 오랜만에 자바스크립트 코드를 그대로 타입스크립트에서 쓸 수 없는 상황을
마주했습니다. 콜백 함수를 수정해야 합니다.

```
const r1 = [1, 2, 3].myFilter((v): v is number => v < 2);
const r2 = [1, 2, 3].myFilter((v, i, a): v is never => false);
const r3 = ['1', 2, '3'].myFilter((v): v is string => typeof v === 'string');
const r4 = [{ num: 1 }, { num: 2 }, { num: 3 }].myFilter(
  function(v): v is { num: number } {
    return v.num % 2 === 1;
  }
);

interface Array<T> {
  myFilter<S extends T>(callback: (v: T, i: number, a: T[]) => v is S, thisArg?: any):
➡ S[];
}
```

한 가지 더 아쉬운 점이 있습니다. 원래 r1과 r4는 타입 서술 함수로 만들지 않았어도 타입 추론이
잘 되었습니다. 그러므로 r1, r4는 타입 서술 함수가 아니어도 잘 추론되면 좋겠습니다. 타입 서술
함수를 활용한 타이핑과 타입 서술 함수가 없을 때의 타이핑을 모두 사용하고 싶습니다. 이럴 때
는 오버로딩을 활용하면 됩니다.

```
const r1 = [1, 2, 3].myFilter((v) => v < 2);  ······· const r1: number[]
const r2 = [1, 2, 3].myFilter((v, i, a): v is never => false);
const r3 = ['1', 2, '3'].myFilter((v): v is string => typeof v === 'string');
const r4 = [{ num: 1 }, { num: 2 }, { num: 3 }].myFilter( ······· const r4: {
  function(v) {                                                     num: number
    return v.num % 2 === 1;                                       }[]
  }
);

interface Array<T> {
  myFilter<S extends T>(callback: (v: T, i: number, a: T[]) => v is S, thisArg?: any):
➡ S[];
  myFilter(callback: (v: T, i: number, a: T[]) => boolean, thisArg?: any): T[];
}
```

타입 서술 함수를 제거했지만 잘 추론됩니다. r1과 r4의 콜백 함수는 타입 서술 함수가 아니라서 두 번째 myFilter 타이핑에 해당됩니다. 여기서는 원본 배열의 타입과 동일한 T[]를 반환하기에 타입 추론을 제대로 할 수 있습니다.

lib.es5.d.ts 파일을 보세요.

lib.es5.d.ts

```
interface Array<T> {
  ...
  filter<S extends T>(predicate: (value: T, index: number, array: T[]) => value is S,
  thisArg?: any): S[];
  filter(predicate: (value: T, index: number, array: T[]) => unknown, thisArg?: any):
➡ T[];
  ...
}
```

직접 만들었던 myFilter 메서드와 비슷하게 구성되어 있습니다. 두 번째 filter 메서드의 콜백 함수 반환값이 unknown이라는 점만 다릅니다. boolean 대신 unknown으로 한 이유는 실제로 filter 메서드가 반드시 boolean을 반환할 필요가 없기 때문입니다.

3.8 / reduce 만들기

마지막으로 reduce 메서드를 타이핑해보겠습니다. reduce 메서드는 콜백 함수의 매개변수가 네 개입니다. 누적값 a, 현재값 c, 인덱스 i, 원본 배열 arr로 구성하겠습니다.

또한, 두 번째 인수인 초깃값이 있을 때와 초깃값이 없을 때 서로 다르게 동작합니다. 초깃값이 없다면 첫 번째 배열의 요소가 초깃값이 됩니다. 따라서 테스트 사례를 잘 만들어야 합니다.

```typescript
const r1 = [1, 2, 3].myReduce((a, c) => a + c); // 6
const r2 = [1, 2, 3].myReduce((a, c, i, arr) => a + c, 10); // 16
const r3 = [{ num: 1 }, { num: 2 }, { num: 3 }].myReduce(
  function(a, c) {
    return { ...a, [c.num]: 'hi' };
  },
  {},                    Argument of type '{}' is not assignable
                         to parameter of type '{ num: number; }'.
                         Property 'num' is missing in type '{}'
); // { 1: 'hi', 2: 'hi', 3: 'hi' }   but required in type '{ num: number; }'.
const r4 = [{ num: 1 }, { num: 2 }, { num: 3 }].myReduce(
  function(a, c) {
    return a + c.num;   Operator '+' cannot be applied to types '{ num: number; }' and 'number'.
  },
  '',      Argument of type 'string' is not assignable to parameter of type '{ num: number; }'.
); // '123'

interface Array<T> {
  myReduce(callback: (a: T, c: T, i: number, arr: T[]) => T, iV?: T): T;
}
```

myReduce 메서드의 초깃값은 iV로 이름 지었고, 초깃값이 없을 수도 있으므로 옵셔널로 선언했습니다. 현재 반환값의 타입이 요소의 타입과 같게 설정되어 있어 에러가 발생합니다. reduce 메서드의 반환값은 요소의 타입과 다를 수도 있으므로 오버로딩을 추가해야 합니다.

```typescript
const r1 = [1, 2, 3].myReduce((a, c) => a + c); // 6
const r2 = [1, 2, 3].myReduce((a, c, i, arr) => a + c, 10); // 16
const r3 = [{ num: 1 }, { num: 2 }, { num: 3 }].myReduce(
  function(a, c) {
    return { ...a, [c.num]: 'hi' };
```

```
  },
  {},
); // { 1: 'hi', 2: 'hi', 3: 'hi' }
const r4 = [{ num: 1 }, { num: 2 }, { num: 3 }].myReduce(
  function(a, c) {
    return a + c.num;
  },
  '',
); // '123'


interface Array<T> {
  myReduce(callback: (a: T, c: T, i: number, arr: T[]) => T, iV?: T): T;
  myReduce<S>(callback: (a: S, c: T, i: number, arr: T[]) => S, iV: S): S;
}
```

초깃값이 있는 경우 초깃값의 타입이 최종 반환값 타입이 되므로 타입 매개변수 S를 선언했습니다. 매개변수 a와 콜백 함수의 반환값, 초깃값 iV, reduce의 반환값을 전부 S 타입으로 바꾸면 됩니다.

다음 타입스크립트 코드를 보세요.

lib.es5.d.ts

```
interface Array<T> {
  ...
  reduce(callbackfn: (previousValue: T, currentValue: T, currentIndex: number, array:
➡ T[]) => T): T;
  reduce(callbackfn: (previousValue: T, currentValue: T, currentIndex: number, array:
➡ T[]) => T, initialValue: T): T;
  reduce<U>(callbackfn: (previousValue: U, currentValue: T, currentIndex: number,
➡ array: T[]) => U, initialValue: U): U;
  ...
}
```

오버로딩이 세 개로 되어 있습니다. 첫 번째와 두 번째 오버로딩은 myReduce의 첫 번째 오버로딩처럼 하나로 합칠 수 있습니다. 따라서 거의 동일하게 타이핑했다고 볼 수 있습니다.

지금까지 forEach, map, filter, reduce 메서드를 직접 만들어보았습니다. 이런 식으로 기존에 있는 타입을 따라 만들어보는 것을 연습하면 타입스크립트를 익히는 데 큰 도움이 됩니다.

아직 만들지 않은 메서드가 많습니다(every, some, slice, concat 등). 스스로 타이핑해보세요. 답은 lib.es5.d.ts를 참고하면 됩니다.

3.9 / flat 분석하기

배열에는 flat 메서드도 있습니다. flat 메서드는 직접 타이핑하기가 상당히 어려우므로, 타이핑해보는 연습 대신 만들어진 코드를 보면서 분석해보겠습니다. flat은 ES2019에 추가된 메서드이므로 플레이그라운드 **TS Config** 메뉴에서 target을 ES2019로 변경해주세요.

```
const A = [[1, 2, 3], [4, [5]], 6];

const R = A.flat(); // [1, 2, 3, 4, [5], 6] ------ const R: (number | number[])[]
const RR = R.flat(); // [1, 2, 3, 4, 5, 6] ------ const RR: number[]
const RRR = RR.flat(); // [1, 2, 3, 4, 5, 6] ------ const RRR: number[]

const R2 = A.flat(2); // [1, 2, 3, 4, 5, 6] ------ const R2: number[]
```

flat은 배열의 차원을 한 단계씩 낮추는 메서드입니다. 첫 배열인 A는 (number | (number | number[])[])[] 타입인 3차원 배열입니다. 여기서 R은 한 차원을 낮춘 2차원 배열이 되고, RR은 다시 한 차원을 낮췄으니 1차원 배열이 됩니다. RRR은 차원을 한 번 더 낮춘 것인데, 1차원 배열보다 더 낮게 낮출 수는 없으니 여전히 1차원 배열입니다.

flat 메서드에는 인수를 넣을 수 있는데, 이 인수가 낮출 차원 수를 의미합니다. 인수를 넣지 않으면 1차원만 낮추고, 인수를 제공하면 그 차원만큼 낮춥니다. R2는 2차원을 낮춘 것이므로 바로 1차원이 됩니다.

그런데 타입스크립트는 어떻게 한 차원 낮아진 타입을 추론할 수 있을까요? 생각해내기가 쉽지 않습니다. 타입스크립트가 어떻게 타이핑했는지 확인해봅시다.

flat 위에서 오른쪽 마우스를 눌러 **Go to References**를 선택하면 lib.es2019.array.d.ts를 확인할 수 있습니다. ES2019에 추가된 메서드라 lib.es5.d.ts 대신 lib.es2019.array.d.ts에 들어 있습니다.

다음은 lib.es2019.array.d.ts에서 중요한 부분을 추린 코드입니다.

lib.es2019.array.d.ts

```
type FlatArray<Arr, Depth extends number> = {
  "done": Arr,
  "recur": Arr extends ReadonlyArray<infer InnerArr>
    ? FlatArray<InnerArr, [-1, 0, 1, 2, 3, 4, 5, 6, 7, 8, 9, 10, 11, 12, 13, 14, 15,
16, 17, 18, 19, 20][Depth]>
      : Arr
}[Depth extends -1 ? "done" : "recur"];
...
interface Array<T> {
  flatMap<U, This = undefined> (
    callback: (this: This, value: T, index: number, array: T[]) => U | ReadonlyArray<U>,
    thisArg?: This
  ): U[]

  flat<A, D extends number = 1>(
    this: A,
    depth?: D
  ): FlatArray<A, D>[]
}
```

Array 인터페이스를 선언해서 기존 인터페이스를 병합하고 있습니다. ES2019에는 flatMap과 flat 메서드가 추가되었는데 둘을 모두 확인할 수 있습니다.

flat 부분만 따로 떼어내면 다음과 같습니다.

lib.es2019.array.d.ts

```
interface Array<T> {
  flat<A, D extends number = 1>(
    this: A,
    depth?: D
  ): FlatArray<A, D>[]
}
```

flat 메서드의 매개변수는 A와 D 타입입니다. A는 this 타입으로 되어 있는 것으로 보아 원본 배열을 의미하고, D는 flat 메서드의 매개변수인 낮출 차원 수를 의미합니다. 차원 수이므로 number 이고 인수를 제공하지 않으면 기본적으로 한 차원을 낮추므로 D extends number = 1로 되어 있습니다. flat 메서드는 FlatArray<A, D>[]를 반환한다고 되어 있으므로 FlatArray를 분석해야 합니다.

```
lib.es2019.array.d.ts

type FlatArray<Arr, Depth extends number> = {
  "done": Arr,
  "recur": Arr extends ReadonlyArray<infer InnerArr>
    ? FlatArray<InnerArr, [-1, 0, 1, 2, 3, 4, 5, 6, 7, 8, 9, 10, 11, 12, 13, 14, 15,
➡ 16, 17, 18, 19, 20][Depth]>
    : Arr
}[Depth extends -1 ? "done" : "recur"];
```

매우 복잡하게 타이핑되어 있습니다. 특히 -1부터 20까지의 정수가 나열되어 있는 배열은 무슨 역할일까요? 하나씩 분석해봅시다.

먼저 FlatArray를 객체의 배열 타입이라고 생각할 수 있는데, 배열 타입이 아니라 컨디셔널 타입을 인덱스 접근 타입으로 나타낸 것입니다(2.15절에서 배웠습니다). Depth가 -1이면 done 속성 값의 타입이므로 Arr이 되고, -1이 아니면 recur 속성 값의 타입이 됩니다. FlatArray 타입은 다음과 같이 보는 것이 올바른 분석입니다.

```
// Depth가 -1인 경우
type FlatArray<Arr, -1> = Arr;
// Depth가 -1이 아닌 경우
type FlatArray<Arr, Depth extends number> =
  Arr extends ReadonlyArray<infer InnerArr>
    ? FlatArray<InnerArr, [-1, 0, 1, 2, 3, 4, 5, 6, 7, 8, 9, 10, 11, 12, 13, 14, 15,
➡ 16, 17, 18, 19, 20][Depth]>
    : Arr;
```

(number | (number | number[])[])[] 타입인 3차원 배열에 flat 메서드를 호출한 경우를 생각해 봅시다. Arr은 3차원 배열의 타입일 것이고, Depth는 1일 것입니다. 착각하면 안 되는 것이 3차원 배열이라고 Depth가 3이 아닙니다. Depth는 flat 메서드가 낮출 차원 수입니다. 기본값은 1이죠. 그래서 FlatArray<(number | (number | number[])[])[], 1>[]에서 시작해야 합니다.

다음으로 Arr extends ReadonlyArray<infer InnerArr>이 참이냐 거짓이냐를 판단해야 합니다. ReadonlyArray는 readonly가 적용된 배열입니다. 요즘은 ReadOnlyArray<T> 대신 readonly T[]로

212

쓰긴 합니다. 모든 배열은 ReadonlyArray를 extends할 수 있습니다. 다음 코드로 확인할 수 있습니다.

```
type TorF<Arr> = Arr extends ReadonlyArray<any> ? true : false;
type Result = TorF<any[]>; ······ type Result = true
```

이처럼 extends의 결과가 궁금하다면 직접 타입을 만들어서 결과를 확인하면 됩니다.

Arr extends ReadonlyArray<infer InnerArr>이 참이므로 타입스크립트는 infer InnerArr을 통해 InnerArr 배열을 추론할 수 있습니다. Arr이 (number | (number | number[])[])[]라면 InnerArr은 마지막 []을 제거한 number | (number | number[])[]인 것이죠. InnerArr이 어떻게 추론되는지 궁금하다면 다음과 같은 코드로도 InnerArr을 확인할 수 있습니다.

```
type GetInner<Arr> = Arr extends ReadonlyArray<infer InnerArr>
  ? InnerArr
  : never; ······ type Result type OneDepthInner = number | (number | number[])[]= true
type OneDepthInner = GetInner<(number | (number | number[])[])[]>;
```

FlatArray<InnerArr, [-1, 0, 1, 2, 3, 4, 5, 6, 7, 8, 9, 10, 11, 12, 13, 14, 15, 16, 17, 18, 19, 20][Depth]>에서 두 번째 타입 인수로 제공한 타입이 흥미롭습니다. 이 또한 인덱스 접근 타입입니다. Depth가 0이라면 -1이 되고, Depth가 1이라면 0이 됩니다. Depth가 21이라면 20이 되고, 22 이상인 경우에는 전부 undefined가 됩니다. 이는 차원을 한 단계씩 낮추는 것을 의미합니다. 결과적으로 Depth를 1 줄이는 효과를 얻게 됩니다. 타입스크립트에서는 숫자 리터럴 타입에 +나 - 같은 연산을 할 수 없습니다. 그래서 고육지책으로 저런 튜플을 만들어서 숫자를 변경하는 것 같은 효과를 얻는 것입니다.

만약 Depth가 22라서 인덱스 접근 타입이 undefined가 되면 어떻게 될까요? 이때는 최대한 flat한 타입이 나오게 됩니다.

```
                  ······ type R = [1, 2, [3]]
type R = FlatArray<[[[[[[[[[[[[[[[[[[[[[[1, 2, [3]]]]]]]]]]]]]]]]]]]]]]], 21>;
type R2 = FlatArray<[[[[[[[[[[[[[[[[[[[[[[1, 2, [3]]]]]]]]]]]]]]]]]]]]]]], 22>;
                  ······ type R2 = 1 | 2 | 3
```

R 타입까지는 제대로 추론되지만 R2에서는 제대로 추론되지 않습니다. 원래는 1 ¦ 2 ¦ [3]이 되어야 하는데 실제로는 1 ¦ 2 ¦ 3입니다. 이 타입은 원래 타입보다 한 번 더 flat된 타입입니다.

Depth가 21일 때까지만 대비되어 있으므로 Depth가 22 이상이면 타입스크립트는 제대로 타입을 추론할 수 없을 것입니다. 하지만 실제 코드에서 Depth를 22로 할 가능성은 매우 희박합니다. 타입스크립트가 flat 메서드를 만들 때 100% 정확한 타입은 아니더라도 대부분의 경우에 대응할 수 있게 타이핑해둔 것입니다.

조금 전에 Depth가 -1이 아닌 경우는 FlatArray가 다음과 같이 된다고 분석했습니다.

```
// Depth가 -1이 아닌 경우
type FlatArray<(number | (number | number[])[])[], 1> =
  Arr extends ReadonlyArray<infer InnerArr> // true
    ? FlatArray<number | (number | number[])[], 0>
    : Arr;
```

따라서 FlatArray<(number | (number | number[])[])[], 1>은 FlatArray<number | (number | number[])[], 0>이 됩니다. 아직 Depth가 -1이 아니므로 한 번 더 Arr extends ReadonlyArray<infer InnerArr>을 거칩니다. extends의 결과는 true인지, InnerArr이 어떻게 추론되는지 코드로 확인해봅시다.

```
type GetInner<Arr> = Arr extends ReadonlyArray<infer InnerArr>
  ? InnerArr
  : Arr;      ┈┈┈┈ type OneDepthInner = number | (number | number[])[]
type OneDepthInner = GetInner<(number | (number | number[])[])[]>;
type TwoDepthInner = GetInner<OneDepthInner>; ┈┈┈┈ type TwoDepthInner = number | number[]
```

TwoDepthInner의 타입은 number | number[]입니다. OneDepthInner의 타입과 다른 것으로 봐서는 extends가 true인 것 같습니다. InnerArr은 number | number[]로 추론되었습니다. Depth도 1 낮아져서 FlatArray<number | (number | number[])[], 0>은 FlatArray<number | number[], -1>이 됩니다.

여기서 number | (number | number[])[]가 어떻게 ReadonlyArray를 extends할 수 있는지 의문이 들 수 있습니다. number는 ReadonlyArray를 extends할 수 없기 때문입니다. 하지만 이 부분은 이렇게 분석하면 안 됩니다. 제네릭과 유니언이 만난 것이므로, 분배법칙이 실행된 것으로 분석해야 합니다.

number | (number | number[])[] extends ReadonlyArray<infer InnerArr>은 분배법칙에 의해 number extends ReadonlyArray<infer InnerArr> | (number | number[])[] extends ReadonlyArray<infer InnerArr>과 같습니다. number extends ReadonlyArray<infer InnerArr>은 extends에서 false가 되므로 number가 되고, (number | number[])[] extends ReadonlyArray<infer InnerArr>은 extends에서 true가 되어 infer를 수행한 결과 number | number[]가 됩니다. 이 둘을 유니언하면 number | number | number[]이고, 최종적으로 number | number[]가 되는 것입니다. 그래서 InnerArr이 number | number[]입니다.

FlatArray<number | number[], -1>에서 이제 Depth가 -1이 되었으므로 type FlatArray<Arr, -1> = Arr에 따라 FlatArray<number | number[], -1>는 number | number[]입니다.

flat 메서드는 FlatArray<A, D>[]입니다. 뒤에 []가 붙어 있음에 주의합니다. 따라서 최종 결과물은 number | number[]가 아니라 (number | number[])[]입니다. 그리고 이것이 R의 타입입니다.

매우 긴 과정이었습니다. 한눈에 보기 쉽게 표로 정리하면 다음과 같습니다.

▼ 표 3-1 R의 경우 Depth별 결괏값 정리

Depth	Arr	Depth extends -1	InnerArr 또는 Arr
1	(number	(number | number[])[])[]	false	InnerArr = number	(number | number[])[]
0	number	(number | number[])[]	false	InnerArr = number	number[]
-1	number	number[]	true	Arr = number	number[]

이번에는 Depth가 1이 아닌 경우를 분석해봅시다. 앞에서 다음과 같은 코드를 입력했습니다.

```
...         ┌------- const R2: number[]
const R2 = A.flat(2); // [1, 2, 3, 4, 5, 6]
```

R2의 경우에는 Depth가 2입니다. 이때는 다음과 같은 표가 만들어집니다.

Depth	Arr	Depth extends −1	InnerArr 또는 Arr
2	(number | (number | number[])[])[]	false	InnerArr = number | (number | number[])[]
1	(number | number[])[])	false	InnerArr = number | number[]
0	number | number[]	false	InnerArr = number
−1	number	true	Arr = number

R2의 타입은 number[]입니다. flat 메서드는 FlatArray\<A, D\>[]이므로 마지막에 []를 붙여야 합니다.

flat 같은 타입을 스스로 만드는 것은 매우 어렵습니다. 특히 Depth를 1 낮추기 위해 인덱스 접근 타입을 사용하는 것은 쉽게 상상하기 힘듭니다. 하지만 직접 타입을 만들지는 못하더라도 만들어 진 타입을 보고 왜 이런 결과물이 나오는지 분석할 수는 있어야 합니다. 한 번에 이해하기 힘들겠 지만 차근차근 한 단계씩 밟아나가며 분석해보세요. 인덱스 접근 타입이나 분배법칙 같은 개념이 아직 생소하다면 2장으로 돌아가서 복습하는 것이 좋습니다.

flat 메서드에 대한 분석이 완벽하게 이해되었을 때 다음 절로 이동하세요.

TYPESCRIPT

3.10 / Promise, Awaited 타입 분석하기

이 절에서는 Promise와 Awaited 타입을 분석하면서 다음 코드의 타입 추론이 어떻게 이루어지는 지 확인해보겠습니다.

```
(async () => {
  const str = await Promise.resolve('promise'); ------ const str: string
  const all = await Promise.all([ ------ const all: [string, number, boolean]
    'string',
    Promise.resolve(123),
    Promise.resolve(Promise.resolve(true)),
  ]);
```

```
const chaining = await Promise.resolve('hi') ------- const chaining: boolean | void
  .then(() => {
    return 123;
  })
  .then(() => {
    return true;
  })
  .catch((err) => {
    console.error(err);
  });
})();
```

Promise는 ES2015에 도입된 기능이므로 lib.es2015.promise.d.ts에 들어 있습니다. Promise에서 마우스 오른쪽 버튼을 클릭하고 Go to References를 선택하면 Promise 타입을 볼 수 있습니다.

lib.es2015.promise.d.ts

```
interface PromiseConstructor {
  readonly prototype: Promise<any>;
  new <T>(executor: (resolve: (value: T | PromiseLike<T>) => void, reject: (reason?:
any) => void) => void): Promise<T>;

  all<T extends readonly unknown[] | []>(values: T): Promise<{ -readonly [P in keyof T]:
Awaited<T[P]> }>;

  race<T extends readonly unknown[] | []>(values: T): Promise<Awaited<T[number]>>;

  reject<T = never>(reason?: any): Promise<T>;

  resolve(): Promise<void>;

  resolve<T>(value: T): Promise<Awaited<T>>;

  resolve<T>(value: T | PromiseLike<T>): Promise<Awaited<T>>;
}

declare var Promise: PromiseConstructor;
```

Promise는 기존에 자바스크립트에 있는 객체이므로 따로 구현할 필요가 없습니다. 기존 Promise 값에 타입만 붙이고자 2.32절에서 배운 declare를 사용해서 타입을 선언한 것입니다.

PromiseConstructor 인터페이스가 실제 Promise 객체의 타입입니다. new를 붙여 호출할 수도 있고 all, race, reject, resolve 등의 메서드가 있다고 알려주고 있습니다.

여기서 다음 코드를 분석해봅시다. export {}는 top level await에서 에러가 발생하는 것을 막기 위해 추가했습니다.

```
const str1 = Promise.resolve('promise'); ┄┄┄┄ const str1: Promise<string>
const str2 = await Promise.resolve('promise'); ┄┄┄┄ const str2: string
export {};
```

str1은 resolve의 반환값이 Promise<Awaited<string>>입니다. str2는 str1에서 await이 붙었습니다. 타입스크립트에서 await이 붙으면 타입이 Awaited 제네릭 타입으로 감싸집니다. 따라서 str2는 Awaited<Promise<Awaited<string>>>입니다.

Promise<Awaited<string>>은 왜 Promise<string>이고, Awaited<Promise<Awaited<string>>>은 왜 string일까요? 알아봅시다. Awaited 타입은 다음과 같습니다. Promise 객체의 타입은 ES2015에서 선언되었는데, Awaited 타입은 더 예전 버전인 ES5에서 선언되었다는 점이 재미있습니다.

lib.es5.d.ts

```
type Awaited<T> =
  T extends null | undefined ? T :
    T extends object & { then(onfulfilled: infer F, ...args: infer _): any } ?
      F extends ((value: infer V, ...args: infer _) => any) ?
        Awaited<V> :
        never :
      T;
```

컨디셔널 타입이 세 번 중첩되어 나타나고 있습니다.

첫 번째 컨디셔널 타입은 T가 null이나 undefined인지 확인합니다. Awaited<null>은 null이고, Awaited<undefined>는 undefined입니다.

두 번째 컨디셔널 타입은 T가 object & { then(onfulfilled: infer F, ...args: infer _): any를 extends하는지 확인합니다. T가 string, boolean, number의 경우는 object가 아니므로 false입니다. Awaited<string>은 string, Awaited<boolean>은 boolean, Awaited<number>는 number입니다. 이것을 규칙 1번이라고 하겠습니다. 규칙 1번에 의해 str1의 타입인 Promise<Awaited<string>>은 Promise<string>이 됩니다.

규칙 1번: Awaited<객체가 아닌 값> === 객체가 아닌 값

T가 객체인 경우에도 추가로 { then(onfulfilled: infer F, ...args: infer _): any를 만족해야 합니다. then이라는 메서드를 가지고 있어야 하는데 대표적으로 Promise 인스턴스가 then 메서드를 갖고 있습니다. 여기서 말하는 Promise 인스턴스는 Promise 객체와 다릅니다. Promise.resolve에서의 Promise는 Promise 객체이고, new Promise()나 Promise.resolve()의 반환값은 Promise 인스턴스입니다.

Promise 인스턴스의 타입은 다음과 같이 따로 타이핑되어 있으며, Awaited 타입과 마찬가지로 ES5에서 선언되었습니다.

lib.es5.d.ts

```
interface Promise<T> {
    then<TResult1 = T, TResult2 = never>(onfulfilled?: ((value: T) => TResult1 |
➡ PromiseLike<TResult1>) | undefined | null, onrejected?: ((reason: any) => TResult2 |
➡ PromiseLike<TResult2>) | undefined | null): Promise<TResult1 | TResult2>;
    catch<TResult = never>(onrejected?: ((reason: any) => TResult | PromiseLike<TResult>)
➡ | undefined | null): Promise<T | TResult>;
}
```

상당히 복잡하지만, 한 가지 분명한 것은 then 메서드를 가지고 있다는 것입니다. 따라서 Promise 객체는 object & { then(onfulfilled: infer F, ...args: infer _): any를 extends합니다.

```
type Result<T>  ······· type Result<T> = true
  = Promise<T> extends { then(onfulfilled: infer F, ...args: infer _): any }
    ? true : false;
```

Awaited에서 T가 Promise이면 then의 첫 번째 매개변수인 F를 infer합니다.

Awaited⟨T⟩의 일부분

```
F extends ((value: infer V, ...args: infer _) => any) ?
  Awaited<V> :
  never :
```

F가 infer되면 다시 F가 ((value: infer V, ...args: infer _) => any)를 extends하는지 확인하고, extends한다면 첫 번째 매개변수 V를 infer합니다. 왜 연달아 두 번 infer하는지 이해하기 어려울 수 있는데, 실제 코드 예시를 보면 쉽습니다.

```
Promise.resolve('hi')
  .then((data) => {
    data; ------- (parameter) data: string
  })
```

Promise.resolve('hi')는 Promise⟨string⟩ 타입입니다. Promise 인스턴스이므로 then 메서드를 호출할 수 있죠. then의 첫 번째 매개변수 타입이 F입니다. F는 (data) => { data; }의 타입이죠. 다시 F의 첫 번째 매개변수 타입은 V입니다. V는 data의 타입입니다.

data의 타입은 무엇일까요? 자바스크립트를 알고 있으므로 data가 'hi'이고 string 타입이라는 것을 알 수 있습니다. 하지만 타입만으로도 확인할 수 있어야 합니다. 다시 Promise 인스턴스의 타입을 봅시다.

lib.es5.d.ts

```
interface Promise<T> {
    then<TResult1 = T, TResult2 = never>(onfulfilled?: ((value: T) => TResult1 |
    PromiseLike<TResult1>) | undefined | null, onrejected?: ((reason: any) => TResult2 |
    PromiseLike<TResult2>) | undefined | null): Promise<TResult1 | TResult2>;
    catch<TResult = never>(onrejected?: ((reason: any) => TResult | PromiseLike<TResult>)
    | undefined | null): Promise<T | TResult>;
}
```

then 메서드를 보면 첫 번째 매개변수인 onfulfilled의 타입을 확인할 수 있습니다.

Awaited<T>에서 T가 Promise인 상황이므로 T를 Promise<X>라고 해봅시다. X는 임의의 타입을 나타내는 미지수입니다. onfulfilled 콜백 함수의 타입은 (value: X) => TResult1 |
PromiseLike<TResult1>) | undefined | null입니다. 이 함수가 Awaited<T>에서의 F입니다. 다시 F 함수에서 첫 번째 매개변수인 value를 찾을 수 있습니다. value의 타입은 X입니다. 이것이 Awaited<T>에서의 V입니다.

즉, T가 Promise 객체일 때 Awaited<T>는 Awaited<V>가 되는데 T는 Promise<X>이고, V는 X입니다. 따라서 Awaited<Promise<X>>는 Awaited<X>가 됩니다. 이것을 규칙 2번이라고 하겠습니다.

규칙 2번: Awaited<Promise<T>> === Awaited<T>

이제 분석하려는 코드를 다시 봅시다.

```
const str1 = Promise.resolve('promise'); ······· const str1: Promise<string>
const str2 = await Promise.resolve('promise'); ······· const str2: string
export {};
```

str2는 Awaited<Promise<Awaited<string>>> 타입입니다. 이 타입은 규칙 1번에 의해 Awaited<Promise<string>>이고, 이것은 규칙 2번에 의해 Awaited<string>입니다. 그리고 다시 규칙 1번에 의해 최종적으로 string이 됩니다.

이번에는 Promise.all 결과물의 타입이 어떻게 제대로 추론되는지를 분석해보겠습니다. 분석하려는 코드는 다음과 같습니다.

```
const all = await Promise.all([ ······· const all: [string, number, boolean]
  'string',
  Promise.resolve(123),
  Promise.resolve(Promise.resolve(true)),
]);
export {};
```

Promise.all의 타입도 다시 한번 보겠습니다.

```
interface PromiseConstructor {
  ...
  all<T extends readonly unknown[] | []>(values: T): Promise<{ -readonly [P in keyof T]:
➡ Awaited<T[P]> }>;

  ...
}
```

values가 첫 번째 매개변수이므로 values의 타입인 T는 [string, Promise<number>, Promise<Promise<boolean>>]입니다. Promise.all의 반환값은 Promise<{ -readonly [P in keyof T]: Awaited<T[P]> }>;인 매핑된 객체 타입으로, 다음과 비슷합니다.

```
Promise<{
  0: Awaited<string>,
  1: Awaited<Promise<number>>,
  2: Awaited<Promise<Promise<boolean>>>,
  // 나머지 배열, 속성들
}>
```

0 속성의 타입은 규칙 1번에 따라 string이 되고, 1 속성의 타입은 규칙 2번에 따라 Awaited<number>가 되었다가, 다시 규칙 1번에 따라 number가 됩니다. 2 속성의 타입은 규칙 2번에 따라 Awaited<Promise<boolean>>, Awaited<boolean> 순으로 변하고, 최종적으로 규칙 1번에 따라 boolean이 됩니다.

```
Promise<{
  0: string,
  1: number,
  2: boolean,
  // 나머지 배열, 속성들
}>
```

여기서 await을 붙이면 최종적으로 [string, number, boolean] 타입이 나옵니다.

마지막으로 메서드 체이닝한 Promise의 타입이 어떻게 제대로 추론되는지도 분석해보겠습니다.

```
const chaining = await Promise.resolve('hi') ········ const chaining: boolean | void
  .then(() => {
    return 123;
  })
  .then(() => {
    return true;
  })
  .catch((err) => {
    console.error(err);
  });
export {};
```

then과 catch 메서드의 타입을 다시 보겠습니다.

lib.es5.d.ts

```
interface Promise<T> {
  then<TResult1 = T, TResult2 = never>(
    onfulfilled?: ((value: T) => TResult1 | PromiseLike<TResult1>) | undefined | null,
    onrejected?: ((reason: any) => TResult2 | PromiseLike<TResult2>) | undefined | null
  ): Promise<TResult1 | TResult2>;
  catch<TResult = never>(
    onrejected?: ((reason: any) => TResult | PromiseLike<TResult>) | undefined | null
  ): Promise<T | TResult>;
}
```

일단 Promise.resolve('hi')는 Promise<string> 타입입니다. T 타입 매개변수가 string인 것이
죠. 이후에 then 2개와 catch 1개가 붙어 있으므로 하나씩 살펴보아야 합니다. 첫 번째 then 메서
드의 반환값 타입부터 파악해보겠습니다.

```
const chaining = await Promise.resolve('hi') ········ const chaining: number
  .then(() => {
    return 123;
  })
  ...
```

then에는 TResult1, TResult2 두 개의 타입 매개변수가 있습니다. 이들이 어떻게 추론되는지 확인해야 합니다. then 메서드의 첫 번째 매개변수인 onfulfilled는 함수입니다. 타입이 ((value: T) => TResult1 | PromiseLike<TResult1>)으로 되어 있으므로 PromiseLike가 무엇인지 확인해야 합니다.

---

lib.es5.d.ts

```
interface PromiseLike<T> {
  then<TResult1 = T, TResult2 = never>(
    onfulfilled?: ((value: T) => TResult1 | PromiseLike<TResult1>) | undefined | null,
    onrejected?: ((reason: any) => TResult2 | PromiseLike<TResult2>) | undefined | null
  ): PromiseLike<TResult1 | TResult2>;
}
```

PromiseLike는 Promise 인스턴스의 타입에서 catch 메서드만 제외하고 동일합니다. 따라서 ((value: T) => TResult1 | PromiseLike<TResult1>) 중에서 onfulfilled 함수의 타입은 (value: T) => TResult1이고, onfulfilled의 반환값은 123입니다. 따라서 반환값의 타입인 TResult1 | PromiseLike<TResult1>)에서 TResult1이 number가 됩니다. 123은 Promise가 아니니까요.

then 메서드의 반환값은 Promise<TResult1 | TResult2>이므로 Promise<number | never>이고, 최종적으로 Promise<number>가 됩니다.

```
const chaining = await Promise.resolve('hi') ------ const chaining: boolean
  .then(() => {
    return 123;
  })
  .then(() => {
    return true;
  })
...
```

두 번째 then이 붙을 때는 Promise<number>에 대해 TResult1이 true일 것이므로 Promise<TResult1 | TResult2>는 Promise<boolean>이 됩니다.

이제 catch 메서드가 붙을 때의 타입을 알아봅시다.

..

```
const chaining = await Promise.resolve('hi')  ------ const chaining: boolean | void
  .then(() => {
    return 123;
  })
  .then(() => {
    return true;
  })
  .catch((err) => {
    console.error(err);
  });
export {};
```

catch 메서드의 타입은 다음과 같습니다.

lib.es5.d.ts

```
interface Promise<T> {
  ...
  catch<TResult = never>(
    onrejected?: ((reason: any) => TResult | PromiseLike<TResult>) | undefined | null
  ): Promise<T | TResult>;
}
```

onrejected 함수의 타입은 (reason: any) => TResult | PromiseLike<TResult>입니다. 함수에 반환 값이 없으므로 void 타입이 되고, TResult가 void가 됩니다. catch 메서드의 반환값은 Promise<T | TResult>인데 T는 boolean이고, TResult는 void이므로 Promise<boolean | void>가 됩니다.

여기에 await을 붙이면 Awaited<Promise<boolean | void>>가 되어 규칙 2번에 의해 Awaited<boolean | void>가 되고, 다시 규칙 1번에 의해 boolean | void가 됩니다. 그래서 chaining의 타입이 boolean | void로 추론되는 것입니다.

이렇게 Promise.resolve, Promise.all, 메서드 체이닝의 타입을 분석해보았습니다. 한 가지 알아 두어야 할 점은 Promise 인스턴스가 아니더라도 객체가 { then(onfulfilled: () => any): any } 형식이기만 하면 await을 적용할 수 있다는 점입니다. 구조적 타이핑에 의해 { then(onfulfilled: () => any): any } 객체도 PromiseLike 타입으로 치기 때문입니다.

```
type Result = Awaited<{ then(onfulfilled: (value: string | number) => any): any }>;
           ------ type Result = string | number
```

Awaited에 타입 인수로 제공한 타입은 object & { then(onfulfilled: infer F, ...args: infer _): any를 extends합니다. 따라서 V가 string | number로 추론됩니다.

이는 실제 자바스크립트에서도 마찬가지입니다.

자바스크립트

```
(async () => {
  const thenable = {
    then(onfulfilled) {
      setTimeout(() => onfulfilled(42), 10);
    }
  };
  const v = await thenable; // 42 ------ const v: number
})();
```

thenable 객체는 Promise 인스턴스는 아니지만 await 연산자를 사용해 onfulfilled 함수의 인수를 반환할 수 있습니다. 자바스크립트와 타입스크립트 모두 구조적 타이핑을 적극 활용한다는 점을 기억하세요.

TYPESCRIPT

3.11 / bind 분석하기

이 절에서는 함수의 메서드인 bind를 분석해보겠습니다. bind 메서드에는 수많은 오버로딩이 있습니다. 이 장의 코드는 타입스크립트 5.0.4 버전의 코드입니다. 5.1 버전에서는 bind의 코드가 다릅니다.

우선 다음과 같이 간단한 코드를 작성합시다.

```
function a(this: Window | Document) {
  return this;
}
const b = a.bind(document);
const c = b();
```

bind 메서드에서 마우스 오른쪽 버튼을 클릭해 Go to References 메뉴에 들어가면 다음과 같은
타입을 확인할 수 있습니다.

lib.es5.d.ts

```
interface Function {
  ...
  bind(this: Function, thisArg: any, ...argArray: any[]): any;
  ...
}
interface CallableFunction extends Function {
  ...
  bind<T>(this: T, thisArg: ThisParameterType<T>): OmitThisParameter<T>;
  bind<T, A0, A extends any[], R>(this: (this: T, arg0: A0, ...args: A) => R, thisArg: T,
➡ arg0: A0): (...args: A) => R;
  bind<T, A0, A1, A extends any[], R>(this: (this: T, arg0: A0, arg1: A1, ...args: A)
➡ => R, thisArg: T, arg0: A0, arg1: A1): (...args: A) => R;
  bind<T, A0, A1, A2, A extends any[], R>(this: (this: T, arg0: A0, arg1: A1, arg2: A2,
➡ ...args: A) => R, thisArg: T, arg0: A0, arg1: A1, arg2: A2): (...args: A) => R;
  bind<T, A0, A1, A2, A3, A extends any[], R>(this: (this: T, arg0: A0, arg1: A1, arg2:
➡ A2, arg3: A3, ...args: A) => R, thisArg: T, arg0: A0, arg1: A1, arg2: A2, arg3: A3):
➡ (...args: A) => R;
  bind<T, AX, R>(this: (this: T, ...args: AX[]) => R, thisArg: T, ...args: AX[]):
➡ (...args: AX[]) => R;
  }
interface NewableFunction extends Function {
  ...
  bind<T>(this: T, thisArg: any): T;
  bind<A0, A extends any[], R>(this: new (arg0: A0, ...args: A) => R, thisArg: any,
➡ arg0: A0): new (...args: A) => R;
  bind<A0, A1, A extends any[], R>(this: new (arg0: A0, arg1: A1, ...args: A) => R,
➡ thisArg: any, arg0: A0, arg1: A1): new (...args: A) => R;
  bind<A0, A1, A2, A extends any[], R>(this: new (arg0: A0, arg1: A1, arg2: A2, ...args:
➡ A) => R, thisArg: any, arg0: A0, arg1: A1, arg2: A2): new (...args: A) => R;
  bind<A0, A1, A2, A3, A extends any[], R>(this: new (arg0: A0, arg1: A1, arg2: A2,
➡ arg3: A3, ...args: A) => R, thisArg: any, arg0: A0, arg1: A1, arg2: A2, arg3: A3): new
```

```
(...args: A) => R;
    bind<AX, R>(this: new (...args: AX[]) => R, thisArg: any, ...args: AX[]): new (...args:
AX[]) => R;
}
```

bind 함수의 오버로딩이 13개나 됩니다. CallableFunction은 호출할 수 있는 함수를 의미하고,
NewableFunction은 new를 붙여 호출할 수 있는 함수를 의미합니다. new를 붙여 호출할 수 있는 함
수는 클래스를 의미합니다.

왜 이렇게 많은 오버로딩이 필요하게 되었는지 다양한 테스트 사례로 테스트해봅시다.

```
function add(a = 0, b = 0, c = 0, d = 0, e = 0) {
  return a + b + c + d + e;
}
                        const add0: (a?: number, b?: number, c?:
                        number, d?: number, e?: number) => number
const add0 = add.bind(null);
const add1 = add.bind(null, 1);          const add1: (b?: number | undefined, c?: number | undefined,
const add2 = add.bind(null, 1, 2);       d?: number | undefined, e?: number | undefined) => number
const add3 = add.bind(null, 1, 2, 3);          const add2: (c?: number | undefined, d?: number |
const add4 = add.bind(null, 1, 2, 3, 4);       undefined, e?: number | undefined) => number
const add5 = add.bind(null, 1, 2, 3, 4, 5);        const add3: (d?: number | undefined,
                                                   e?: number | undefined) => number
const add5: (...args: (1 | 2 | 3 | 4 | 5)[]) => number   const add4: (e?: number | undefined) => number
```

메서드가 어떤 오버로딩에 해당하는지 확인하려면 메서드에서 마우스 오른쪽 버튼을 클릭한 후
Peek 〉 Peek Definition을 차례로 선택하면 됩니다.

▼ 그림 3-4 Peek Definition 사용하기

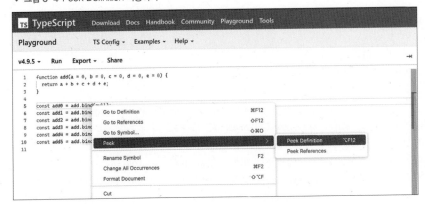
```

228
```

선택하면 해당하는 오버로딩이 하이라이트됩니다.

▼ 그림 3-5 add0 Peek Definition하기

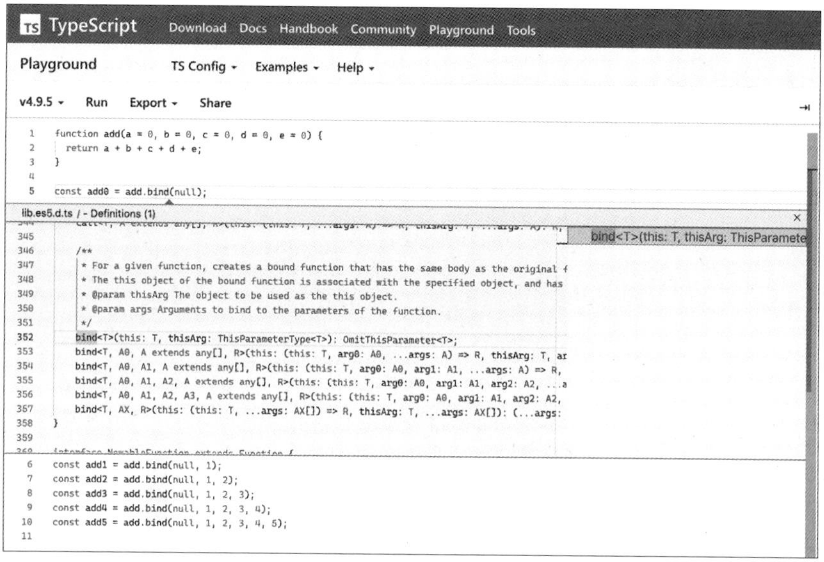

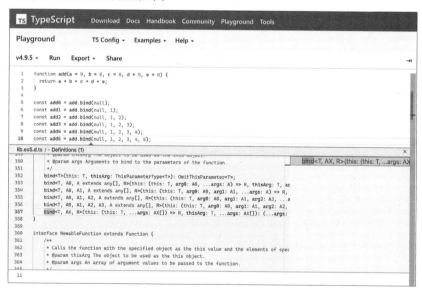

▼ 그림 3-6 add5 Peek Definition하기

add0의 경우에는 bind 후에 다음과 같이 호출할 수 있습니다.

```
...
const add0 = add.bind(null);
add0(1, 2, 3, 4, 5); // 15
```

add0의 bind는 인수가 한 개이므로 CallableFunction의 첫 번째 bind 선언에 해당합니다. 타입은
다음과 같습니다.

lib.es5.d.ts

```
interface CallableFunction extends Function {
  ...
  bind<T>(this: T, thisArg: ThisParameterType<T>): OmitThisParameter<T>;
  ...
}
```

먼저 this인 T는 (a?: number, b?: number, c?: number, d?: number, e?: number) => number 꼴의
함수입니다. 분석을 이어가기 위해서는 ThisParameterType과 OmitThisParameter 타입이 무엇인
지 알아보아야 합니다. 둘 다 lib.es5.d.ts에 선언되어 있습니다.

lib.es5.d.ts

```
type ThisParameterType<T> = T extends (this: infer U, ...args: never) => any ? U :
unknown;

type OmitThisParameter<T> = unknown extends ThisParameterType<T> ? T : T extends
(...args: infer A) => infer R ? (...args: A) => R : T;
```

ThisParameterType<T>는 T가 함수이면, this를 infer해서 가져오고, infer할 수 없다면 unknown
이 되는 타입입니다. OmitThisParameter<T> 타입은 ThisParameterType이 unknown이면 T가 되고,
T가 (...args: infer A) => infer R 꼴의 함수이면 (...args: A) => R 꼴의 함수가 됩니다. 함수의
타입이 똑같아 보이나요? 하지만 ThisParameterType<T>가 unknown이 아니라는 것은 함수에 this
타입이 존재한다는 뜻입니다. OmitThisParameter의 함수는 기존 함수에서 this 타입을 제거한 함
수입니다.

this를 제거해야 하는 이유는 다음 코드에서 확인할 수 있습니다.

```typescript
interface CallableFunction {
  myBind<T>(this: T, thisArg: ThisParameterType<T>): T;
}
function myAdd(this: number, a = 0, b = 0) {
  return this + a + b;
}
const myAdd0 = myAdd.myBind(5); ┈┈┈┈┈ const myAdd0: (this: number, a?: number, b?: number) => number
myAdd0(3, 4); ┈┈┈┈┈ The 'this' context of type 'void' is not assignable to method's 'this' of type 'number'.
```

myBind라는 OmitThisParameter를 사용하지 않는 임의의 메서드를 만들어보았습니다. bind 메서드와는 반환값 타입만 다릅니다.

이 코드는 자바스크립트에서는 아무런 문제가 없습니다. 그런데 myAdd0(3, 4)를 할 때 this가 void라고 에러가 발생합니다. 이미 this 자리에 5를 bind했기에 myAdd0 함수는 더 이상 this가 필요하지 않습니다. 그래서 OmitThisParameter로 this를 제거한 함수 타입을 사용하는 것입니다.

이번에는 add1 함수를 분석해보겠습니다.

```typescript
...
const add1 = add.bind(null, 1);
add1(2, 3, 4, 5);
add1(2, 3, 4, 5, 6); // 15 ┈┈┈┈┈ Expected 0-4 arguments, but got 5.
```

add1 함수는 this가 null이고 첫 번째 매개변수가 1로 bind되어 있습니다. 따라서 인수는 4개(b, c, d, e)까지만 받으면 됩니다. 인수를 5개 넣으면 에러가 발생합니다. 어떻게 인수를 4개까지만 넣어야 하는지 알 수 있을까요? add1 함수의 bind는 다음과 같은 타입입니다.

lib.es5.d.ts

```typescript
interface CallableFunction extends Function {
  ...
  bind<T, A0, A extends any[], R>(this: (this: T, arg0: A0, ...args: A) => R, thisArg: T,
  arg0: A0): (...args: A) => R;
  ...
}
```

add0에 비해 매개변수가 하나 더 추가되었을 뿐인데 타입이 많이 달라졌습니다. ThisParameter Type과 OmitThisParameter를 아예 쓰지 않았습니다.

우선 bind의 thisArg인 T는 null이고, arg0인 A0은 1입니다. 이러면 자연스럽게 this는 (this: null, arg0: 1, ...args: A) => R이 됩니다. 여기서 다시 타입 추론하는데요. A는 첫 번째 매개변수를 제외한 나머지 매개변수의 튜플이므로, A는 [b?: number | undefined, c?: number | undefined, d?: number | undefined, e?: number | undefined]이고 R은 number라는 사실을 알게 됩니다.

반환값의 타입은 (...args: A) => R이므로 최종적으로 add1은 (b?: number | undefined, c?: number | undefined, d?: number | undefined, e?: number | undefined) => number 함수가 됩니다.

add2, add3, add4도 이런 식으로 인수의 개수를 줄일 수 있습니다. add2는 인수를 3개까지 받을 수 있고, add3는 2개, add4는 1개까지만 가능합니다. 그런데 add5의 경우는 다릅니다. 규칙대로라면 add5는 0개의 인수를 받아야 하는데 다음 코드처럼 인수를 받아도 에러가 발생하지 않습니다.

```
...
const add2 = add.bind(null, 1, 2);
add2(3, 4, 5);
const add3 = add.bind(null, 1, 2, 3);
add3(4, 5);
const add4 = add.bind(null, 1, 2, 3, 4);
add4(5);
const add5 = add.bind(null, 1, 2, 3, 4, 5);
add5(5);
```

에러가 발생하지 않는 이유는, add5에서는 bind의 타입이 다르기 때문입니다.

```
interface CallableFunction extends Function {
  ...
    bind<T, AX, R>(this: (this: T, ...args: AX[]) => R, thisArg: T, ...args: AX[]):
(...args: AX[]) => R;
  ...
  }
```

add5의 경우 thisArg인 T는 null이고, ...args인 AX[]는 (1 | 2 | 3 | 4 | 5)[]로 추론됩니다. 따라서 this는 (this: null, ...args: (1 | 2 | 3 | 4 | 5)[]) => number인 함수가 되고, bind의 반환값

인 add5는 (...args: (1 | 2 | 3 | 4 | 5)[]) => number 꼴의 함수가 됩니다. 그래서 add5에 인수를 제공할 수 있게 된 것입니다.

그렇다면 왜 add1, add2, add3, add4처럼 타이핑하지 않았을까요? 사실 add1, add2, add3, add4와 똑같이 타이핑하는 게 정확한 타입입니다. 정확한 add5 타입을 만들어보겠습니다.

```typescript
interface CallableFunction {
    myBind<T, A0, A1, A2, A3, A4, A extends any[], R>(this: (this: T, arg0: A0, arg1: A1,
➡ arg2: A2, arg3: A3, arg4: A4, ...args: A) => R, thisArg: T, arg0: A0, arg1: A1, arg2:
➡ A2, arg3: A3, arg4: A4): (...args: A) => R;
  }
  function myAdd(a = 0, b = 0, c = 0, d = 0, e = 0) {
    return a + b + c + d + e;
  }
  const myAdd5 = myAdd.myBind(null, 1, 2, 3, 4, 5);
  myAdd5(5); ······· Expected 0 arguments, but got 1.
```

myBind의 타입이 5개 인수를 bind할 수 있도록 만들었습니다. 이제 myAdd5 함수에는 인수를 제공할 수 없습니다.

그런데 여기서 이러한 방식의 문제를 눈치챌 수 있습니다. 인수가 6개일 때, 인수가 7개일 때, ..., 인수가 100개일 때와 같이 인수의 개수별로 타입을 미리 만들어야 한다는 점입니다. 인수 개수는 무한할 수 있으므로 일일이 타이핑하기란 사실상 불가능합니다.

그래서 타입스크립트는 인수가 4개일 때까지만 대응하고 5개일 때부터는 정확한 타입을 제공하지 않기로 결정한 것입니다. 실무에서 인수를 5개 이상 bind하는 경우가 흔치 않기 때문에 4개까지만 하기로 타협을 본 것이죠. flat 메서드에서 Depth가 21일 때까지만 대비하게 타협한 것과 비슷합니다.

NewableFunction의 bind 타입도 대부분 비슷합니다.

lib.es5.d.ts

```typescript
interface NewableFunction extends Function {
  ...
  bind<T>(this: T, thisArg: any): T;
  bind<A0, A extends any[], R>(this: new (arg0: A0, ...args: A) => R, thisArg: any,
➡ arg0: A0): new (...args: A) => R;
  bind<A0, A1, A extends any[], R>(this: new (arg0: A0, arg1: A1, ...args: A) => R,
➡ thisArg: any, arg0: A0, arg1: A1): new (...args: A) => R;
```

```
    bind<A0, A1, A2, A extends any[], R>(this: new (arg0: A0, arg1: A1, arg2: A2, ...args:
➡  A) => R, thisArg: any, arg0: A0, arg1: A1, arg2: A2): new (...args: A) => R;
    bind<A0, A1, A2, A3, A extends any[], R>(this: new (arg0: A0, arg1: A1, arg2: A2,
➡  arg3: A3, ...args: A) => R, thisArg: any, arg0: A0, arg1: A1, arg2: A2, arg3: A3): new
➡  (...args: A) => R;
    bind<AX, R>(this: new (...args: AX[]) => R, thisArg: any, ...args: AX[]): new (...args:
➡  AX[]) => R;
  }
```

매개변수가 하나인 bind의 타입이 다르고(ThisParameterType과 OmitThisParameter를 사용하지 않음) 함수 타입에 new가 붙었다는 점, thisArg가 any라는 점을 제외하면 거의 동일합니다. 그렇다면 매개변수가 하나일 때는 왜 ThisParameterType과 OmitThisParameter를 사용하지 않았을까요?

다음 코드를 보세요.

```
class A {
  a: number;
  constructor(a: number) {
    this.a = a;
  }
}
const A0 = A.bind(null); ······· const A0: typeof A
const a0 = new A0(1);
const A1 = A.bind(null, 1); ······· const A1: new () => A
const a1 = new A1();
```

클래스에 bind한 모습입니다. this를 null로 bind했음에도 아무 영향이 없습니다. 자바스크립트에서 클래스는 this를 bind하는 것을 무시합니다. 따라서 ThisParameterType이나 OmitThisParameter가 필요하지 않습니다. thisArg는 값을 무시하므로 any일 수 있습니다. 다른 것은 CallableFunction과 동일합니다.

이렇게 bind 메서드를 분석해보았습니다. 모든 상황에 대비할 수 없기에 어느 정도 현실과 타협한 타입들이 타입스크립트에 존재한다는 것을 기억하세요. 타입스크립트 5.1 버전에서는 bind 함수가 개선되었으니 체크해보세요

> Note ☰ **bind, call, apply의 타입 체크**
> bind, call, apply의 타입은 strict 옵션이 활성화되어 있을 때만 검사합니다. 구체적으로는 strictBindCallApply 옵션입니다. 이 옵션 체크박스를 해제하면 bind, call, apply의 타입을 검사하지 않습니다.

4 ^장

타입스크립트
프로젝트 설정하기

4.1 개발 환경 설정하기

1.2절의 마지막 문단에서 타입스크립트로 복잡한 서비스를 개발하려면 플레이그라운드를 사용하는 것이 아니라 타입스크립트 실행 환경을 설정해야 한다고 했습니다. 플레이그라운드도 사용하겠지만 미리 환경 설정을 해놓겠습니다.

타입스크립트를 자신의 컴퓨터에서 실행하려면 노드와 npm, 코드 에디터를 설치해야 합니다. 타입스크립트는 npm을 통해 설치하는데, npm은 노드를 설치할 때 같이 설치되기 때문입니다. 코드 에디터로는 비주얼 스튜디오 코드(Visual Stuido Code, 이하 VS Code) 에디터를 설치합니다. 다른 에디터를 사용해도 되지만, 무료 에디터 중에는 VS Code를 추천합니다. 마이크로소프트사가 VS Code와 타입스크립트를 둘 다 만들었으므로 호환성이 좋습니다.

4.1.1 노드 설치하기

윈도와 macOS 운영체제에 노드를 설치해보겠습니다. 윈도와 macOS는 GUI를 사용하므로 웹 브라우저를 통해 설치합니다.

윈도

이 책은 윈도11을 기준으로 합니다. 먼저 노드 공식 사이트[1]에 접속합니다.

---

1 https://nodejs.org/ko

▼ 그림 4-1 노드의 공식 사이트 접속

LTS와 현재(Current) 버전이 있는데 LTS인 버전을 설치합니다.

Note ☰　2023년 10월 이후에는 18 버전이 아닌 다른 버전이 LTS로 되어 있을 것입니다. 그 경우에도 LTS 버전을 설치합니다.

Note ☰　**LTS와 Current 버전의 차이**

- Current: 6개월마다 새로 출시되는 최신 기능을 담고 있는 버전입니다. 서버에 새로 나온 기능이 필요하거나 학습용으로 사용할 때 설치하면 됩니다. Current 버전 중에 짝수 버전은 나중에 LTS 버전이 됩니다. 18 버전 이전에는 17 버전도 있었습니다. 하지만 홀수 버전은 LTS를 지원하지 않으므로 18 버전이 나오면서 17 버전은 사라졌습니다. 20 버전이 나오면 19 버전은 홀수라서 사라집니다. 그래서 LTS에는 18 버전, Current에는 20 버전으로 표시됩니다.

- LTS: 기업을 위해 3년간 지원하는 버전입니다. Current 버전 중 짝수 버전만 LTS 버전이 될 수 있습니다. 서버를 안정적으로 운영해야 할 경우 선택하면 됩니다. 지원 기간이 끝날 때 즈음에는 다음 최신 LTS 버전으로 이전하면 됩니다.

내려받은 파일을 클릭하여 Node.js Setup Wizard를 실행합니다. 실행 화면이 나오면 Next 버튼을 누릅니다.

▼ 그림 4-2 Setup Wizard 실행

End-User License Agreement 화면이 나오면 약관에 동의한다는 뜻으로 체크박스에 표시하고 Next 버튼을 눌러 다음으로 넘어갑니다.

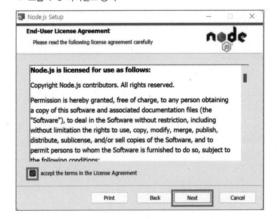

▼ 그림 4-3 라이선스 동의

Destination Folder 화면에서는 노드를 설치할 폴더 경로를 정합니다. 따로 변경하지 않고 기본 경로 그대로 진행하겠습니다. Next 버튼을 누릅니다.

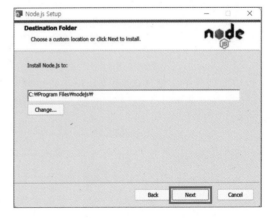

▼ 그림 4-4 노드를 설치할 경로 지정

Custom Setup 화면에서는 Setup Wizard가 설치할 프로그램을 고를 수 있습니다. 위에서부터 순서대로 노드 런타임, 코어팩 관리자, 노드 패키지 관리자, 온라인 문서 바로 가기, PATH 시스템 환경 변수입니다. 모두 설치할 것이므로 별도 작업 없이 Next 버튼을 눌러 다음으로 넘어갑니다.

▼ 그림 4-5 설치할 프로그램 선택

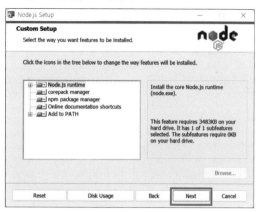

Tools for Native Modules 화면은 노드의 원활한 실행을 위해서 필요한 도구를 추가로 설치할지를 묻는 화면입니다. 체크박스에 표시하고 Next 버튼을 클릭해 다음으로 넘어갑니다.

▼ 그림 4-6 필요 도구 설치

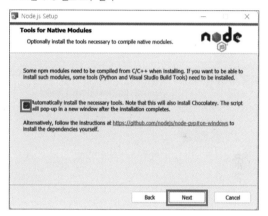

Ready to install Node.js 화면에서 Install 버튼을 눌러 설치를 시작합니다.

▼ 그림 4-7 설치 시작

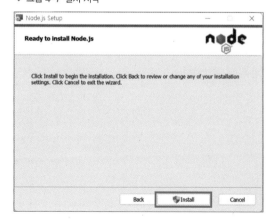

사용자 계정 컨트롤 창이 뜨는데 **예** 버튼을 누르면 설치가 시작됩니다.

▼ 그림 4-8 사용자 계정 컨트롤 창

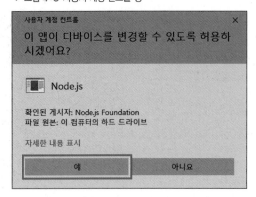

Completed the Node.js Setup Wizard 화면이 나오면 **Finish** 버튼을 눌러 설치를 마칩니다.

▼ 그림 4-9 설치 완료

노드 설치가 끝나면 Install Additional Tools for Node.js 화면이 뜹니다. 아무 키나 눌러서 설치를 진행합니다.

▼ 그림 4-10 추가 도구 설치

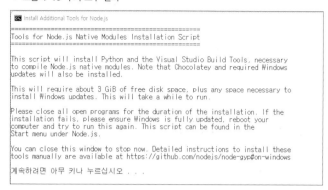

아무 키나 누르면 파워셸 창이 뜨고 설치가 시작됩니다.

▼ 그림 4-11 파워셸 창

이번에도 사용자 계정 컨트롤 창이 뜨는데 **예** 버튼을 누릅니다.

▼ 그림 4-12 사용자 계정 컨트롤 창

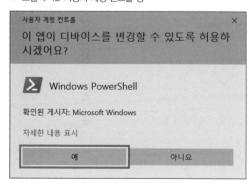

설치가 끝나면 Type ENTER to exit:이 표시됩니다. [Enter] 키를 누르면 파워셸 창이 꺼집니다.

▼ 그림 4-13 추가 도구 설치 완료

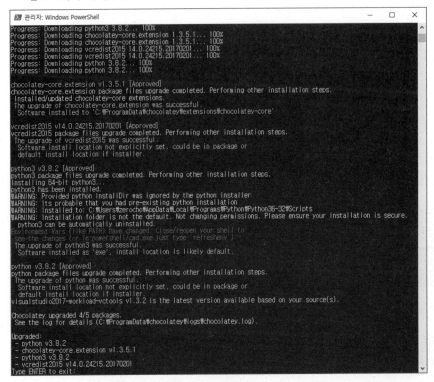

정상적으로 노드를 설치했는지 확인하는 방법이 있습니다. [⊞]+[S] 키를 누르면 나오는 검색창에 cmd를 입력합니다. 결과 목록 중 명령 프롬프트를 실행합니다.

❤ 그림 4-14 명령 프롬프트 실행

다음과 같이 명령 프롬프트 창이 열립니다.

❤ 그림 4-15 명령 프롬프트 창

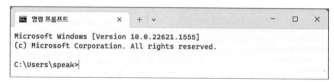

다음 명령어를 입력해서 노드가 올바르게 설치되었는지 확인합니다.

명령 프롬프트

```
node -v
v18.16.0
```

타입스크립트를 설치하기 위해 npm을 사용해야 하므로 npm도 제대로 설치되었는지도 확인합니다.

명령 프롬프트

```
npm -v
9.5.1
```

버전이 이 책과 다를 수 있지만, 명령 프롬프트 창에 npm의 버전이 표시된다면 잘 설치된 것입니다. 노드나 npm의 버전이 뜨지 않고 에러 메시지가 나온다면 노드를 처음부터 다시 설치해야 합니다.

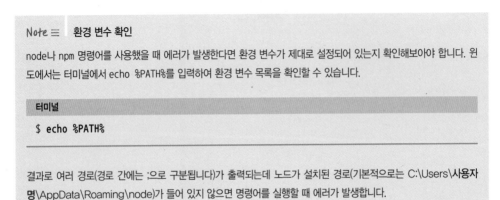

Note ≡ 환경 변수 확인

node나 npm 명령어를 사용했을 때 에러가 발생한다면 환경 변수가 제대로 설정되어 있는지 확인해보아야 합니다. 윈도에서는 터미널에서 echo %PATH%를 입력하여 환경 변수 목록을 확인할 수 있습니다.

터미널

```
$ echo %PATH%
```

결과로 여러 경로(경로 간에는 ;으로 구분됩니다)가 출력되는데 노드가 설치된 경로(기본적으로는 C:\Users**사용자명**\AppData\Roaming\node)가 들어 있지 않으면 명령어를 실행할 때 에러가 발생합니다.

macOS

이 책은 벤투라(13.0)를 기준으로 합니다. 노드 공식 사이트[2]에 접속합니다.

▼ 그림 4-16 노드 공식 사이트 접속

---

2 https://nodejs.org/ko

LTS와 현재(Current) 버전이 있는데 LTS인 버전을 설치합니다.

LTS 버튼을 누르면 pkg 파일을 내려받습니다. 내려받은 pkg 파일을 실행한 후 **계속(Continue)** 버튼을 누릅니다.

▼ 그림 4-17 pkg 파일 실행

사용권 계약 화면에서도 **계속** 버튼을 누르고, 약관 동의 팝업이 나오면 **동의** 버튼을 누릅니다.

▼ 그림 4-18 약관 동의 팝업

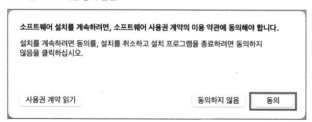

설치 유형 화면에서는 **설치** 버튼을 눌러 설치합니다. macOS 비밀번호 입력 창이 뜨는데 macOS 사용자의 암호를 입력하고 **소프트웨어 설치** 버튼을 누릅니다.

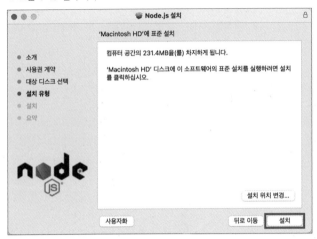

요약 화면이 나오고 설치가 성공적으로 완료되었다는 메시지가 보이면 **닫기**(Close) 버튼을 눌러 설치를 마칩니다.

▼ 그림 4-20 설치 완료

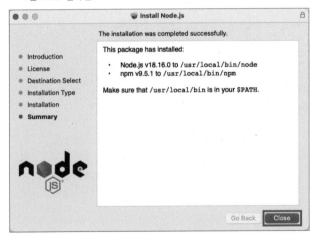

정상적으로 설치되었는지 확인하기 위해 터미널을 실행합니다. command + space 키를 눌러 Spotlight를 실행한 후 terminal.app을 입력하고 Enter를 누릅니다.

▼ 그림 4-21 터미널 실행하여 명령어 입력

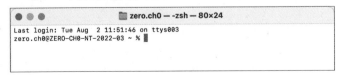

다음 명령어를 입력해서 노드가 올바르게 설치되었는지 확인합니다.

터미널

```
$ node -v
v18.16.0
```

타입스크립트를 설치하기 위해 npm을 사용해야 하므로 npm이 제대로 설치되었는지도 확인합니다.

터미널

```
$ npm -v
9.5.1
```

버전이 이 책과 다를 수 있지만, 명령 프롬프트 창에 npm의 버전이 표시된다면 잘 설치된 것입니다. 노드나 npm의 버전이 뜨지 않고 에러 메시지가 나온다면 노드를 처음부터 다시 설치해야 합니다.

Note ≡ **환경 변수 확인**

node나 npm 명령어를 사용했을 때 에러가 발생한다면 환경 변수가 제대로 설정되어 있는지 확인해보아야 합니다. macOS에서는 터미널에서 echo $PATH를 입력하여 환경 변수 목록을 확인할 수 있습니다.

터미널

```
$ echo $PATH
```

결과로 여러 경로(경로 간에는 :으로 구분됩니다)가 출력되는데 노드가 설치된 경로(기본적으로는 /usr/bin 또는 /usr/local/bin)가 들어 있지 않으면 명령어를 실행할 때 에러가 발생합니다. 다음 명령어를 사용해서 PATH 환경 변수에 노드 설치 경로를 추가하면 됩니다.

터미널

```
$ export PATH=$PATH:노드 설치 경로
```

다시 echo $PATH를 실행하여 노드 설치 경로가 제대로 들어갔는지 확인합니다. 제대로 들어 있다면 터미널을 다시 실행할 때 node와 npm 명령어가 동작할 것입니다. 환경 변수에 들어 있는데도 동작하지 않는다면 노드를 처음부터 다시 설치하세요.

4.1.2 Visual Studio Code 설치하기

Visual Studio Code(이하 VS Code)는 마이크로소프트사에서 만든 소스 코드 편집기입니다. 무료로 사용할 수 있으며, 타입스크립트 언어를 잘 지원합니다(타입스크립트 언어도 마이스크로스프트사에서 개발했기 때문이죠).

윈도

윈도에 VS Code를 설치해봅시다. 먼저 VS Code의 공식 사이트[3]에 접속합니다. **Download for Windows** 버튼을 누르면 자동으로 내려받기가 실행됩니다.

▼ 그림 4-22 VS Code의 공식 사이트

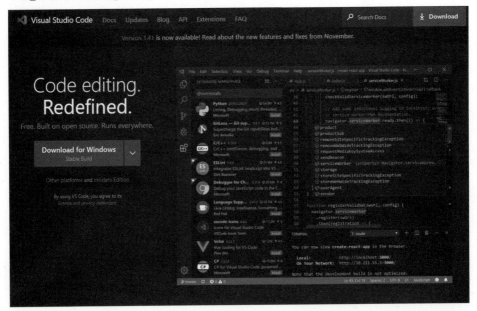

---

3 https://code.visualstudio.com

▼ 그림 4-23 내려받기 시작 화면

내려받기가 완료되면 exe 파일을 실행합니다. 사용권 계약 화면이 나오면 **계약에 동의함** 라디오
버튼을 누르고 **다음** 버튼을 눌러 넘어갑니다.

▼ 그림 4-24 VS Code 설치 화면

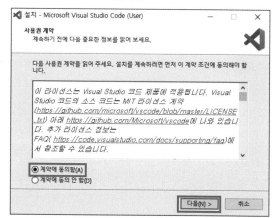

사용권 계약 후 대상 위치 선택 화면과 시작 메뉴 폴더 선택 화면에서 계속 **다음** 버튼을 눌러 넘어가다가, 추가 작업 선택 화면에서 모두 체크한 후 **다음** 버튼을 눌러 진행합니다.

▼ 그림 4-25 추가 작업 선택

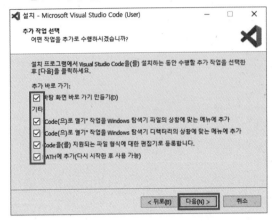

사용자 계정 컨트롤에서 앱 실행을 허용할지를 묻습니다. **예** 버튼을 누릅니다. 설치 화면이 뜨면 계속 다음 버튼을 눌러 진행하다가, **설치** 버튼이 나오면 클릭하여 설치를 시작합니다.

▼ 그림 4-26 설치 버튼을 클릭하여 설치 시작

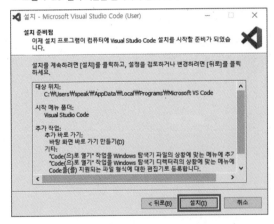

설치 완료 화면에서 Visual Studio Code 시작 체크박스에 표시한 채로 **마침** 버튼을 누르면 VS Code가 시작됩니다.

▼ 그림 4-27 설치 완료 화면

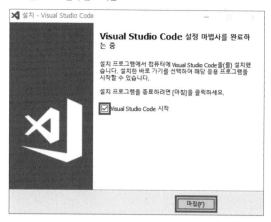

윈도에서 VS Code를 실행한 화면입니다. **New file**(새 파일)을 눌러서 새로운 파일에서 코드를 작성하거나 **Open Folder**(폴더 열기)를 눌러서 기존 소스가 있는 폴더를 선택할 수 있는데, 나중에 VS Code를 사용해 프로젝트를 진행할 때 다시 설명하겠습니다.

▼ 그림 4-28 VS Code 실행 화면

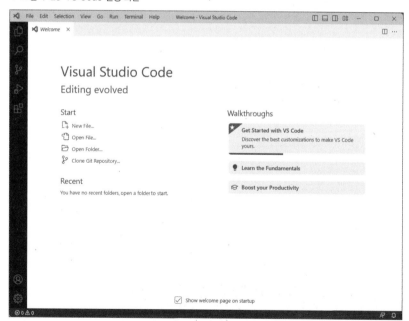

macOS

macOS에 VS Code를 설치해봅시다. VS Code의 공식 사이트[4]에 접속합니다. **Download Mac Universal** 버튼을 누르면 자동으로 내려받기가 실행됩니다.

▼ 그림 4-29 VS Code의 공식 사이트

▼ 그림 4-30 내려받기 시작 화면

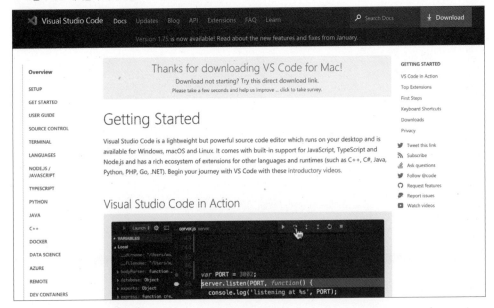

내려받기가 완료되면 파일을 클릭하여 압축을 해제합니다. 그리고 나서 압축 해제한 파일을 실행합니다. 경고창이 뜨면 **열기** 버튼을 누릅니다.

▼ 그림 4-31 경고창

다운로드 폴더의 파일에 접근하려고 한다는 메시지가 나오면 **확인** 버튼을 누릅니다.

▼ 그림 4-32 다운로드 폴더 파일 접근 허용

macOS에서 VS Code를 실행한 화면입니다. **Open…** 버튼을 눌러서 기존 소스가 있는 폴더를 선택할 수 있는데, 나중에 VS Code를 사용해서 프로젝트를 진행할 때 다시 설명하겠습니다.

▼ 그림 4-33 VS Code 실행 화면

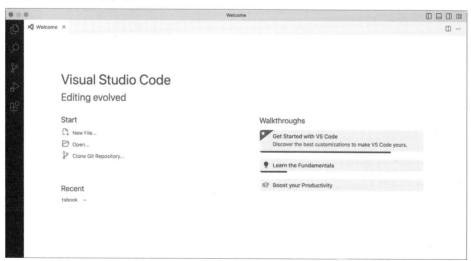

4.1.3 타입스크립트 설치하기

타입스크립트를 설치하는 방법은 매우 간단합니다. 노드와 npm이 정상적으로 설치되었다면 npm을 통해 설치할 수 있습니다. 먼저 사용자 폴더 아래에 tsbook 폴더를 생성합니다. 사용자 폴더는 윈도라면 C:\Users\사용자이름일 것이고, macOS라면 /Users/사용자이름일 것입니다.

VS Code에서 터미널을 열어 다음 명령어를 순서대로 입력합니다. 터미널을 열려면 상단의 Terminal 메뉴에서 **New Terminal**을 선택하거나 ctrl + ` 키를 누르면 됩니다.

터미널

```
(윈도의 경우)
$ cd C:\Users\사용자이름\tsbook

(macOS의 경우)
$ cd /Users/사용자이름/tsbook

$ npm i typescript
added 1 package in 1s
```

타입스크립트가 설치되었습니다!

▼ 그림 4-34 tsbook 폴더 내부 모습

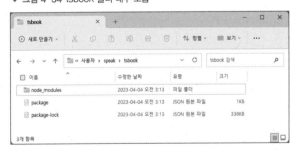

타입스크립트가 제대로 설치되었는지, 버전은 무엇인지 알기 위해서는 다음 명령어를 입력하면 됩니다.

터미널

```
$ npm ls typescript
`-- typescript@5.0.4
```

타입스크립트 버전이 뜬다면 설치 성공입니다. 이 책과 버전은 다를 수 있지만 5.0 버전 이상이면 실습에 문제가 없습니다.

특정 버전을 설치하고 싶다면 다음과 같이 @ 뒤에 버전까지 함께 입력하면 됩니다.

터미널

```
$ npm i typescript@5.0.4
```

Note ≡ **타입스크립트의 버전 규칙**

npm 패키지는 버전이 세 자리로 구성되어 있습니다. 첫 번째 자리는 major, 두 번째 자리는 minor, 세 번째 자리는 patch라고 부릅니다. 각 자리의 숫자를 올릴 때는 지켜야 할 규칙이 있습니다.

대부분의 npm 패키지는 SemVer라는 규칙을 따릅니다. 첫 번째 자리는 하위호환성이 없는 업데이트인 경우, 두 번째 자리는 하위호환성이 있는 업데이트인 경우, 세 번째 자리는 단순한 패치인 경우에 올립니다. 하위호환성이란 이전 버전의 코드가 새로운 버전에서도 잘 실행되는지를 의미합니다. SemVer 규칙을 따른다면 3.6.0 버전의 코드는 3.7.0 버전에서도 잘 돌아가야 하지만, 3.0.0 버전의 코드는 4.0.0 버전에서는 돌아가지 않을 수도 있습니다.

타입스크립트는 SemVer 규칙을 따르지 않습니다. 타입스크립트의 버전은 두 번째 자리까지 하위호환성을 갖지 않아서 3.5.0 버전의 코드는 3.6.0 버전에서 돌아가지 않을 수 있습니다. 이 책은 5.0.4 버전의 타입스크립트를 사용하고 있는데, 나중에 5.0.5 버전으로 업데이트해도 기존 코드가 정상적으로 돌아갑니다. 그러나 5.1.0 버전으로 업데이트하면 기존 코드가 정상적으로 돌아가지 않을 수 있으니, 이 점을 참고하기 바랍니다.

lib.es5.d.ts 파일은 node_modules/typescript/lib 폴더 내부에 있습니다.

▼ 그림 4-35 node_modules/typescript/lib 폴더

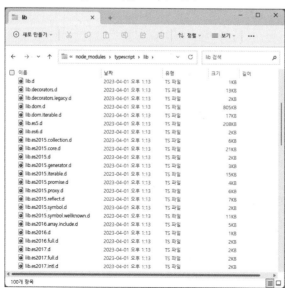

이 폴더에는 lib.es5.d.ts뿐만 아니라 자바스크립트 버전별 변경 사항에 대한 타입이 들어 있는 lib.es(버전).d.ts와 브라우저 DOM 객체의 타입이 정리된 lib.dom.d.ts 등이 있습니다. 모든 파일을 공부할 필요는 없고 해당 타입이 쓰일 때 파일로 이동해서 공부하면 됩니다.

이제 tsbook 폴더를 VS Code 에디터로 열어봅시다. VS Code를 실행합니다.

▼ 그림 4-36 VS Code를 실행한 모습

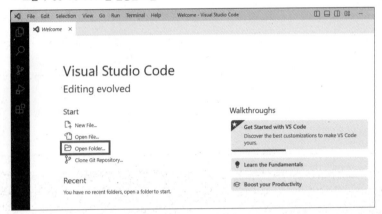

VS Code에서 Start 섹션에 있는 **Open Folder**를 클릭하고 tsbook 폴더를 선택합니다.

▼ 그림 4-37 tsbook 폴더 선택

폴더를 처음 열면 'Do you trust the authors of the files in this folder?'라는 모달창이 뜹니다. **Yes, I trust the authors** 버튼을 클릭합니다. 버튼 위에 있는 체크박스는 체크하지 않아도 됩니다.

▼ 그림 4-38 Yes, I trust the authors 버튼 클릭

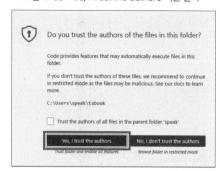

폴더를 열면 좌측에 폴더와 내부 파일의 모습이 보입니다. 파일을 클릭해 내용을 확인할 수 있습니다.

▼ 그림 4-39 VS Code로 tsbook 폴더를 연 모습

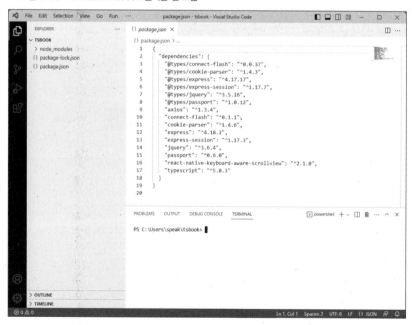

4.2 타입스크립트 지원 패키지인지 파악하기

자바스크립트나 타입스크립트로 개발할 때는 다른 사람이 만든 라이브러리나 프레임워크를 많이 사용합니다. 라이브러리나 프레임워크는 주로 npm(Node Package Manager) 저장소에 있습니다. npm에 저장되어 있는 라이브러리나 프레임워크를 통틀어 패키지(package)라고 부릅니다.

npm 저장소에는 자바스크립트 패키지와 타입스크립트 패키지가 섞여 있습니다. 타입스크립트에서도 자바스크립트 패키지를 사용할 수는 있지만 타입 지원을 받지 못하는 매우 큰 단점이 있습니다. 모든 타입이 any가 되어버립니다. any는 타입스크립트에서 지양해야 할 타입인 만큼 가능한 한 타입스크립트를 지원하는 패키지를 사용하는 것이 좋습니다.

타입스크립트를 지원하는 패키지인지는 npm의 공식 사이트인 npmjs.com에서 확인할 수 있습니다. 패키지 이름으로 검색해보면 패키지가 타입스크립트를 지원하는지 알 수 있습니다.

axios를 검색해보겠습니다.[5]

▼ 그림 4-40 자체적으로 타입스크립트를 지원하는 axios

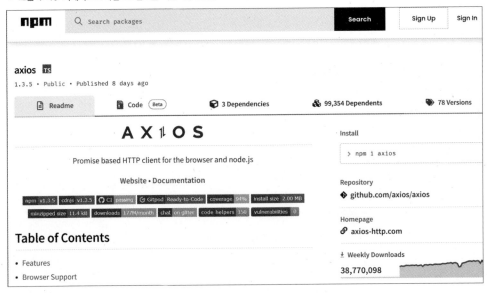

---

5 https://npmjs.com/package/axios

axios 이름 우측에 TS 마크(파란색 배경에 흰색 글자)가 붙어 있습니다. 현재 패키지가 자체적으로 타입스크립트를 지원한다는 것을 나타내는 것으로, 타입스크립트에서 사용할 때 타입 지원을 받을 수 있습니다.

이번에는 react 패키지를 검색해보겠습니다.[6]

▼ 그림 4-41 커뮤니티 타입을 제공하는 react

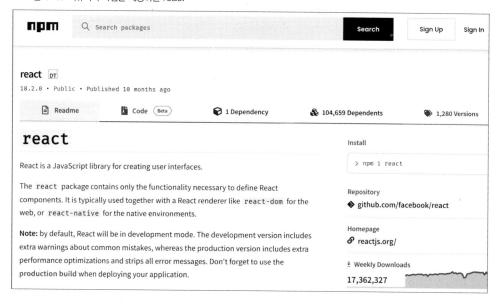

react 이름 우측에는 DT 마크(흰 배경에 파란색 글자)가 붙어 있습니다. 현재 패키지가 타입스크립트를 지원하지는 않지만 타입스크립트 커뮤니티에서 타입을 지원한다는 의미입니다. 타입스크립트 커뮤니티는 타입스크립트 사용자들의 모임을 의미하는 것으로, 타입스크립트를 지원하지 않는 패키지들을 위해 DefinitelyTyped[7]에 커뮤니티 타입을 만들어 제공하고 있습니다.

npm에서는 패키지 이름 앞에 @types/를 붙여 설치할 수 있습니다. 예를 들어 react 패키지라면 @types/react 패키지를 같이 설치하면 타입 지원을 받을 수 있는 것입니다. @loadable/component 처럼 처음부터 @(네임스페이스)가 붙어 있는 패키지라면 @types/@loadable/component가 아니라 @types/loadable__component 이름으로 설치하면 됩니다. 즉, 다음과 같은 형식입니다.

---

6   https://npmjs.com/package/react

7   https://github.com/DefinitelyTyped/DefinitelyTyped

- @types/패키지이름

- @types/네임스페이스__패키지이름

자체적으로 타입스크립트를 지원하지 않는 패키지 중에 유명한 패키지들은 대부분 타입스크립트 커뮤니티에서 커뮤니티 타입을 제공합니다. 따라서 요즘에는 타입 지원이 없어 패키지를 사용하기 힘든 상황은 거의 발생하지 않습니다.

타입을 지원하지 않는 패키지나 타입에 오류가 있는 패키지를 발견한다면, 타입스크립트를 사용하는 누구나 DefinitelyTyped에 기여할 수 있습니다(기여 방법은 DefinitelyTyped 공식 사이트에 자세히 나와 있습니다[8]).

이번에는 react-native-keyboard-aware-scrollview 패키지를 검색해보겠습니다.[9]

▼ 그림 4-42 타입스크립트를 지원하지 않는 react-native-keyboard-aware-scrollview

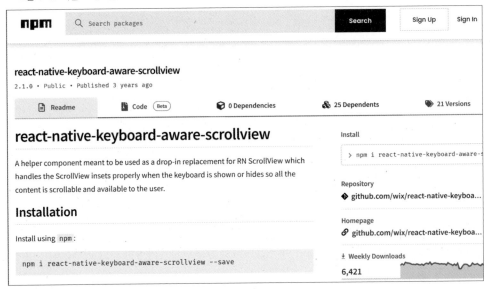

이름 우측에 아무런 표시도 붙어 있지 않습니다. 자체적으로 타입스크립트를 지원하지도 않고 커뮤니티 타입도 존재하지 않는다는 뜻입니다. 이처럼 타입스크립트를 지원하지 않는 패키지도 있습니다. 이러한 패키지를 사용하려면 직접 타입을 추가해야 합니다. 10장에서 직접 타이핑해보겠습니다.

---

8 https://github.com/DefinitelyTyped/DefinitelyTyped

9 https://npmjs.com/package/react-native-keyboard-aware-scrollview

4.3 tsc와 tsconfig.json

다음 장부터 jQuery 라이브러리의 타입을 분석할 텐데 그에 앞서 타입스크립트 프로젝트를 설정하는 방법에 대해 알아보겠습니다.

VS Code 터미널을 열어 다음 명령어를 입력합니다. tsbook 폴더 안에 jquery 폴더를 만들고, 그 폴더를 타입스크립트 프로젝트로 만드는 명령어입니다.

터미널

```
$ mkdir jquery
$ cd jquery
$ npx tsc --init
Created a new tsconfig.json with:
  target: es2016
  module: commonjs
  strict: true
  esModuleInterop: true
  skipLibCheck: true
  forceConsistentCasingInFileNames: true

You can learn more at https://aka.ms/tsconfig
```

jquery 폴더 내부에 tsconfig.json 파일이 생성되었을 것입니다. 생성된 파일이 매우 길기 때문에 여기서는 주석을 제거하고 표시하지만, 주석에는 해당 속성이 무엇을 의미하는지 적혀 있으므로 읽어보는 것을 권장합니다.

tsconfig.json

```
{
  "compilerOptions": {
    // "incremental": true,
    // "composite": true,
    // "tsBuildInfoFile": "./.tsbuildinfo",
    // "disableSourceOfProjectReferenceRedirect": true,
    // "disableSolutionSearching": true,
    // "disableReferencedProjectLoad": true,
```

```
"target": "es2016",
// "lib": [],
// "jsx": "preserve",
// "experimentalDecorators": true,
// "emitDecoratorMetadata": true,
// "jsxFactory": "",
// "jsxFragmentFactory": "",
// "jsxImportSource": "",
// "reactNamespace": "",
// "noLib": true,
// "useDefineForClassFields": true,
// "moduleDetection": "auto",

/* Modules */
"module": "commonjs",
// "rootDir": "./",
// "moduleResolution": "node",
// "baseUrl": "./"
// "paths": {},
// "rootDirs": [],
// "typeRoots": [],
// "types": [],
// "allowUmdGlobalAccess": true,
// "moduleSuffixes": [],
// "resolveJsonModule": true,
// "noResolve": true,

// "allowJs": true,
// "checkJs": true,
// "maxNodeModuleJsDepth": 1,

// "declaration": true,
// "declarationMap": true,
// "emitDeclarationOnly": true,
// "sourceMap": true,
// "outFile": "./",
// "outDir": "./",
// "removeComments": true,
// "noEmit": true,
// "importHelpers": true,
// "importsNotUsedAsValues": "remove",
// "downlevelIteration": true,
// "sourceRoot": "",
```

```
    // "mapRoot": "",
    // "inlineSourceMap": true,
    // "inlineSources": true,
    // "emitBOM": true,
    // "newLine": "crlf",
    // "stripInternal": true,
    // "noEmitHelpers": true,
    // "noEmitOnError": true,
    // "preserveConstEnums": true,
    // "declarationDir": "./",
    // "preserveValueImports": true,

    // "isolatedModules": true,
    // "allowSyntheticDefaultImports": true,
    "esModuleInterop": true,
    // "preserveSymlinks": true,
    "forceConsistentCasingInFileNames": true,

    "strict": true,
    // "noImplicitAny": true,
    // "strictNullChecks": true,
    // "strictFunctionTypes": true,
    // "strictBindCallApply": true,
    // "strictPropertyInitialization": true,
    // "noImplicitThis": true,
    // "useUnknownInCatchVariables": true,
    // "alwaysStrict": true,
    // "noUnusedLocals": true,
    // "noUnusedParameters": true,
    // "exactOptionalPropertyTypes": true,
    // "noImplicitReturns": true,
    // "noFallthroughCasesInSwitch": true,
    // "noUncheckedIndexedAccess": true,
    // "noImplicitOverride": true,
    // "noPropertyAccessFromIndexSignature": true,
    // "allowUnusedLabels": true,
    // "allowUnreachableCode": true,

    // "skipDefaultLibCheck": true,
    "skipLibCheck": true
  }
}
```

이 중에서 compilerOptions 속성은 tsc 명령어에 대한 옵션을 담아둔 객체입니다. compilerOptions 내부에는 다음 옵션이 기본적으로 활성화되어 있습니다.

- forceConsistentCasingInFileNames 옵션은 import문에서 파일명을 적을 때 대소문자를 철저히 구분할지 정하는 옵션입니다.
- strict 옵션은 플레이그라운드에 있는 strict 옵션과 동일합니다. 이 책은 strict 옵션이 활성화되어 있다는 전제하에 쓰인 책이므로 true여야 합니다. 코드의 타입을 엄격하게 검사합니다.
- skipLibCheck 옵션은 .d.ts 파일에 있는 에러를 무시하는 옵션입니다. 타입스크립트 프로그래밍할 때 남이 만든 타입 선언을 사용하는 경우가 많은데 그 선언이 틀린 경우에도 에러 없이 프로그래밍할 수 있게 하는 옵션입니다.

이 세 옵션은 기본적으로 true이므로 그대로 사용합시다. 나머지 활성화한 옵션은 나중에 책에서 다룹니다.

모든 속성에 대해 알 필요는 없습니다. 주석에 적혀 있는 설명만 읽어보아도 충분하고, 자주 쓰는 속성은 이 책에서 설명할 것입니다. 주석 처리되어 있는 속성도 나중에 필요할 때마다 주석을 해제하면서 사용할 것입니다.

그럼 5장부터 10장까지 다음 내용을 차근차근 배워나가겠습니다.

- 5장에서는 esModuleInterop, declaration, target, incremental, tsBuildInfoFile 옵션을 배웁니다.
- 6장에서는 module, moduleResolution, traceResolution 옵션을 배웁니다.
- 7장에서는 jsx 옵션을 배웁니다.
- 8장에서는 listFiles, explainFiles, include, exclude 옵션을 배웁니다.
- 10장에서는 baseUrl, paths, declarationDir, outDir, rootDir, allowJs, checkJs 옵션을 배웁니다.

Note ☰ **JSON 파일을 import하고 싶다면**

타입스크립트는 기본적으로 json 파일을 import하는 것을 허용하지 않습니다. 하지만 Node.js에서는 json을 import하는 경우가 많습니다. json을 import하고 싶다면 tsconfig.json에서 resolveJsonModule 옵션을 활성화하면 됩니다. json 파일을 import하면서 타입 추론도 같이 제공합니다.

4.3.1 tsc 명령어로 자바스크립트로 변환하기

타입스크립트 코드는 결국 자바스크립트로 변환해야 합니다. 타입스크립트가 어떻게 타입스크립트 코드를 자바스크립트로 바꾸는지 확인해보겠습니다.

jquery 폴더에 hello.ts 파일을 만들고, 그 안에 다음과 같은 내용을 입력합니다.

hello.ts
```
let str: 'hello' = 'hello';
str = 'world'; ------ Type '"world"' is not assignable to type '"hello"'.
```

파일을 생성한 뒤 ctrl + s (macOS에서는 command + s) 키를 눌러 저장하는 것을 잊지 마세요. 일부러 에러가 있는 코드를 입력했습니다. 이 파일을 자바스크립트로 바꿔보겠습니다. 명령어는 npx tsc입니다.

터미널
```
$ npx tsc
hello.ts:2:1 - error TS2322: Type '"world"' is not assignable to type '"hello"'.
2 str = 'world';
Found 1 error in hello.ts:2
```

터미널에 에러가 표시됩니다. VS Code에서 나오는 에러와 동일합니다. 그런데 에러가 있는데도 hello.js가 생성됩니다.

hello.js
```
"use strict";
let str = 'hello';
str = 'world';
```

에러가 있는데도 자바스크립트로 변환되는 이유는 tsc 명령어가 다음 두 작업을 독립적으로 수행하기 때문입니다.

- 타입스크립트 코드의 에러를 검사하는 작업
- 타입스크립트 코드를 자바스크립트로 변환하는 작업

두 작업이 독립적이므로 에러가 있어도 자바스크립트 변환 작업은 수행됩니다.

만약 자바스크립트로 코드를 변환하지 않고 타입에러만 검사하고 싶다면 다음 명령어를 사용합니다.

터미널

```
$ npx tsc --noEmit
```

만약 에러가 없으면 자바스크립트로 변환하고, 에러가 있으면 변환하지 않고 에러만 표시하고 싶다면 다음 명령어를 사용합니다.

터미널

```
$ npx tsc --noEmitOnError
```

noEmit과 noEmitOnError 모두 tsconfig.json에 있는 옵션입니다. tsconfig.json에서 이 옵션을 활성화하면 npx tsc 명령어 뒤에 따로 표기하지 않아도 됩니다. 일회성으로 옵션을 사용하고자 할 때 주로 npx tsc 뒤에 [--옵션명]을 붙입니다.

5장

jQuery 타입
분석하기

이 책에서 분석할 첫 라이브러리는 jQuery입니다. jQuery는 브라우저의 DOM을 쉽게 조작할 수 있도록 다양한 API를 제공하는 라이브러리로 리액트나 뷰 등의 라이브러리에 밀려 점점 사용량이 줄어드는 추세이지만 여전히 사용하고 있습니다.

jQuery 라이브러리를 npmjs.com에서 검색해보겠습니다.[1]

▼ 그림 5-1 npmjs.com에서 jquery 검색

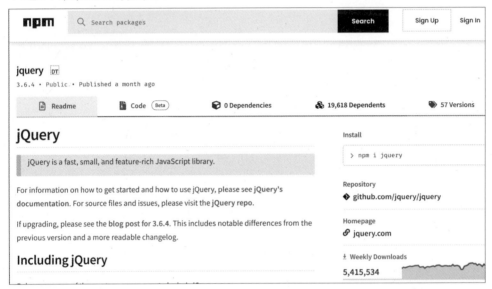

이름 우측에 DT가 표시되어 있습니다. 자체 타입스크립트 지원은 없지만 커뮤니티 타입이 존재하고, @types/jquery 패키지를 추가로 설치해야 한다는 의미입니다.

다음 실습은 이전 장에서 생성한 jquery 폴더에서 진행합니다. jquery 폴더에 들어가서 jquery와 @types/jquery 패키지를 설치합니다.

터미널

```
$ cd (jquery 폴더 경로)
$ npm i jquery@3.6.3 @types/jquery@3.5.16
```

jquery 패키지는 3.6.3 버전으로, @types/jquery 패키지는 3.5.16 버전으로 설치했습니다. 버전을 명시한 이유는 버전이 달라지면 코드의 내용도 달라질 수 있기 때문입니다. 이 책과 패키지 버전이 같아야 동일한 코드를 분석할 수 있으므로 버전을 고정했습니다.

---

1 https://npmjs.com/package/jquery

node_modules/@types/jquery 폴더에 들어가면 .d.ts 파일들이 있습니다. 확장자가 .d.ts인 이유는 타입 선언만 갖고 있는 파일이기 때문입니다. 여러 .d.ts 파일 중에서 어떤 파일을 봐야 할까요? 헷갈릴 때는 package.json을 열어 types 속성을 확인하면 됩니다.

node_modules/@types/jquery/package.json

```
...
"types": "index.d.ts",
...
```

여기에 적힌 파일이 제일 처음 봐야 할 파일입니다. 이 파일을 진입점(entry) 파일이라고 부릅니다. index.d.ts를 열어봅시다.

node_modules/@types/jquery/index.d.ts

```
// Type definitions for jquery 3.5
// Project: https://jquery.com
// Definitions by: Leonard Thieu <https://github.com/leonard-thieu>
...
// Definitions: https://github.com/DefinitelyTyped/DefinitelyTyped
// TypeScript Version: 2.7

/// <reference types="sizzle" />
/// <reference path="JQueryStatic.d.ts" />
/// <reference path="JQuery.d.ts" />
/// <reference path="misc.d.ts" />
/// <reference path="legacy.d.ts" />

export = jQuery;
```

주석은 대부분 무시해도 됩니다. 다만 TypeScript Version: 2.7은 중요한 내용을 포함하고 있습니다. 해당 패키지는 타입스크립트 2.7 버전 이상에서만 정상 작동한다는 뜻입니다. 타입스크립트 버전이 이보다 낮으면 호환되는 버전의 패키지(주로 더 낮은 버전)를 설치해야 합니다.

/// <reference types />와 /// <reference path /> 두 가지 주석도 있습니다. 삼중 슬래시 지시어(triple slash directives)라고 부르는 것입니다.

/// <reference types />는 지금 이 패키지가 참고하는 패키지를 가리킵니다. 현재 sizzle이라고 적혀 있으므로 @types/sizzle 패키지의 타입을 참고하고 있다는 뜻입니다. node_modules/@types 폴더를 열어보면 sizzle 패키지가 있습니다.

/// 〈reference path /〉는 지금 이 패키지가 참고하는 파일을 가리킵니다. 현재 JQueryStatic. d.ts, JQuery.d.ts, misc.d.ts, legacy.d.ts 파일을 가리키고 있습니다. 이들은 @types/jquery 폴더 안에 들어 있습니다. 이 파일들은 jquery의 타입을 분석하면서 살펴보겠습니다. 마지막 export = jQuery의 의미는 5.2절에서 배워봅니다.

이제 분석할 코드를 입력해보겠습니다. VS Code 좌측 EXPLORER에서 jquery 폴더를 클릭하고 📄 버튼을 눌러 test.ts 파일을 생성합니다.

▼ 그림 5-2 jquery 폴더 > New File > test.ts 파일 생성

 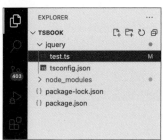

분석할 코드는 다음과 같습니다.

test.ts

```
$("p").removeClass("myClass noClass").addClass("yourClass");

$(["p", "t"]).text("hello");

const tag = $("ul li").addClass(function(index) {
  return "item-" + index;
});

$(tag).html(function(i: number) {
  console.log(this);
  return $(this).data('name') + '입니다';
});
```

코드가 실제로 어떤 의미인지는 몰라도 됩니다. 어떻게 타이핑되어 있는지만 분석해볼 것입니다.

먼저 코드 1행에서 $ 함수를 어떻게 사용할 수 있는지 알아보겠습니다.

test.ts

```
$("p").removeClass("myClass noClass").addClass("yourClass");
...
```

$ 위에서 마우스 오른쪽 버튼을 클릭한 후 **Go to Definition** 메뉴를 선택합니다. 그러면 다음 화면이 표시됩니다.

❤ 그림 5-3 $ › 마우스 오른쪽 버튼 클릭 › Go to Definition 선택

```
TS test.ts      ×

jquery ›  TS test.ts › ...
    1    $("p").removeClass( "myClass noClass" ).addClass( "yourClass" );

JQueryStatic.d.ts ~/tsbook/node_modules/@types/jquery - Definitions (2)                      ✕
   94         $( this ).toggleClass( "test" );              ∨ JQueryStatic.d.ts node_module... 1
   95       }                                                 <TElement extends HTMLElement =
   96    })                                               ∨ misc.d.ts node_modules/@type... 1
   97      .appendTo( "body" );                             declare const $: JQueryStatic;
   98    ```
   99    */
  100    // eslint-disable-next-line no-unnecessary-generics
  101    <TElement extends HTMLElement = HTMLElement>(html: JQuery.htmlString
  102    /**
  103     * Accepts a string containing a CSS selector which is then used to
  104     * @param selector A string containing a selector expression
  105     * @param context A DOM Element, Document, Selector or jQuery to use
  106     * @see \`{@link https://api.jquery.com/jQuery/ }\`
  107     * @since 1.0
  108     * @example  ```` Find all p elements that are children of a div elem
  109    ```html
```

화면 오른쪽 misc.d.ts에 $ 변수가 있습니다. 해당 파일로 이동합시다.

node_modules/@types/jquery/misc.d.ts

```
...
declare const jQuery: JQueryStatic;
declare const $: JQueryStatic;
...
```

2.32절에서 배웠던 declare 예약어로 $와 jQuery 변수가 선언되어 있습니다. 실제로 실행되는 구현부는 없는 대신 타입 선언만 하고 싶을 때 declare 예약어를 사용합니다. 그렇다면 실제 구현부는 어디에 있는 걸까요? node_modules/jquery/dist/jquery.js나 node_modules/jquery/dist/jquery.min.js에 있습니다. 해당 파일에 대한 타입 검사를 하고 싶을 때 @types/jquery의 .d.ts 파일들이 사용됩니다.

$와 jQuery 변수는 JQueryStatic 인터페이스입니다. JQueryStatic 인터페이스를 확인하기 위해 JQueryStatic에서 Go to Definition(F12)해봅시다.

$ 함수는 JQueryStatic이라는 인터페이스에 함수로 선언되어 있습니다. 하지만 JQueryStatic 인터페이스의 코드가 상당히 많아서 어떤 부분이 $ 함수의 타입인지 알기 어렵습니다. 함수에 대한 오버로딩도 여러 개 있습니다.

node_modules/@types/jquery/JQueryStatic.d.ts

```
interface JQueryStatic {
  ...
  (window: Window, discriminator: boolean): JQueryStatic;
  <TElement extends HTMLElement = HTMLElement>(html: JQuery.htmlString, ownerDocument_attributes?: Document | JQuery.PlainObject): JQuery<TElement>;
  <TElement extends Element = HTMLElement>(selector: JQuery.Selector, context?: Element | Document | JQuery | JQuery.Selector): JQuery<TElement>;
  (element: HTMLSelectElement): JQuery<HTMLSelectElement>;
  <T extends Element>(element_elementArray: T | ArrayLike<T>): JQuery<T>;
  <T>(selection: JQuery<T>): JQuery<T>;
  <TElement = HTMLElement>(callback: ((this: Document, $: JQueryStatic) => void)): JQuery<TElement>;
  <T extends JQuery.PlainObject>(object: T): JQuery<T>;
  <TElement = HTMLElement>(): JQuery<TElement>;
  ...
}
```

이 중에서 어떤 것에 해당하는지 알아내야 합니다. 다행히 이전 화면에 힌트가 있습니다. 다시 test.ts 파일 1행의 $ 함수를 Go to Definition해봅시다.

▼ 그림 5-4 $에서 Go to Definition 선택

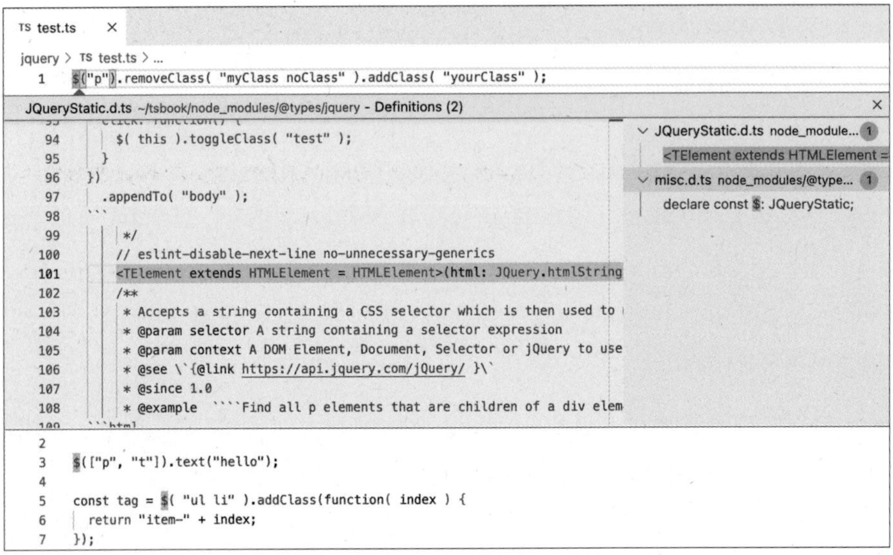

화면 오른쪽을 보면 misc.d.ts 파일과 함께 JQueryStatic.d.ts 파일도 $ 함수의 위치를 표시하고 있습니다. 타입스크립트가 먼저 declare const $: JQueryStatic 부분을 확인한 후 다시 JQueryStatic 인터페이스에서 해당하는 오버로딩 부분을 찾아낸 것입니다.

JQueryStatic.d.ts로 이동합시다.

---

node_modules/@types/jquery/JQueryStatic.d.ts

```
interface JQueryStatic {
  ...
  <TElement extends HTMLElement = HTMLElement>(html: JQuery.htmlString, ownerDocument_
➡ attributes?: Document | JQuery.PlainObject): JQuery<TElement>;
  ...
}
```

$ 함수의 매개변수는 html: JQuery.htmlString이고, 반환값은 JQuery<TElement>입니다. htmlString에서 Go to Definition해보면 다음과 같이 타이핑되어 있습니다.

---

node_modules/@types/jquery/misc.d.ts

```
declare namespace JQuery {
    type TypeOrArray<T> = T | T[];
    type Node = Element | Text | Comment | Document | DocumentFragment;

    type htmlString = string;
    type Selector = string;

    interface PlainObject<T = any> {
        [key: string]: T;
    }
    ...
}
```

---

htmlString은 string입니다. 그래서 $("p")처럼 매개변수로 string을 넣을 수 있습니다.

프로그래밍할 때는 다양한 패키지를 사용하게 됩니다. jquery 패키지에 htmlString이라는 타입이 있는데, 다른 패키지에도 htmlString이라는 타입이 있다면 충돌이 발생하겠지요? 그래서 서로 충돌하지 않게 다른 네임스페이스를 부여하곤 합니다. 여기서는 JQuery라는 네임스페이스를 만들어 JQuery.htmlString으로 접근하게 했습니다. 네임스페이스를 만드는 것은 declare namespace로 가능합니다.

그런데 JQuery.htmlString은 단순한 string인데 왜 굳이 네임스페이스와 타입 별칭을 선언했을까요? 이는 해당 매개변수의 역할을 더 잘 나타내기 위함입니다. 단순히 string으로 타이핑하면 그냥 html 매개변수가 문자열이라는 의미만 갖고 있습니다. 그런데 JQuery.htmlString으로 타이핑하면 문자열이라는 의미뿐만 아니라 html 문자열이라는 의미를 추가로 나타낼 수 있습니다. 그래서 조금 더 구체적으로 타입 별칭을 선언한 것입니다.

이번에는 반환값의 타입인 Jquery〈TElement〉를 분석해봅시다.

node_modules/@types/jquery/JQueryStatic.d.ts

```
interface JQueryStatic {
  ...
  <TElement extends HTMLElement = HTMLElement>(html: JQuery.htmlString, ownerDocument_
attributes?: Document | JQuery.PlainObject): JQuery<TElement>;
  ...
}
```

먼저 TElement 제네릭 타입 매개변수를 살펴봅시다. TElement 타입 매개변수에는 HTMLElement 타입 제약이 걸려 있고, 기본값도 HTMLElement입니다. Go to Definition해보면 다음과 같습니다.

lib.dom.d.ts

```
/** 모든 HTML 요소... */
interface HTMLElement extends Element, DocumentAndElementEventHandlers,
ElementCSSInlineStyle, ElementContentEditable, GlobalEventHandlers, HTMLOrSVGElement {
  ...
}
```

HTMLElement는 모든 HTML 요소를 나타낸다고 주석으로 적혀 있습니다. 코드만으로 무엇을 나타내는지 알기 어려울 때는 주석을 같이 확인하면 좋습니다.

이제 JQuery 타입이 무엇인지 확인해보겠습니다. Go to Definition해봅시다.

node_modules/@types/jquery/JQuery.d.ts

```
interface JQuery<TElement = HTMLElement> extends Iterable<TElement> {
...
}
```

엄청나게 많은 코드가 보입니다. JQuery는 Iterable<TElement>를 상속하는 인터페이스인데 Iterable 타입이 무엇인지는 굳이 지금 찾아볼 필요가 없습니다. 필요할 때 들여다보는 것이 좋습니다.

다시 test.ts 파일로 돌아가봅시다.

test.ts

```
$("p").removeClass("myClass noClass").addClass("yourClass");
...
```

$("p")의 반환값이 JQuery<HTMLElement>라는 것을 알았습니다. 따로 TElement를 표시하지 않았기 때문에 TElement는 기본값인 HTMLElement가 됩니다. 이제 removeClass 메서드가 JQuery<HTMLElement> 인터페이스에 존재하는지 확인하면 됩니다. removeClass를 Go to Definition해봅시다.

node_modules/@types/jquery/JQuery.d.ts

```
interface JQuery<TElement = HTMLElement> extends Iterable<TElement> {
    ...
    removeClass(className_function?: JQuery.TypeOrArray<string> | ((this: TElement,
➡ index: number, className: string) => string)): this;
    ...
}
```

수많은 JQuery.d.ts 코드 중에서 removeClass 메서드 선언이 있는 곳을 바로 알려줍니다. 여기서는 className_function 인수가 JQuery.TypeOrArray<string>이거나 ((this: TElement, index: number, className: string) => string)임을 알 수 있습니다. 실제 인수인 "myClass noClass"는 함수가 아니므로 JQuery.TypeOrArray<string>임을 추측할 수 있습니다. TypeOrArray 타입은 misc.d.ts에 있었습니다.

```
declare namespace JQuery {
    type TypeOrArray<T> = T | T[];
    type Node = Element | Text | Comment | Document | DocumentFragment;

    type htmlString = string;
    type Selector = string;

    interface PlainObject<T = any> {
        [key: string]: T;
    }
    ...
}
```

타입 선언에 따라 JQuery.TypeOrArray<string>은 string | string[]입니다. removeClass("myClass noClass")도 가능하지만 removeClass(["myClass", "noClass"])도 가능함을 유추할 수 있습니다. 다만 이 두 기능이 완전히 같은지는 타입 선언만 보고는 알 수 없습니다. 저렇게 사용해도 타입스크립트에서 에러가 발생하지 않는다는 것만 알 수 있습니다. 실제 기능이 어떤지는 실제 구현부를 보고 파악해야 합니다.

이번에는 removeClass의 반환값 타입을 확인합시다.

```
interface JQuery<TElement = HTMLElement> extends Iterable<TElement> {
    ...
    removeClass(className_function?: JQuery.TypeOrArray<string> | ((this: TElement,
    index: number, className: string) => string)): this;
    ...
}
```

반환값 타입이 this이므로 메서드 체이닝이 가능합니다. addClass 타입 또한 JQuery 인터페이스 안에 들어 있습니다.

```
interface JQuery<TElement = HTMLElement> extends Iterable<TElement> {
    ...
    addClass(className_function: JQuery.TypeOrArray<string> | ((this: TElement, index:
    number, currentClassName: string) => string)): this;
```

```
  ...
  }
```

addClass 메서드의 타입은 removeClass와 동일하므로 넘어갑니다.

이어서 test.ts 파일의 3행 코드를 분석해보겠습니다.

---

test.ts

```
...
$(["p", "t"]).text("hello");
...
```

$ 함수의 인수로 문자열 대신 배열이 들어갔습니다. JQueryStatic 인터페이스에서 이전과는 다른
함수 오버로딩이 선택될 것이라 추측할 수 있습니다. $ 함수를 Go to Definition해보면 다음 오
버로딩이 표시됩니다.

---

node_modules/@types/jquery/JQueryStatic.d.ts

```
interface JQueryStatic {
  ...
  <T extends JQuery.PlainObject>(object: T): JQuery<T>;
  ...
}
```

타입 매개변수 T에는 Jquery.PlainObject 제약이 걸려 있습니다. Jquery.PlainObject 타입 또한
misc.d.ts에 있습니다. Go to Definition해봅시다.

---

node_modules/@types/jquery/misc.d.ts

```
declare namespace JQuery {
    type TypeOrArray<T> = T | T[];
    type Node = Element | Text | Comment | Document | DocumentFragment;

    type htmlString = string;
    type Selector = string;

    interface PlainObject<T = any> {
        [key: string]: T;
```

```
      }

   ...
   }
```

PlainObject는 일반적인 객체를 의미하는 타입입니다. ["p", "t"] 같은 배열도 객체이므로 제약을 충족합니다. $(["p", "t"])의 반환값 타입은 JQuery<string[]>이 됩니다. text 메서드도 JQuery 인터페이스 안에 있습니다.

```
   interface JQuery<TElement = HTMLElement> extends Iterable<TElement> {
     ...
     text(text_function: string | number | boolean | ((this: TElement, index: number,
➡ text: string) => string | number | boolean)): this;
     ...
   }
```

앞에서 타입스크립트의 타입 선언은 설명서 역할을 하기도 한다고 설명했습니다. addClass 메서드의 타입을 보고 인수로 함수를 넘길 수도 있음을 알게 되었습니다. 그래서 다음과 같은 코드를 작성하는 게 가능합니다.

```
...
const tag = $("ul li").addClass(function(index) {
  return "item-" + index;
});
...
```

```
   interface JQuery<TElement = HTMLElement> extends Iterable<TElement> {
     ...
     addClass(className_function: JQuery.TypeOrArray<string> | ((this: TElement, index:
➡ number, currentClassName: string) => string)): this;
     ...
   }
```

매개변수로 number인 index를 가지는 함수를 사용한 코드입니다. 이때 함수의 반환값은 string이어야 하므로 "item-" + index를 반환했습니다.

addClass 메서드의 반환값은 this이므로 tag는 JQuery<HTMLElement>가 됩니다.

함수 내부에서 this까지 사용한 코드는 다음과 같습니다.

test.ts

```
...
$(tag).html(function(i: number) {
  console.log(this);
  return $(this).data('name') + '입니다';
});
```

$(tag)가 가능한지 확인하려면 JqueryStatic 인터페이스의 오버로딩을 확인해야 합니다. $ 함수에서 Go to Definition해보면 다음 오버로딩을 가리키고 있습니다.

node_modules/@types/jquery/JQueryStatic.d.ts

```
interface JQueryStatic {
  ...
  <T extends Element>(element_elementArray: T | ArrayLike<T>): JQuery<T>;
  ...
}
```

JQuery<HTMLElement>가 T | ArrayLike<T>에 대입 가능하다는 뜻입니다. T의 제약이 Element이므로 JQuery<HTMLElement>가 Element | ArrayLike<Element>에 대입 가능해야 합니다.

Element 또는 ArrayLike<Element> 둘 중에 무엇에 대입할 수 있는 것인지를 확인하려면 직접 테스트해보면 됩니다.

test.ts

```
const b: Element = tag;         Type 'JQuery<HTMLElement>' is missing the following
const c: ArrayLike<Element> = tag;   properties from type 'Element': attributes, classList,
                                className, clientHeight, and 151 more.
```

Element 타입에는 대입할 수 없지만 ArrayLike<Element> 타입에는 대입할 수 있음을 알아냈습니다. ArrayLike 타입은 다음과 같습니다.

```
interface ArrayLike<T> {
    readonly length: number;
    readonly [n: number]: T;
}
```

ArrayLike<Element> 타입은 length와 [n: number]: Element를 속성으로 가지는 객체입니다. JQuery<HTMLElement>도 해당 속성을 가지는지 확인합니다.

```
interface JQuery<TElement = HTMLElement> extends Iterable<TElement> {
  ...
  length: number;
  ...
  [n: number]: TElement;
}
```

JQuery 인터페이스도 해당 속성을 가지고 있습니다. 따라서 JQuery<HTMLElement>는 Element ¦ ArrayLike<Element>에 대입할 수 있습니다. $(tag)는 반환값 타입인 JQuery<HTMLElement>가 됩니다.

```
interface JQuery<TElement = HTMLElement> extends Iterable<TElement> {
  ...
  html(htmlString_function: JQuery.htmlString ¦
                            JQuery.Node ¦
                            ((this: TElement, index: number, oldhtml: JQuery.
  htmlString) => JQuery.htmlString ¦ JQuery.Node)): this;
  ...
}
```

html 메서드에는 htmlString_function 인수가 있고, htmlString_function 인수의 this는 TElement입니다. $(tag)가 JQuery<HTMLElement>이므로 this는 HTMLElement가 됩니다.

$(this)도 $(tag)와 동일한 오버로딩에 의해 가능합니다. 다만 구체적인 이유는 조금 다릅니다.

```
node_modules/@types/jquery/JQueryStatic.d.ts
```

```
interface JQueryStatic {
  ...
  <T extends Element>(element_elementArray: T | ArrayLike<T>): JQuery<T>;
  ...
}
```

this가 HTMLElement이므로 Element | ArrayLike<Element>에 대입할 수 있습니다. HTMLElement는 Element를 상속하기 때문입니다. 이번에는 ArrayLike<Element>에 대입할 수 있는 것이 아니라, Element에 대입할 수 있는 경우입니다.

```
lib.dom.d.ts
```

```
/** 모든 HTML 요소... */
interface HTMLElement extends Element, DocumentAndElementEventHandlers,
➡ ElementCSSInlineStyle, ElementContentEditable, GlobalEventHandlers, HTMLOrSVGElement {
  ...
}
```

그래서 $(this)는 JQuery<HTMLElement>가 됩니다.

마지막으로 JQuery 인터페이스에는 data 메서드가 있습니다.

```
test.ts
```

```
...
$(tag).html(function(i: number) {
  console.log(this);
  return $(this).data('name') + '입니다';
});
```

```
node_modules/@types/jquery/JQuery.d.ts
```

```
interface JQuery<TElement = HTMLElement> extends Iterable<TElement> {
  ...
    data(key: string): any;
  ...
}
```

data 메서드의 반환값은 any이지만 string과 더하므로 string이 되어 html의 함수 인수의 반환값인 JQuery.htmlString에 대입할 수 있습니다.

지금까지 jQuery의 타입을 분석해보았습니다. 어떤 변수가 왜 특정한 타입이 되는지 알고 싶다면 이와 같은 방식으로 분석하면 됩니다. 패키지의 타입을 살펴보면서 미처 알지 못했던 패키지의 사용 방법을 새로 배울 수도 있습니다.

5.1 / jQuery 직접 타이핑하기

직접 타입을 만드는 것은 이미 있는 패키지의 타입을 .d.ts 파일로 분석하는 것보다 훨씬 더 어렵습니다. 그러니 이번에는 jQuery 라이브러리의 타입을 직접 만들어봅시다. 다만 이미 JQuery 인터페이스와 JQueryStatic 인터페이스를 알고 있으므로, 그대로 따라 하지 말고 최대한 간단하게 만들어봅시다.

jquery 폴더 안에 zquery.ts 파일을 만들고 다음 코드를 입력합니다.

zquery.ts

```
interface zQuery {}

declare const Z: zQuery;
Z("p").removeClass("myClass noClass").addClass("yourClass");

Z(["p", "t"]).text("hello");

const tag2 = Z("ul li").addClass(function(index) {
  return "item-" + index;
});

Z(tag2).html(function() {
  console.log(this);
  return Z(this).data('name') + '입니다';
});
```

$ 변수는 이미 선언되었으므로 $ 변수 대신 Z 변수를 사용하고, 타입도 zQuery 인터페이스로 선언했습니다. tag 변수도 이미 선언되었으므로 tag2로 이름을 바꿉니다. zQuery 인터페이스에는 아무런 속성이 없으므로 많은 곳에서 에러가 발생합니다. 이제 zQuery 인터페이스를 수정하여 코드에 에러가 없도록 만들면 됩니다.

먼저 Z에 발생하는 에러를 없애 보겠습니다. 함수를 타이핑하면 됩니다.

```
interface zQuery {
  (tag: string | string[]): zQueryInstance;
}
interface zQueryInstance {}

declare const Z: zQuery;
Z("p").removeClass("myClass noClass").addClass("yourClass");

Z(["p", "t"]).text("hello");

const tag2 = Z("ul li").addClass(function(index) {  ------ const tag2: any
  return "item-" + index;
});

Z(tag2).html(function() {
  console.log(this);
  return Z(this).data('name') + '입니다';
});
```

함수를 타이핑하고 나면 에러의 위치가 변경됩니다. 한 가지 주의할 점은 tag2 변수가 any라는 점입니다. 이 부분은 에러로 표시되지 않지만 해결해야 합니다.

zQuery 인터페이스가 JQueryStatic 인터페이스에서 봤던 오버로딩과 다르다고 생각할 수도 있습니다. 다르긴 하지만 타입에러만 사라진다면 아무런 문제가 없습니다. 타이핑은 제대로 했는지 확신하기 매우 어려우므로, 항상 에러가 없는 정도로만 타이핑하고 에러가 발생한다면 그때 수정하면 됩니다.

Z(tag)나 Z(this)에서도 에러가 발생하지만 이는 조금 뒤에 해결하고, 메서드들 위주로 간단하게 타이핑해보겠습니다.

```typescript
interface zQuery {
  (tag: string | string[]): zQueryInstance;
}
interface zQueryInstance {
  removeClass(param: string): this;
  addClass(param: string): this;
  text(param: string): this;
  html(param: string): this;
  data(param: string): this;
}

declare const Z: zQuery;
Z("p").removeClass("myClass noClass").addClass("yourClass");

Z(["p", "t"]).text("hello");

const tag2 = Z("ul li").addClass(function(index) {  ------ const tag2: zQueryInstance
  return "item-" + index;
});

Z(tag2).html(function() {
  console.log(this);
  return Z(this).data('name') + '입니다';
});
```

많은 에러가 해결되었습니다. addClass 메서드의 반환값 타입을 this로 함으로써 tag2 변수의 타입이 zQueryInstance가 되었습니다. 대신 이로 인해 Z(tag2) 부분에서 새로운 에러가 발생합니다.

이제 Z 함수에 tag나 this를 넣는 부분, addClass, html 메서드에 함수 인수를 넣는 부분, html 메서드 안에서 this를 사용하는 부분을 타이핑하겠습니다.

```typescript
interface zQuery {
  (tag: string | string[]): zQueryInstance;
  (tag: zQueryInstance): zQueryInstance;
}
interface zQueryInstance {
  removeClass(param: string): this;
  addClass(param: string): this;
  addClass(callback: (this: zQueryInstance, index: number) => string): this;
```

```
    text(param: string): this;
    html(param: string): this;
    html(callback: (this: zQueryInstance, index: number) => string): this;
    data(param: string): this;
}

declare const Z: zQuery;

Z("p").removeClass("myClass noClass").addClass("yourClass");

Z(["p", "t"]).text("hello");

const tag2 = Z("ul li").addClass(function(index) {
  return "item-" + index;
});

Z(tag2).html(function() {
  console.log(this);
  return Z(this).data('name') + '입니다';
});
```

Z 함수가 zQueryInstance 인수를 받을 수 있도록 오버로딩을 추가했고, addClass와 html 메서드에도 인수가 함수인 경우에 해당하는 오버로딩을 추가했습니다. 또한 this의 타입도 zQueryInstance로 추가했습니다.

이렇게 모든 에러가 사라졌습니다. 하지만 지금 만든 타입은 @types/jquery 패키지의 타입과 많이 다릅니다. 제네릭도 전혀 쓰지 않았습니다. 이처럼 사람마다 타이핑하는 방법이 완전히 다를 수 있습니다. 물론 @types/jquery 패키지의 타입이 더 정확한 것은 맞지만 지금 만든 타입도 주어진 예제 코드에 대해 최선을 다해 타이핑한 것입니다. 여러 번 말하지만 에러가 없도록 최소한으로만 타이핑하고 나중에 에러가 발생하면 그때 다시 정확하게 타이핑하여 해결하면 됩니다.

5.2 export = 타입 이해하기

index.d.ts 파일 마지막에 있는 export = jQuery의 의미에 대해 알아보겠습니다.

---

node_modules/@types/jquery/index.d.ts

```
...
export = jQuery;
```

우선 jQuery는 misc.d.ts에 있는 변수입니다. /// <reference path="misc.d.ts" /> 주석이 있어서
접근 가능합니다.

---

node_modules/@types/jquery/misc.d.ts

```
...
declare const jQuery: JQueryStatic;
declare const $: JQueryStatic;
...
```

다음으로 export = 입니다. 이 부분은 무엇을 의미하는 걸까요? 일단 이 문법은 CommonJS 모듈
시스템의 module.exports 문법도 아니고, ECMAScript 모듈 시스템의 export default 문법도 아
닙니다.

export = 문법은 타입스크립트에만 있는 문법으로 CommonJS 문법을 사용하기 위해 존재합니다.
jQuery는 CommonJS 모듈 시스템을 지원합니다. 다음 코드에서 module.exports를 확인할 수
있습니다.

---

node_modules/jquery/dist/jquery.js

```
( function( global, factory ) {

    "use strict";

    if ( typeof module === "object" && typeof module.exports === "object" ) {

        // For CommonJS and CommonJS-like environments where a proper `window`
        // is present, execute the factory and get jQuery.
```

```
        // For environments that do not have a `window` with a `document`
        // (such as Node.js), expose a factory as module.exports.
        // This accentuates the need for the creation of a real `window`.
        // e.g. var jQuery = require("jquery")(window);
        // See ticket trac-14549 for more info.
        module.exports = global.document ?
            factory( global, true ) :
            function( w ) {
                if ( !w.document ) {
                    throw new Error( "jQuery requires a window with a document" );
                }
                return factory( w );
            };
    } else {
        factory( global );
    }
...
```

따라서 const $ = require('jquery')로 jquery 패키지를 import할 수 있습니다. 다만 타입스크립트에서는 require로 import할 수 없으므로 다른 방식을 찾아야 합니다. 사용할 수 있는 방법은 import $ from 'jquery'로 import하는 것입니다.

test2.ts

```
import $ from 'jquery';
```

이 방식은 ECMAScript 모듈 시스템의 import 방식인데, 어떻게 CommonJS 모듈인 jquery 패키지를 import할 수 있는 걸까요?

원칙적으로는 jquery 패키지를 import $ from 'jquery'로 import할 수 없는 것이 맞습니다. 다만 tsconfig.json에서 esModuleInterop 옵션이 true로 설정되어 있기에 가능한 것입니다.

이 값을 false로 바꿔봅시다.

tsconfig.json

```
...
  "esModuleInterop": false,
...
```

test2.ts

```
import $ from 'jquery';
```
This module is declared with 'export =', and can only be used
with a default import when using the 'esModuleInterop' flag.

에러 메시지에 따르면 이 모듈(jquery)은 export = 로 선언되어 있어서 default import하려면 esModuleInterop 설정을 true로 해야 한다고 합니다. 지금까지는 esModuleInterop 설정이 기본적으로 true였기에 에러가 발생하지 않았던 것입니다.

그렇다면 esModuleInterop이 false인 상황에서는 어떻게 import해야 할까요? 타입스크립트는 CommonJS 모듈을 위해 다음과 같은 문법(import 변수 = require)을 준비해두었습니다.

test2.ts

```
import $ = require('jquery');
```

하지만 import와 require를 동시에 쓰는 어색한 모습이다 보니 대부분은 esModuleInterop 설정을 켜두고 ECMAScript 모듈 시스템 스타일로 import하곤 합니다. esModuleInterop 설정을 다시 true로 바꿔둡시다.

tsconfig.json

```
...
  "esModuleInterop": true,
...
```

5.3 스크립트 파일과 모듈 파일 이해하기

TYPESCRIPT

여기서 test.ts의 코드에 대해 궁금한 점이 생길 수 있습니다. test.ts에서는 import $ from 'jquery'를 하지 않았는데도 $ 함수를 사용할 수 있었으니까요. 이는 타입스크립트에서 misc.d.ts 파일을 스크립트 파일로 인식했기 때문입니다.

파일 내부에서 최상위 스코프에 import나 export 예약어가 없으면 스크립트 파일이 됩니다. 반대로 import나 export 예약어가 있으면 모듈 파일이 됩니다. 몇 가지 예를 들어보겠습니다.

다음 코드는 import나 export가 없으므로 스크립트 파일입니다.

스크립트 파일

```
declare namespace Example {
  const test: string;
}
```

다음 코드는 최상위 스코프에 export가 있으므로 모듈 파일입니다.

모듈 파일

```
declare namespace Example {
  const test: string;
}
export {}
```

다음 코드는 export가 있지만 최상위 스코프에 있는 것이 아니라 Example 스코프에 들어 있으므로 스크립트 파일입니다.

스크립트 파일

```
declare namespace Example {
  export const test: string;
}
```

마찬가지 이유로 test.ts와 misc.d.ts는 최상위 스코프에 import나 export 예약어가 없으므로 스크립트 파일입니다. 스크립트 파일은 현재 파일에 있는 타입 정의들을 다른 파일에서 자유롭게 사용할 수 있습니다. 따라서 test.ts는 misc.d.ts에 있는 $ 타입을 자유롭게 가져올 수 있습니다.

모듈인 파일에서도 스크립트 파일의 타입을 자유롭게 가져올 수 있습니다.

test2.ts

```
$('h1');

export {}
```

export 예약어가 있으므로 test2.ts는 모듈 파일입니다. 모듈 파일이더라도 $를 import하지 않고 사용할 수 있습니다.

물론 다음과 같이 import하고 사용할 수도 있습니다.

```
import $ from 'jquery';

$('h1');

export {}
```

다만 import한 경우의 $와 import하지 않은 경우의 $는 서로 다른 타입을 가리킵니다.

node_modules/@types/jquery/misc.d.ts
```
// import한 경우
declare const jQuery: JQueryStatic;
// import하지 않은 경우
declare const $: JQueryStatic;
```

- import한 경우: index.d.ts 파일의 export = jQuery를 import한 것이므로 jQuery 타입을 사용
- import하지 않은 경우: misc.d.ts 스크립트 파일의 $ 변수 선언을 가리키므로 declare const $ 타입을 사용

2.9.1과 2.9.2절에서 인터페이스와 네임스페이스는 병합되는 특성이 있어 문제가 될 수 있다고 했습니다. 모듈 파일은 인터페이스나 네임스페이스가 이름이 같아도 합쳐지지 않습니다.

모듈 파일의 이해를 위해 module1.ts, module2.ts, module3.ts를 만들어보겠습니다.

module1.ts
```
export interface Test {
  name: string;
}

export default function() {
  console.log('default export');
}
```

module2.ts

```
export interface Test {
  name2: string;
}
```

module3.ts

```
import * as module1 from './module1';
import * as module2 from './module2';

const ex1: module1.Test = {
  name: 'hi',
  name2: 'error',
};
const ex2: module2.Test = {
  name: 'error',
  name2: 'hi',
};
module1.default();
```

module1.ts와 module2.ts에 Test라는 이름이 같은 인터페이스가 있지만 모듈 파일이므로 서로 합쳐지지 않습니다.

인터페이스가 서로 합쳐지지 않으므로 존재하지 않는 속성에서 에러가 발생합니다.

여기서 import * as 네임스페이스 from 모듈 문법을 처음 만났습니다. 해당 모듈에 존재하는 모든 export를 지정한 네임스페이스의 멤버로 가져오는 것입니다.

module1.ts는 Test 인터페이스와 export default한 함수 하나를 갖고 있습니다. 이 둘은 module3.ts에서 각각 module1.Test, module1.default로 불러올 수 있습니다.

이러한 이유로 모듈 파일에서는 보통 네임스페이스를 사용하지 않습니다. import * as 네임스페이스를 할 때 모듈 파일에 대한 네임스페이스를 만들 수 있으므로 따로 모듈 파일 안에서 네임스페이스를 사용할 필요가 없는 것입니다.

타입스크립트는 ECMAScript 모듈 문법도 따르므로 module1.ts의 export는 다음과 같이 불러올 수도 있습니다. 다음 코드는 눈으로만 보세요.

```
import { Test } from './module1';
import { Test as TestAlias } from './module1';
const ex3: Test = {
  name: 'hello',
};
const ex4: TestAlias = {
  name: 'world',
};
```

Test 인터페이스를 동일한 이름으로 불러올 수도 있고, as로 다른 이름으로 바꿔서 불러올 수도 있습니다.

모듈 파일에서는 import할 대상이 값이 아니라 타입임을 명시할 수 있습니다. module4.ts와 module5.ts를 만들어 다음과 같이 작성해봅시다.

module4.ts

```
interface Name {
  first: string;
  last: string;
}
interface Age {
  korean: number;
  american: number;
}
export type { Age };
export default Name;
```

module5.ts

```
import type Name from './module4';
import type { Age } from './module4';

const name: Name = {
  first: 'zero',
  last: 'cho',
};
const age: Age = {
  american: 28,
  korean: 30,
};
```

Age를 named export할 때 export 대신 export type을 사용할 수 있습니다. export하는 대상이 값이 아니라 타입임을 명시한 것입니다. 반대로 default인 Name을 import하거나 Age를 named import할 때는 import type을 사용할 수 있습니다. 마찬가지로 import하는 대상이 값이 아니라 타입임을 명시한 것입니다. 이를 Type-Only imports/exports라고 부릅니다.

한 가지 주의할 점은 import type Name, { Age }처럼 default import와 named import를 한 번에 할 수는 없다는 점입니다. 그래서 module5.ts에서 따로따로 import한 것입니다.

일반적인 상황에서는 Type-Only imports/exports를 할 이유가 없습니다. 타입스크립트는 스스로 해당 import/export가 타입인지 값인지 알고 있기 때문입니다. 하지만 타입스크립트가 아닌 다른 프로그램이 ts 파일을 사용하려 할 때는 해당 import/export가 타입인지 값인지 파악하지 못할 수 있습니다. 이를 위해서 type임을 명확하게 표시하는 것입니다.

현재 module3.ts에 에러가 있으므로 다음 절의 실습을 위해 module1.ts, module2.ts, module3.ts, module4.ts, module5.ts를 모두 제거합시다.

5.4 js 파일 생성하기

이제 test.ts 파일을 js 파일로 변환해보겠습니다. 최종적으로 브라우저에서 실행되는 파일은 자바스크립트여야 하므로 타입스크립트 코드를 변환해야 합니다.

터미널

```
$ npx tsc
```

test.ts를 변환한 test.js 파일이 생성됩니다.

test.js

```js
"use strict";
$("p").removeClass("myClass noClass").addClass("yourClass");
$(["p", "t"]).text("hello");
const tag = $("ul li").addClass(function (index) {
    return "item-" + index;
```

```
});
$(tag).html(function (i) {
    console.log(this);
    return $(this).data('name') + '입니다';
});
```

test.ts에서 타입 선언만 별도의 .d.ts 파일로 따로 분리할 수 있습니다. tsconfig.json에서 주석 처리되어 있는 declaration 설정의 주석을 해제하고 다시 변환해봅시다.

tsconfig.json

```
...
  "declaration": true,
...
```

터미널

```
$ npx tsc
```

test.d.ts가 생성됩니다. test.ts에 있던 타입 선언이 여기에 기록됩니다.

test.d.ts

```
declare const tag: JQuery<HTMLElement>;
```

test.ts에서 명시적으로 타입을 선언한 적은 없지만, 변수를 선언했던 것에 대한 타입이 생성되었습니다. 혹시나 생성된 .d.ts 파일에 any가 들어 있다면 제대로 타입스크립트 코드를 작성한 것인지 다시 한번 확인해봐야 합니다.

결과물의 문법을 변경할 수도 있습니다. 화살표 함수 문법이 존재하지 않았던 ES5 문법의 결과물을 만들어보겠습니다.

tsconfig.json

```
...
  "target": "ES5",
...
```

테스트를 위해 test.ts 코드를 화살표 함수로 변경하겠습니다.

```
test.ts
$("p").removeClass("myClass noClass").addClass("yourClass");

$(["p", "t"]).text("hello");

const tag = $("ul li").addClass((index) => {
  return "item-" + index;
});

$(tag).html(function (i: number) {
  console.log(this);
  return $(this).data('name') + '입니다';
});
```

이제 코드를 변환해보면 화살표 함수가 함수 선언문으로 변경된 것을 확인할 수 있습니다.

```
터미널
$ npx tsc
```

```
test.js
"use strict";
$("p").removeClass("myClass noClass").addClass("yourClass");
$(["p", "t"]).text("hello");
var tag = $("ul li").addClass(function (index) {
    return "item-" + index;
});
$(tag).html(function () {
    console.log(this);
    return $(this).data('name') + '입니다';
});
```

이런 식으로 tsconfig.json의 target을 변경해 결과물의 문법 버전을 조정할 수 있습니다. 최신 문법을 지원하지 않는 구형 브라우저나 옛 버전 노드를 위한 코드를 만들 때 필요한 옵션입니다.

npx tsc의 속도를 올리는 방법도 있습니다. tsconfig.json의 incremental 옵션을 활성화하는 것입니다.

```
...
  "incremental": "true",
...
```

```
$ npx tsc
```

현재 폴더에 tsconfig.tsbuildinfo 파일이 생성됩니다. incremental 옵션이 활성화되어 있으면 npx tsc 실행 시 tsconfig.tsbuildinfo 파일을 찾아봅니다. 해당 파일이 있으면 그 파일에 적힌 정보를 토대로 빌드를 진행하고, 없으면 빌드한 후에 파일을 생성하여 다음 번 빌드를 위한 정보를 저장합니다. tsconfig.tsbuildinfo 파일의 생성/조회 위치는 tsBuildInfoFile 옵션에서 지정할 수 있습니다.

6^장

Axios 타입
분석하기

이 장에서는 axios 라이브러리의 타입을 분석해보겠습니다. axios는 http 요청을 보내는 라이브러리로 브라우저나 서버에서 동일한 인터페이스로 요청을 보낼 수 있어 인기가 많습니다.

먼저 axios가 타입스크립트를 지원하는지 확인하겠습니다.[1]

▼ 그림 6-1 npmjs.com에서 axios 검색

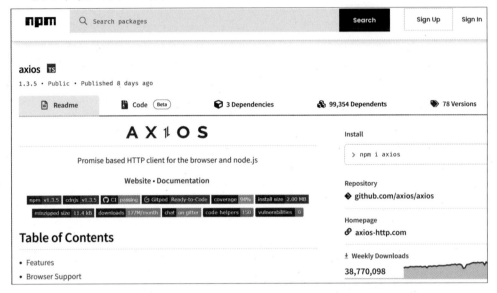

패키지 이름 오른쪽에 TS 표시가 있는 것으로 보아 axios 패키지는 자체적으로 타입스크립트를 지원합니다. 따라서 별도로 @types 패키지를 설치하지 않아도 됩니다.

tsbook 폴더 안에 axios 폴더를 생성하고, axios 폴더로 이동하여 axios 패키지를 설치합니다. 이어서 tsconfig.json도 생성합니다.

터미널

```
$ cd (tsbook 폴더 경로)
$ mkdir axios
$ cd axios
$ npm i axios@1.3.3
$ npx tsc --init
```

axios 폴더 안에 test.ts 파일을 만들고 다음과 같이 코드를 입력합니다.

---

1 https://npmjs.com/package/axios

```
test.ts
import axios from "axios";

interface Post {
  userId: number, id: number, title: string, body: string
}

(async() => {
  try {
    const res = await axios.get<Post>('https://jsonplaceholder.typicode.com/posts/1');
    console.log(res.data.userId);
    const res2 = await axios.post<Post>('https://jsonplaceholder.typicode.com/posts', {
      title: 'foo',
      body: 'bar',
      userId: 1,
    });
    console.log(res2.data.id);
  } catch (error) {
    if (axios.isAxiosError<{ message: string }>(error)) {
      console.log(error.response?.data.message);
    }
  }
})();
```

https://jsonplaceholder.typicode.com/posts/1 주소로 GET 요청을 보내고 있습니다. 응답은 response에 들어 있고, 응답의 본문(Body)은 response.data입니다. 요청에 에러가 발생할 때는 catch문이 실행됩니다. 에러 응답은 error.response에 들어 있고, 에러 응답의 본문은 error.response.data입니다.

axios 타입 선언에서 진입점이 되는 파일이 무엇인지 확인합시다. 진입점 파일의 이름은 node_modules/axios/package.json의 types 속성에 들어 있다는 것을 이전 장에서 배웠습니다.

```
node_modules/axios/package.json
...
"type": "module",
"types": "index.d.ts",
...
```

index.d.ts 파일이라고 되어 있습니다. types 속성 외에 type 속성도 있어서 헷갈릴 수 있는데, 이 둘은 완전히 다릅니다. type 속성은 axios 패키지가 어떤 모듈 시스템을 사용하는지를 나타냅니다. 값이 module이므로 현재 axios 패키지는 ECMAScript 모듈 시스템을 따릅니다. type 속성이 없거나 값이 commonjs이면 해당 패키지는 CommonJS 모듈 시스템을 따릅니다.

이제 axios 변수가 어떻게 타이핑되어 있는지 확인해봅시다. 이번에는 test.ts 파일에 axios 변수가 import되어 있습니다. axios에서 Go to Definition합니다. 그러면 index.d.ts 파일로 이동합니다.

node_modules/axios/index.d.ts

```
// TypeScript Version: 4.7
...
declare const axios: AxiosStatic;

export default axios;
```

이 파일은 axios 타입 선언의 진입점이기도 합니다. 따라서 이 파일에서부터 타입 분석을 해나가면 됩니다. 타입스크립트 버전이 4.7 이상이면 이 파일을 사용할 수 있습니다. @types/jquery와 마찬가지로 .d.ts 파일에 타입 선언되어 있습니다. 실제 구현부는 따로 있다는 뜻입니다. 구현은 node_modules/axios/index.js에 되어 있습니다.

마지막에 export default axios로 axios 변수를 export하고 있습니다. ECMAScript 모듈 시스템을 사용하는 것입니다. 그래서 import axios로 axios 변수를 불러올 수 있습니다.

이어지는 다음 코드에서 어떻게 axios.get 메서드 호출이 가능한지, ⟨Post⟩ 제네릭은 무엇인지 알아보겠습니다. axios 변수의 타입이 AxiosStatic이므로 AxiosStatic을 살펴봅시다. 같은 파일에 있습니다.

test.ts

```
...
const res = await axios.get<Post>('https://jsonplaceholder.typicode.com/posts/1');
...
```

node_modules/axios/index.d.ts

```
...
export interface AxiosStatic extends AxiosInstance {
  create(config?: CreateAxiosDefaults): AxiosInstance;
```

```
  Cancel: CancelStatic;
  CancelToken: CancelTokenStatic;
  Axios: typeof Axios;
  AxiosError: typeof AxiosError;
  HttpStatusCode: typeof HttpStatusCode;
  readonly VERSION: string;
  isCancel: typeof isCancel;
  all: typeof all;
  spread: typeof spread;
  isAxiosError: typeof isAxiosError;
  toFormData: typeof toFormData;
  formToJSON: typeof formToJSON;
  CanceledError: typeof CanceledError;
  AxiosHeaders: typeof AxiosHeaders;
}
...
```

여기에는 get 메서드가 없습니다. AxiosStatic 인터페이스는 AxiosInstance 인터페이스를 상속하고 있으므로 AxiosInstance도 한번 살펴보아야 합니다.

node_modules/axios/index.d.ts

```
...
export interface AxiosInstance extends Axios {
  <T = any, R = AxiosResponse<T>, D = any>(config: AxiosRequestConfig<D>): Promise<R>;
  <T = any, R = AxiosResponse<T>, D = any>(url: string, config?: AxiosRequestConfig<D>):
Promise<R>;

  defaults: Omit<AxiosDefaults, 'headers'> & {
    headers: HeadersDefaults & {
      [key: string]: AxiosHeaderValue
    }
  };
}
...
```

여기에도 get 메서드가 없습니다. AxiosInstance 인터페이스는 Axios 인터페이스를 상속하고 있으므로 Axios도 살펴보겠습니다.

```
...
export class Axios {
  constructor(config?: AxiosRequestConfig);
  defaults: AxiosDefaults;
  interceptors: {
    request: AxiosInterceptorManager<InternalAxiosRequestConfig>;
    response: AxiosInterceptorManager<AxiosResponse>;
  };
  getUri(config?: AxiosRequestConfig): string;
  request<T = any, R = AxiosResponse<T>, D = any>(config: AxiosRequestConfig<D>):
➡ Promise<R>;
  get<T = any, R = AxiosResponse<T>, D = any>(url: string, config?:
➡ AxiosRequestConfig<D>): Promise<R>;
  delete<T = any, R = AxiosResponse<T>, D = any>(url: string, config?:
➡ AxiosRequestConfig<D>): Promise<R>;
  head<T = any, R = AxiosResponse<T>, D = any>(url: string, config?:
➡ AxiosRequestConfig<D>): Promise<R>;
  options<T = any, R = AxiosResponse<T>, D = any>(url: string, config?:
➡ AxiosRequestConfig<D>): Promise<R>;
  post<T = any, R = AxiosResponse<T>, D = any>(url: string, data?: D, config?:
➡ AxiosRequestConfig<D>): Promise<R>;
  put<T = any, R = AxiosResponse<T>, D = any>(url: string, data?: D, config?:
➡ AxiosRequestConfig<D>): Promise<R>;
  patch<T = any, R = AxiosResponse<T>, D = any>(url: string, data?: D, config?:
➡ AxiosRequestConfig<D>): Promise<R>;
  postForm<T = any, R = AxiosResponse<T>, D = any>(url: string, data?: D, config?:
➡ AxiosRequestConfig<D>): Promise<R>;
  putForm<T = any, R = AxiosResponse<T>, D = any>(url: string, data?: D, config?:
➡ AxiosRequestConfig<D>): Promise<R>;
  patchForm<T = any, R = AxiosResponse<T>, D = any>(url: string, data?: D, config?:
➡ AxiosRequestConfig<D>): Promise<R>;
  }
  ...
```

이번에는 get 메서드를 확인할 수 있습니다. 사실 axios.get의 get에서 바로 Go to Definition하면 찾을 수 있었지만, 이렇게 상속을 거슬러 올라가면서 찾을 수도 있다는 것을 보이기 위해 이러한 방식으로 찾아보았습니다.

axios.get의 첫 번째 타입 매개변수는 T로, 현재 Post를 넣은 상황입니다. R은 기본값이 AxiosResponse<T>이므로 AxiosResponse<Post>가 되고, D는 기본값이 any인 상황입니다. url은

https://jsonplaceholder.typicode.com/posts/1 문자열을 제공했고, config는 옵셔널이므로 제공하지 않았습니다. 반환값의 타입은 Promise<R>이므로 Promise<AxiosResponse<Post>>가 됩니다.

왜 T, R, D를 따로 타이핑해두었는지, 그리고 <Post>로 명시적으로 제공하는 이유가 무엇인지 타입 분석으로 확인해보겠습니다. AxiosResponse 타입을 살펴봅시다.

node_modules/axios/index.d.ts

```
...
export interface AxiosResponse<T = any, D = any> {
  data: T;
  status: number;
  statusText: string;
  headers: RawAxiosResponseHeaders | AxiosResponseHeaders;
  config: InternalAxiosRequestConfig<D>;
  request?: any;
}
...
```

T는 data로 되어 있습니다. res가 AxiosResponse 타입이므로 res.data가 Post라는 의미입니다. 서버로부터 오는 데이터이므로, 타입스크립트에서는 어떤 타입이 될지 추론할 수가 없어 미리 명시적으로 타이핑한 것입니다. 응답에는 data 말고도 status(http 상태 코드), statusText(http 상태 텍스트), headers(응답 헤더), config(요청에 대한 설정) 등이 있다는 것을 알 수 있습니다.

config가 궁금하다면 AxiosRequestConfig와 InternalAxiosRequestConfig를 찾아보면 됩니다.

node_modules/axios/index.d.ts

```
...
export interface AxiosRequestConfig<D = any> {
  url?: string;
  method?: Method | string;
  baseURL?: string;
  transformRequest?: AxiosRequestTransformer | AxiosRequestTransformer[];
  transformResponse?: AxiosResponseTransformer | AxiosResponseTransformer[];
  headers?: (RawAxiosRequestHeaders & MethodsHeaders) | AxiosHeaders;
  params?: any;
  paramsSerializer?: ParamsSerializerOptions;
  data?: D;
  timeout?: Milliseconds;
```

```
      timeoutErrorMessage?: string;
      withCredentials?: boolean;
      adapter?: AxiosAdapterConfig | AxiosAdapterConfig[];
      auth?: AxiosBasicCredentials;
      responseType?: ResponseType;
      responseEncoding?: responseEncoding | string;
      xsrfCookieName?: string;
      xsrfHeaderName?: string;
      onUploadProgress?: (progressEvent: AxiosProgressEvent) => void;
      onDownloadProgress?: (progressEvent: AxiosProgressEvent) => void;
      maxContentLength?: number;
      validateStatus?: ((status: number) => boolean) | null;
      maxBodyLength?: number;
      maxRedirects?: number;
      maxRate?: number | [MaxUploadRate, MaxDownloadRate];
      beforeRedirect?: (options: Record<string, any>, responseDetails: {headers:
  Record<string, string>}) => void;
      socketPath?: string | null;
      httpAgent?: any;
      httpsAgent?: any;
      proxy?: AxiosProxyConfig | false;
      cancelToken?: CancelToken;
      decompress?: boolean;
      transitional?: TransitionalOptions;
      signal?: GenericAbortSignal;
      insecureHTTPParser?: boolean;
      env?: {
        FormData?: new (...args: any[]) => object;
      };
      formSerializer?: FormSerializerOptions;
    }


    // Alias
    export type RawAxiosRequestConfig<D = any> = AxiosRequestConfig<D>;

    export interface InternalAxiosRequestConfig<D = any> extends AxiosRequestConfig<D> {
      headers: AxiosRequestHeaders;
    }
    ...
```

AxiosRequestConfig는 다양한 속성을 갖고 있고, InternalAxiosRequestConfig는
AxiosRequestConfig를 상속하고 있습니다. 대신 headers 속성의 타입이 조금 바뀌었습니

다. 일반적으로 상속할 때 타입을 변경하는 것은 불가능하지만 AxiosRequestHeaders가 (RawAxiosRequestHeaders & MethodHeaders) | AxiosHeaders에 대입할 수 있으므로 타입을 변경할 수 있습니다(이 내용은 2.12절에서 배웠습니다).

```
...
export type AxiosRequestHeaders = RawAxiosRequestHeaders & AxiosHeaders;
...
```

config의 data가 D라는 것은 알아냈지만 이것이 무엇을 의미하는지는 알 수가 없습니다. axios 공식 문서의 설명을 봐야만 파악할 수 있습니다. 타입스크립트는 어떤 속성이 있는지를 보여주지만, 무슨 역할을 하는지까지는 알려주지 않습니다. 주석이나 문서로 파악해야 합니다.

공식 문서의 설명을 보면 각각 다음을 의미합니다.

- T: 서버로부터 오는 응답 본문 데이터
- D: 서버로 보내는 요청 본문 데이터

get 요청 시에는 서버로 보내는 요청 본문이 없으므로 D를 사용할 일이 없지만, post 요청 시에는 있습니다. test.ts에서 axios.post 요청을 보내는 부분을 봅시다.

test.ts

```
...
const res2 = await axios.post<Post>('https://jsonplaceholder.typicode.com/posts', {
  title: 'foo',
  body: 'bar',
  userId: 1,
});
console.log(res2.data.id);
...
```

post에서 Go to Definition해봅시다.

node_modules/axios/index.d.ts

```
...
export class Axios {
  ...
```

```
  post<T = any, R = AxiosResponse<T>, D = any>(url: string, data?: D, config?:
➡ AxiosRequestConfig<D>): Promise<R>;
    ...
  }
  ...
```

타입 매개변수 D를 쓰지 않은 것이 아니냐 할 수 있지만, D는 data로부터 타입 추론됩니다. 따라서 군이 <Post, AxiosResponse<Post>, Omit<Post, 'id'>> 이렇게 세 타입의 매개변수를 전부 적을 필요가 없습니다. res2.data는 T이므로 Post가 됩니다.

이번에는 catch문 부분을 살펴보겠습니다.

test.ts

```
  ...
  } catch (error) {
    if (axios.isAxiosError<{ message: string }>(error)) {
    console.log(error.response?.data.message);
  }
  ...
```

error 변수의 타입은 기본적으로 unknown입니다. 따라서 as로 강제 지정하거나 타입 서술을 통해 타입을 지정하는 것을 권장합니다. 다행히 axios.isAxiosError는 타입 서술을 지원합니다. Go to Definition을 통해 타입 선언으로 들어가봅시다.

node_modules/axios/index.d.ts

```
  ...
  export interface AxiosStatic extends AxiosInstance {
    ...
    isAxiosError: typeof isAxiosError;
    ...
  }
  ...
```

node_modules/axios/index.d.ts

```
  ...
  export function isAxiosError<T = any, D = any>(payload: any): payload is AxiosError<T,
➡ D>;
  ...
```

타입 서술을 사용하면 error가 AxiosError 타입이 됩니다. AxiosError 타입은 타입 매개변수를 두 개 가집니다. 지금까지의 타입 매개변수 이름으로 미루어보아 T는 응답의 본문, D는 요청의 본문을 가리키는 타입으로 추측할 수 있습니다. 추측이 맞는지 AxiosError 타입을 확인해봅시다.

node_modules/axios/index.d.ts

```
...
export class AxiosError<T = unknown, D = any> extends Error {
  constructor(
      message?: string,
      code?: string,
      config?: InternalAxiosRequestConfig<D>,
      request?: any,
      response?: AxiosResponse<T, D>
  );

  config?: InternalAxiosRequestConfig<D>;
  code?: string;
  request?: any;
  response?: AxiosResponse<T, D>;
  isAxiosError: boolean;
  status?: number;
  toJSON: () => object;
  cause?: Error;
  static from<T = unknown, D = any>(
    error: Error | unknown,
    code?: string,
    config?: InternalAxiosRequestConfig<D>,
    request?: any,
    response?: AxiosResponse<T, D>,
    customProps?: object,
  ): AxiosError<T, D>;
  static readonly ERR_FR_TOO_MANY_REDIRECTS = "ERR_FR_TOO_MANY_REDIRECTS";
  static readonly ERR_BAD_OPTION_VALUE = "ERR_BAD_OPTION_VALUE";
  static readonly ERR_BAD_OPTION = "ERR_BAD_OPTION";
  static readonly ERR_NETWORK = "ERR_NETWORK";
  static readonly ERR_DEPRECATED = "ERR_DEPRECATED";
  static readonly ERR_BAD_RESPONSE = "ERR_BAD_RESPONSE";
  static readonly ERR_BAD_REQUEST = "ERR_BAD_REQUEST";
  static readonly ERR_NOT_SUPPORT = "ERR_NOT_SUPPORT";
  static readonly ERR_INVALID_URL = "ERR_INVALID_URL";
  static readonly ERR_CANCELED = "ERR_CANCELED";
  static readonly ECONNABORTED = "ECONNABORTED";
```

```
  static readonly ETIMEDOUT = "ETIMEDOUT";
}
...
```

T와 D가 AxiosResponse의 타입 매개변수로 그대로 이어지는 것을 보니 추측한 내용이 맞습니다. static readonly 부분은 axios에서 발생할 수 있는 에러 코드들을 정리해둔 것입니다.

T 타입 매개변수로 { message: string }을 제공했으므로 error.response?.data.message로 사용할 수 있습니다. response가 옵셔널이므로 옵셔널 체이닝 연산자를 사용해야 합니다. AxiosError를 처리할 때 axios.isAxiosError 타입 서술을 통해 error의 타입을 정확하게 만들 수 있음을 확인했습니다.

test.ts

```
...
} catch (error) {
  if (axios.isAxiosError<{ message: string }>(error)) {
  console.log(error.response?.data.message);
}
...
```

분석을 마치기 전에 왜 굳이 AxiosStatic, AxiosInstance, Axios 타입을 서로 분리하고, 상속을 통해 연결했을지 생각해봅시다. 이유는 간단합니다. Axios 클래스만 쓸 경우도 있고, AxiosInstance로만 사용할 때도 있고, AxiosStatic으로 사용할 때도 있기 때문입니다. 각각의 예시를 볼까요?

```
import { Axios } from 'axios';
// Axios
new Axios().get('www.gilbut.co.kr');

// AxiosInstance
axios({ url: 'www.gilbut.co.kr', method: 'get' });

// AxiosStatic
axios.create().get('www.gilbut.co.kr');
```

axios는 요청을 보낼 때 이렇게 다양한 방식을 지원합니다. 마침 AxiosInstance 타입은 Axios 인스턴스의 모든 속성을 갖고 있고, AxiosStatic은 AxiosInstance의 모든 속성을 갖고 있으므로 상속으로 중복을 제거한 것입니다.

6.1 Axios 직접 타이핑하기

이번에도 axios 패키지를 직접 타이핑해보는 연습을 해봅시다. 백지에서 직접 타이핑해보는 연습은 실력 향상에 많은 도움이 됩니다.

axios 폴더 안에 zaxios.ts 파일을 만들고 다음 코드를 입력합니다.

zaxios.ts

```
interface Zaxios {}
declare const zaxios: Zaxios;

interface Post {
  userId: number, id: number, title: string, body: string
}

(async() => {
  try {
    const res = await zaxios.get<Post>('https://jsonplaceholder.typicode.com/posts/1');
    console.log(res.data.userId);
    const res2 = await zaxios.post<Post>('https://jsonplaceholder.typicode.com/posts', {
      title: 'foo',
      body: 'bar',
      userId: 1,
    });
    console.log(res2.data.id);
  } catch (error) {
    if (zaxios.isAxiosError<{ message: string }>(error)) {
      console.log(error.response?.data.message);
    }
  }
})();
```

```
// Axios
new ZAxios().get('www.gilbut.co.kr');

// AxiosInstance
zaxios({ url: 'www.gilbut.co.kr', method: 'get' });

// AxiosStatic
zaxios.create().get('www.gilbut.co.kr');
```

먼저 get, post, isAxiosError, create 같은 메서드를 만들겠습니다. 타입 매개변수 자리도 마련
해야 합니다.

zaxios.ts

```
interface ZaxiosResponse {}
interface Zaxios {
  get<ResponseData>(url: string): ZaxiosResponse;
  post<ResponseData>(url: string, requestData: unknown): ZaxiosResponse;
  isAxiosError<ResponseData>(error: unknown): ZaxiosResponse;
  create(): Zaxios;
}
declare const zaxios: Zaxios;

interface Post {
  userId: number, id: number, title: string, body: string
}

(async() => {
  try {
    const res = await zaxios.get<Post>('https://jsonplaceholder.typicode.com/posts/1');
    console.log(res.data.userId);
    const res2 = await zaxios.post<Post>('https://jsonplaceholder.typicode.com/posts', {
      title: 'foo',
      body: 'bar',
      userId: 1,
    });
    console.log(res2.data.id);
  } catch (error) {
    if (zaxios.isAxiosError<{ message: string }>(error)) {
      console.log(error.response?.data.message);
    }
  }
```

```
  })();

  // Axios
  new ZAxios().get('www.gilbut.co.kr');

  // AxiosInstance
  zaxios({ url: 'www.gilbut.co.kr', method: 'get' });

  // AxiosStatic
  zaxios.create().get('www.gilbut.co.kr');
```

메서드를 선언하고, 반환값은 ZaxiosResponse로 선언했습니다. requestData는 unknown으로 표기했는데, 어떤 데이터를 서버로 보낼지 알 수 없기 때문입니다. any는 지양해야 하는 타입이므로 unknown을 씁니다. ZaxiosResponse가 빈 인터페이스이므로 res, res2의 data에서 에러가 발생합니다. isAxiosError의 반환값도 사실 ZaxiosResponse가 아닙니다. ZaxiosResponse를 속성으로 갖고 있는 에러 객체여야 합니다. ZaxiosResponse와 isAxiosError의 타입을 수정합시다.

zaxios.ts

```
interface ZaxiosError<ResponseData> {
  response?: ZaxiosResponse<ResponseData>;
}
interface ZaxiosResponse<ResponseData> {
  data: ResponseData;
}
interface Zaxios {
  get<ResponseData>(url: string): ZaxiosResponse<ResponseData>;
  post<ResponseData>(url: string, requestData: unknown): ZaxiosResponse<ResponseData>;
  isAxiosError<ResponseData>(error: unknown): error is ZaxiosError<ResponseData>;
  create(): Zaxios;
}
declare const zaxios: Zaxios;

interface Post {
  userId: number, id: number, title: string, body: string
}

(async() => {
  try {
    const res = await zaxios.get<Post>('https://jsonplaceholder.typicode.com/posts/1');
    console.log(res.data.userId);
```

```
      const res2 = await zaxios.post<Post>('https://jsonplaceholder.typicode.com/posts', {
        title: 'foo',
        body: 'bar',
        userId: 1,
      });
      console.log(res2.data.id);
    } catch (error) {
      if (zaxios.isAxiosError<{ message: string }>(error)) {
        console.log(error.response?.data.message);
      }
    }
})();

// Axios
new ZAxios().get('www.gilbut.co.kr');

// AxiosInstance
zaxios({ url: 'www.gilbut.co.kr', method: 'get' });

// AxiosStatic
zaxios.create().get('www.gilbut.co.kr');
```

타입 서술을 사용해서 error의 타입을 ZaxiosError로 만들었습니다. response 속성에 옵셔널 체이닝이 적용되어 있으니 인터페이스 내부에서도 옵셔널로 선언했습니다.

이제 new ZAxios와 zaxios() 부분의 에러만 남았습니다. 클래스와 함수로 axios를 사용하는 방식을 타이핑합시다.

zaxios.ts
```
interface ZaxiosError<ResponseData> {
  response?: ZaxiosResponse<ResponseData>;
}
interface ZaxiosResponse<ResponseData> {
  data: ResponseData;
}
interface Config {
  url: string;
  method: string;
}
declare class ZAxios {
  constructor();
```

```
}
interface Zaxios {
  <ResponseData>(config: Config): ZaxiosResponse<ResponseData>;
  get<ResponseData>(url: string): ZaxiosResponse<ResponseData>;
  post<ResponseData>(url: string, requestData: unknown): ZaxiosResponse<ResponseData>;
  isAxiosError<ResponseData>(error: unknown): error is ZaxiosError<ResponseData>;
  create(): Zaxios;
}
declare const zaxios: Zaxios;
...
// Axios
new ZAxios().get('www.gilbut.co.kr');

// AxiosInstance
zaxios({ url: 'www.gilbut.co.kr', method: 'get' });

// AxiosStatic
zaxios.create().get('www.gilbut.co.kr');
```

ZAxios 클래스를 선언하고, declare 예약어를 붙여서 타입 선언만 할 것임을 알렸습니다. declare 예약어를 붙이지 않으면 메서드 구현부까지 전부 구현해야 합니다. Zaxios 인터페이스에서는 함수 호출이 가능하게끔 타입을 추가했습니다.

다만 코드를 수정하고 나니 클래스에 get 메서드가 존재하지 않아 에러가 발생합니다. get, post 같은 메서드를 클래스로 옮기고 인터페이스가 클래스를 상속하게 만듭시다.

zaxios.ts

```
...
declare class ZAxios {
  constructor();
  get<ResponseData>(url: string): ZaxiosResponse<ResponseData>;
  post<ResponseData>(url: string, requestData: unknown): ZaxiosResponse<ResponseData>;
}
interface Zaxios extends ZAxios {
  <ResponseData>(config: Config): ZaxiosResponse<ResponseData>;
  isAxiosError<ResponseData>(error: unknown): error is ZaxiosError<ResponseData>;
  create(): Zaxios;
}
declare const zaxios: Zaxios;
...
// Axios
```

```
new ZAxios().get('www.gilbut.co.kr');

// AxiosInstance
zaxios({ url: 'www.gilbut.co.kr', method: 'get' });

// AxiosStatic
zaxios.create().get('www.gilbut.co.kr');
```

이제 모든 에러가 사라졌습니다. jquery 타이핑 때와 마찬가지로 직접 타이핑한 코드는 실제
axios 타입과는 많이 다릅니다. 하지만 타입에러는 없습니다. 타입에러가 없을 정도로만 최소한
으로 타이핑하고, 나중에 코드가 추가되어 타입에러가 발생할 때 타입을 수정하면 됩니다. 타입에
러가 없고 타입 추론이 잘 되도록 타이핑할 수 있는 능력을 기르는 것이 중요합니다.

6.2 / 다양한 모듈 형식으로 js 파일 생성하기

test.ts의 코드를 다양한 모듈 형식으로 생성할 수 있습니다. 기본적으로 tsconfig.json은
CommonJS 형식의 모듈로 코드를 변환합니다.

터미널

```
$ npx tsc
```

test.ts가 변환된 test.js 파일이 생성됩니다.

test.js

```
"use strict";
var __awaiter = (this && this.__awaiter) || function (thisArg, _arguments, P, generator)
⇒ {
    function adopt(value) { return value instanceof P ? value : new P(function (resolve)
⇒ { resolve(value); }); }
    return new (P || (P = Promise))(function (resolve, reject) {
        function fulfilled(value) { try { step(generator.next(value)); } catch (e) {
⇒ reject(e); } }
```

```
        function rejected(value) { try { step(generator["throw"](value)); } catch (e) {
➡ reject(e); } }
        function step(result) { result.done ? resolve(result.value) : adopt(result.
➡ value).then(fulfilled, rejected); }
        step((generator = generator.apply(thisArg, _arguments || [])).next());
    });
};
var __importDefault = (this && this.__importDefault) || function (mod) {
    return (mod && mod.__esModule) ? mod : { "default": mod };
};
Object.defineProperty(exports, "__esModule", { value: true });
const axios_1 = __importDefault(require("axios"));
(() => __awaiter(void 0, void 0, void 0, function* () {
    var _a;
    try {
        const res = yield axios_1.default.get('https://jsonplaceholder.typicode.com/
➡ posts/1');
        console.log(res.data.userId);
        const res2 = yield axios_1.default.post('https://jsonplaceholder.typicode.com/
➡ posts', {
            title: 'foo',
            body: 'bar',
            userId: 1,
        });
        console.log(res2.data.id);
    }
    catch (error) {
        if (axios_1.default.isAxiosError(error)) {
            console.log((_a = error.response) === null || _a === void 0 ? void 0 : _
➡ a.data.message);
        }
    }
}))();
```

__awaiter와 __importDefault라는 복잡한 함수가 생성되었습니다. __awaiter는 async/await 문법을 대체하기 위해 만들어진 함수입니다. 현재 tsconfig.json의 target이 es2016이라 async/await 문법을 지원하지 못합니다. 그래서 제너레이터 함수로 대체한 것입니다. 이는 target을 올려 해결할 수 있습니다.

```
...
   "target": "ES2022",
...
```

target을 바꾼 뒤 다시 변환해봅시다.

```
$ npx tsc
```

```
"use strict";
var __importDefault = (this && this.__importDefault) || function (mod) {
    return (mod && mod.__esModule) ? mod : { "default": mod };
};
Object.defineProperty(exports, "__esModule", { value: true });
const axios_1 = __importDefault(require("axios"));
(async () => {
    try {
        const res = await axios_1.default.get('https://jsonplaceholder.typicode.com/
posts/1');
        console.log(res.data.userId);
        const res2 = await axios_1.default.post('https://jsonplaceholder.typicode.com/
posts', {
            title: 'foo',
            body: 'bar',
            userId: 1,
        });
        console.log(res2.data.id);
    }
    catch (error) {
        if (axios_1.default.isAxiosError(error)) {
            console.log(error.response?.data.message);
        }
    }
})();
```

이제 __awaiter는 사라지고 __importDefault 함수만 남았습니다. __importDefault 함수는 esModuleInterop 설정이 활성화되어 있을 때 생성되는 함수입니다.

먼저 타입스크립트는 ECMAScript 모듈을 CommonJS로 변환하는 경우 모듈에 __esModule이라는 속성을 true로 넣어둡니다. Object.defineProperty(exports, "__esModule", { value: true }); 코드가 해당 부분입니다.

__importDefault 함수는 불러오는 모듈을 검사하여 __esModule 속성이 있으면 그 모듈을 그대로 가져다 쓰고, 없으면 { default: 모듈 }로 객체 형태로 가져옵니다. axios 패키지에는 __esModule 속성이 없습니다. node_modules/axios/index.js에서 없다는 것을 확인할 수 있습니다. 그래서 axios_1은 { default: axios } 모양이 됩니다.

현재 파일에 있는 Object.defineProperty(exports, "__esModule", { value: true });는 다른 파일이 test.js 파일을 불러오려고 할 때 이 파일이 CommonJS로 변환된 파일이란 걸 보여주기 위해 존재합니다.

이번에는 CommonJS 대신 ECMAScript 모듈로 변환해보겠습니다. tsconfig.json의 module 속성을 다음과 같이 수정합니다. module만 수정하면 에러가 발생하므로 moduleResolution도 node로 바꿉니다.

tsconfig.json

```
...
    "module": "ES2015",
    // "rootDir": "./",
    "moduleResolution": "node",
...
```

다시 변환해봅시다.

터미널

```
$ npx tsc
```

test.js

```
import axios from "axios";
(async () => {
    try {
        const res = await axios.get('https://jsonplaceholder.typicode.com/posts/1');
        console.log(res.data.userId);
        const res2 = await axios.post('https://jsonplaceholder.typicode.com/posts', {
            title: 'foo',
```

```
            body: 'bar',
            userId: 1,
        });
        console.log(res2.data.id);
    }
    catch (error) {
        if (axios.isAxiosError(error)) {
            console.log(error.response?.data.message);
        }
    }
})();
```

test.ts와 거의 비슷한 결과물이 나왔습니다. 명시적 타이핑 정도만 제거되었습니다. 애초에 test.ts가 ECMAScript 모듈이었으므로 변환할 게 없습니다.

이번에는 UMD 모듈로 변환해봅시다.

tsconfig.json

```
...
    "module": "UMD",
...
```

터미널

```
$ npx tsc
```

test.js

```
var __importDefault = (this && this.__importDefault) || function (mod) {
    return (mod && mod.__esModule) ? mod : { "default": mod };
};
(function (factory) {
    if (typeof module === "object" && typeof module.exports === "object") {
        var v = factory(require, exports);
        if (v !== undefined) module.exports = v;
    }
    else if (typeof define === "function" && define.amd) {
        define(["require", "exports", "axios", "axios"], factory);
    }
})(function (require, exports) {
    "use strict";
```

```
Object.defineProperty(exports, "__esModule", { value: true });
const axios_1 = __importDefault(require("axios"));
(async () => {
    try {
        const res = await axios_1.default.get('https://jsonplaceholder.typicode.
com/posts/1');
        console.log(res.data.userId);
        const res2 = await axios_1.default.post('https://jsonplaceholder.typicode.
com/posts', {
            title: 'foo',
            body: 'bar',
            userId: 1,
        });
        console.log(res2.data.id);
    }
    catch (error) {
        if (axios_1.default.isAxiosError(error)) {
            console.log(error.response?.data.message);
        }
    }
})();
});
```

UMD 모듈은 CommonJS와 AMD 모듈 시스템, 모두 호환되는 통합형 모듈 시스템입니다. 요즘에는 AMD 모듈을 거의 사용하지 않으므로 UMD 모듈 또한 보기 힘들어졌습니다. 이외에도 AMD, System 같은 모듈 시스템으로도 변환할 수 있으나 자주 사용하지는 않습니다.

6.3 axios의 타입을 어떻게 찾았는지 이해하기

지금까지는 axios 패키지를 import할 때 node_modules/axios/index.d.ts를 사용한다고 알고 있었습니다. 그런데 타입스크립트는 axios의 타입이 node_modules/axios/index.d.ts에 있다는 것을 어떻게 알았을까요?

Axios 타입 분석하기

node_modules/axios의 package.json에 types 속성이 index.d.ts여서 알 수 있는 것 아닌가 생각할 수도 있습니다. 이는 반은 맞고 반은 틀린 추측입니다. 이전 장에서 jquery 패키지를 설치할 때는 node_modules/jquery의 package.json에 types 속성이 없었습니다. types 속성은 node_modules/@types/jquery의 package.json에 있었습니다. 타입스크립트 입장에서는 먼저 axios가 자체적으로 타입을 지원하는지 아니면 커뮤니티 타입을 지원하는지부터 알아야 합니다.

자체적으로 타입을 지원하는 경우는 node_modules/axios의 package.json 파일을 열어 types 속성을 확인해야 하고, 커뮤니티 타입을 지원하는 경우에는 node_modules/@types/axios의 package.json 파일을 열어 types 속성을 확인해야 합니다. 타입스크립트는 이러한 과정을 순서대로 실행하므로 axios의 타입이 어디에 있는지 알 수 있습니다.

타입스크립트가 모듈을 찾는 정확한 순서는 다음과 같습니다.

1. 현재 파일이 있는 폴더에 node_modules가 있는지 확인하고 있으면 2번부터 12번까지 순차적으로 파일을 찾을 때까지 수행, 없으면 부모 폴더로 올라가서 다시 1번을 수행

2. node_modules/module.ts

3. node_modules/module.tsx

4. node_modules/module.d.ts

5. node_modules/module/package.json 속성 찾기

6. node_modules/module/index.ts

7. node_modules/module/index.tsx

8. node_modules/module/index.d.ts

9. node_modules/@types/module/package.json 속성 찾기

10. node_modules/@types/module.d.ts

11. node_modules/@types/module/index.d.ts

12. 2~11번까지 모두 못 찾았으면 부모 폴더로 올라가서 1번을 수행

13. 최상위 폴더까지 갔는데도 못 찾으면 에러

순서가 복잡해 보이지만 생각보다 간단합니다. 실제 axios의 예로 확인해보겠습니다. 현재 test.ts는 ts-book/axios/test.ts에 있습니다. test.ts에서 axios를 import했으니 axios의 타입을 찾기 위해 위 과정을 수행합니다.

먼저 test.ts가 위치한 axios 폴더에서 node_modules가 있는지 확인합니다(1번). 없으니 부모 폴더로 올라가서 다시 1번을 수행합니다. 부모 폴더는 ts-book 폴더입니다. ts-book 폴더에는 node_modules 폴더가 있습니다. node_modules 폴더 내부의 axios.ts, axios.tsx, axios.d.ts 를 찾습니다(2, 3, 4번).

세 파일이 모두 없다면 node_modules/axios/package.json 파일을 찾습니다(5번). 다행히 package.json은 있습니다. 여기서 typesVersions, typings, types, main 속성을 순서대로 찾습니다. axios에는 typings와 types 속성이 있습니다. 이 둘은 서로 별칭이라 둘 중 하나만 있어도 됩니다. typings와 types 속성 모두 index.d.ts를 가리키고, 타입스크립트는 node_modules/ axios/index.d.ts를 axios에 대한 타입으로 인식합니다.

만약 node_modules/axios/package.json에서 타입 파일을 찾지 못했다면 node_modules/ axios 폴더 안에서 다시 index.ts, index.tsx, index.d.ts를 찾습니다(6, 7, 8번). 여기서도 찾지 못했다면 그제서야 node_modules/@types/axios 폴더의 package.json 속성을 확인합니다 (9번). 이런 식으로 정해진 순서가 있으므로 타입스크립트는 이 과정을 통해 타입을 찾아냅니다.

이 과정은 npx tsc 명령어를 수행하면서도 확인할 수 있습니다.

npx tsc 명령어에 --traceResolution 옵션을 붙여서 실행해봅시다. traceResolution 옵션은 타입 스크립트가 타입을 찾는 과정을 보여줍니다.

5장에서 사용했던 jquery와 @types/jquery 패키지는 지우고 npx tsc --traceResolution을 실행 해봅시다.

터미널

```
$ npm rm jquery @types/jquery
$ npx tsc --traceResolution
======== Resolving module 'axios' from 'C:/Users/speak/tsbook/axios/test.ts'. ========
Module resolution kind is not specified, using 'Node10'.
Loading module 'axios' from 'node_modules' folder, target file types: TypeScript,
Declaration.
Directory 'C:/Users/speak/tsbook/axios/node_modules' does not exist, skipping all
lookups in it.
Found 'package.json' at 'C:/Users/speak/tsbook/node_modules/axios/package.json'.
File 'C:/Users/speak/tsbook/node_modules/axios.ts' does not exist.
File 'C:/Users/speak/tsbook/node_modules/axios.tsx' does not exist.
File 'C:/Users/speak/tsbook/node_modules/axios.d.ts' does not exist.
'package.json' does not have a 'typesVersions' field.
'package.json' has 'typings' field './index.d.ts' that references 'C:/Users/speak/
tsbook/node_modules/axios/index.d.ts'.
```

```
File 'C:/Users/speak/tsbook/node_modules/axios/index.d.ts' exists - use it as a name
resolution result.
Resolving real path for 'C:/Users/speak/tsbook/node_modules/axios/index.d.ts', result
'C:/Users/speak/tsbook/node_modules/axios/index.d.ts'.
======== Module name 'axios' was successfully resolved to 'C:/Users/speak/tsbook/
node_modules/axios/index.d.ts' with Package ID 'axios/index.d.ts@1.3.3'. ========
```

1~13번 과정을 거치면서 node_modules/axios/package.json의 typings 속성을 보고 node_modules/axios/index.d.ts 파일을 찾아냈음을 표시하고 있습니다.

상대 경로인 모듈을 찾을 때는 조금 더 간단한 과정을 거칩니다. 상대 경로 모듈이란 import a from './b'처럼 모듈 이름 앞에 ./나 ../가 붙어 있는 모듈을 의미합니다. 해당 모듈의 경로에서 다음 파일을 순차적으로 찾습니다.

1. module.ts

2. module.tsx

3. module.d.ts

4. module/package.json 속성 찾기

5. module/index.ts

6. module/index.tsx

7. module/index.d.ts

8. 1~7 전부 못 찾으면 에러

순서를 외울 필요는 없습니다. 다만 1~7번 과정의 파일 중 한 가지만 만드는 것이 좋습니다.

예를 들어 b 모듈이 있을 때 b.ts와 b.d.ts, b/index.ts가 동시에 존재하면 우선순위가 높은 b.ts 만 선택되고 나머지는 무시됩니다. 어떤 파일이 선택되는지 알려면 b.ts, b.d.ts, b/index.ts 중에 누가 우선순위가 높은지 외워야 하는 것입니다.

그럴 바에는 차라리 b.ts, b.d.ts, b/index.ts 등의 파일을 동시에 만들지 않는 게 좋습니다. 모듈을 만들 때 1~7번 과정의 파일 중 하나만 만든다면 우선순위를 외울 필요도 없습니다.

7^장

React 타입 분석하기

이 장에서는 React 라이브러리의 타입을 분석해보겠습니다. React 라이브러리는 JSX라는 특수한 문법을 사용하고 있으며, 타입스크립트도 이 문법을 지원합니다. 다만 tsconfig.json에서 따로 설정해야 합니다.

먼저 React가 타입스크립트를 지원하는지 확인해봅시다.[1]

▼ 그림 7-1 npmjs.com에서 react 검색

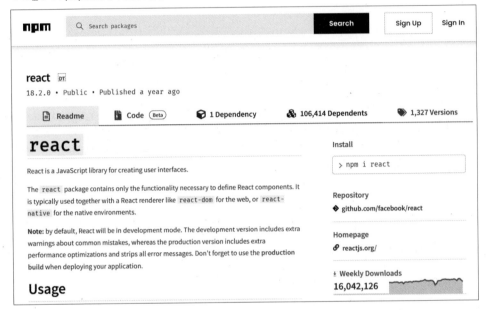

이름 우측에 DT가 표시되어 있습니다. 자체 타입스크립트 지원은 없지만 커뮤니티 타입이 있고, @types/react 패키지를 추가로 설치해야 한다는 의미입니다.

다음과 같이 프로젝트 폴더를 설정합니다.

터미널

```
$ cd (tsbook 폴더 경로)
$ mkdir react
$ cd react
$ npm i react@18.2.0 @types/react@18.0.28
$ npx tsc --init
```

---

1 https://npmjs.com/package/react

@types/react 패키지의 package.json 파일을 열어 진입점 파일이 무엇인지 확인합니다.

```
node_modules/@types/react/package.json

...
"types": "index.d.ts",
...
```

같은 폴더에 있는 index.d.ts 파일을 열어 내용을 확인합니다.

```
node_modules/@types/react/index.d.ts
// Type definitions for React 18.0
// Project: http://facebook.github.io/react/
// Definitions by: Asana <https://asana.com>
...
// Definitions: https://github.com/DefinitelyTyped/DefinitelyTyped
// TypeScript Version: 2.8

// NOTE: Users of the `experimental` builds of React should add a reference
// to 'react/experimental' in their project. See experimental.d.ts's top comment
// for reference and documentation on how exactly to do it.

/// <reference path="global.d.ts" />
...
```

react@18 패키지의 타입이고, 타입스크립트 버전이 2.8 이상이면 사용할 수 있음을 확인했습니다. 현재 상황에서 사용하는 데는 아무 문제가 없습니다.

react 폴더 안에 test.tsx 파일을 만들고 다음과 같이 코드를 입력합니다. 확장자가 tsx인 점에 주의하세요.

```
test.tsx
import React, {useState, useCallback, useRef, useEffect} from 'react';

const WordRelay = () => {
  const [word, setWord] = useState('제로초');
  const [value, setValue] = useState('');
  const [result, setResult] = useState('');
  const inputEl = useRef(null);

  useEffect(() => {
```

```jsx
    console.log('useEffect');
  }, []);

  const onSubmitForm = useCallback((e) => {
    e.preventDefault();
    const input = inputEl.current;
    if (word[word.length - 1] === value[0]) {
      setResult('딩동댕');
      setWord(value);
      setValue('');
      if (input) {
        input.focus();
      }
    } else {
      setResult('땡');
      setValue('');
      if (input) {
        input.focus();
      }
    }
  }, [word, value]);

  const onChange = useCallback((e) => {
    setValue(e.currentTarget.value)
  }, []);

  return (
    <>
      <div>{word}</div>
      <form onSubmit={onSubmitForm}> ------ Cannot use JSX unless the '--jsx' flag is provided.
        <input
          ref={inputEl}
          value={value}
          onChange={onChange}
        />
        <button>입력!</button>
      </form>
      <div>{result}</div>
    </>
  );
};

export default WordRelay;
```

React 코드에서는 특이하게 함수의 return 부분에 HTML(정확히는 XML)과 비슷한 코드가 들어 있습니다. 이렇게 자바스크립트 코드와 HTML 코드가 섞여 있는 것이 React의 특징입니다. 이러한 문법을 JSX라고 부릅니다.

자바스크립트에서는 JSX 문법이 들어 있는 파일의 확장자를 jsx로 표기합니다. 타입스크립트에서는 js 대신 ts 확장자를 사용하므로 tsx 확장자를 사용합니다. 기본적으로 자바스크립트나 타입스크립트는 JSX 문법을 지원하지 않으나 React가 워낙 많이 사용하는 라이브러리이므로, 타입스크립트는 따로 옵션을 만들어 설정을 변경할 경우 JSX 문법을 지원합니다.

tsconfig.json에서 주석 처리된 jsx 속성을 찾아 주석 해제하고, 값도 react로 변경합니다.

tsconfig.json

```
...
"jsx": "react",
...
```

jsx 속성이 JSX 문법을 지원할지 결정하는 옵션입니다. 속성 값으로 react를 입력하면 웹용 React에서 실행되는 문법으로 변환되고, react-native를 입력하면 JSX 문법이 그대로 유지되어 React Native 플랫폼에서 실행되는 코드가 됩니다.

test.tsx를 다시 보면 JSX 부분의 에러가 해결된 것을 확인할 수 있습니다. 그러나 아직 매개변수 e나 input.focus() 부분에는 에러가 남아 있습니다. 이 에러는 코드를 분석하면서 같이 해결하겠습니다.

첫 줄인 import 부분부터 살펴보겠습니다.

test.tsx

```
import React, {useState, useCallback, useRef, useEffect} from 'react';
...
```

언뜻 보면 React 라이브러리가 ECMAScript 모듈 시스템을 따르는 것으로 보입니다. React에서 Go to Definition해보면 정확하게 확인할 수 있습니다.

node_modules/@types/react/index.d.ts

```
...
// eslint-disable-next-line export-just-namespace
export = React;
```

```
export as namespace React;

declare namespace React {
...
```

실제로는 export = React로 되어 있습니다. 이는 jquery 패키지처럼 React도 CommonJS 모듈 시스템을 따른다는 것을 의미합니다. tsconfig.json에서 esModuleInterop 옵션이 활성화되어 있으므로 ECMAScript 모듈 시스템인 것처럼 작성할 수 있었던 것입니다. 이 옵션이 없다면 다음과 같이 작성해야 합니다.

```
import React = require('react');
import {useState, useCallback, useRef, useEffect} from 'react';
```

또는 다음 방식도 가능합니다.

```
import * as React from 'react';
import {useState, useCallback, useRef, useEffect} from 'react';
```

export as namespace React의 역할은 무엇일까요? 이는 UMD 모듈을 위한 것입니다. UMD 모듈은 스크립트 파일과 모듈 파일에서 모두 사용할 수 있어야 합니다. test.tsx는 import와 export가 있으므로 모듈 파일입니다. 그렇다면 스크립트 파일인 script.ts를 만들어서 테스트해봅시다.

script.ts
```
type A = React.ElementType;
```

이렇게 React 네임스페이스를 바로 사용해도 에러가 발생하지 않습니다. export as namespace React가 없다면 Cannot find namespace React라는 에러가 발생합니다. 이 에러는 직접 node_modules/@types/react/index.d.ts에서 export as namespace React를 지우면 확인할 수 있습니다. 에러 메시지를 확인한 후에는 이후 실습 진행을 위해 지웠던 코드를 되돌려놓는 것도 잊지 마세요.

현재 test.tsx에서는 React를 사용하고 있지 않은데 왜 import React를 작성하는 걸까요? React를 지우면 다시 JSX 부분에서 에러가 발생합니다.

```tsx
test.tsx

import {useState, useCallback, useRef, useEffect} from 'react';

const WordRelay = () => {
...
  return (
    <>
      <div>{word}</div>
      <form onSubmit={onSubmitForm}> ------ 'React' refers to a UMD global, but the current file
        <input                                is a module. Consider adding an import instead.
          ref={inputEl}
          value={value}
          onChange={onChange}
        />
        <button>입력!</button>
      </form>
      <div>{result}</div>
    </>
  );
};

export default WordRelay;
```

JSX 부분에서도 React는 보이지 않는데 React에 관련한 에러가 발생합니다. 사실 타입스크립트는 tsconfig.json의 jsx 속성 값이 react인 경우 JSX 문법을 React.createElement로 변경합니다. <div>는 React.createElement('div')가 되는 셈입니다. 실제로는 React를 쓰고 있는 셈이므로 React를 import하지 않으면 에러가 발생하는 것입니다.

한 가지 더 깊게 들어가면, React는 17 버전부터 import React를 작성하지 않아도 되게 변경되었습니다. React.createElement 대신 _jsx로 코드를 변경하기 때문입니다. 그렇다면 이번에는 _jsx를 import해야 한다고 추측할 수 있는데, 이것은 tsconfig.json에 관련 속성이 있습니다.

```
...
"jsx": "react-jsx",
...
```

이렇게 변경하면 타입스크립트에서 알아서 _jsx를 import해서 에러가 발생하지 않게 됩니다.

7.1 React Hooks 분석하기

이제 useState, useEffect, useCallback, useMemo, useRef 같은 React Hooks의 타입을 분석해봅시다. 각각을 Go to Definition하면 다음과 같은 타입이 나옵니다.

node_modules/@types/react/index.d.ts

```
...
declare namespace React {
    ...
    function useState<S>(initialState: S | (() => S)): [S, Dispatch<SetStateAction<S>>];
    function useState<S = undefined>(): [S | undefined, Dispatch<SetStateAction<S |
    undefined>>];
    function useRef<T>(initialValue: T): MutableRefObject<T>;
    function useRef<T>(initialValue: T|null): RefObject<T>;
    function useRef<T = undefined>(): MutableRefObject<T | undefined>;
    function useLayoutEffect(effect: EffectCallback, deps?: DependencyList): void;

    function useEffect(effect: EffectCallback, deps?: DependencyList): void;
    function useCallback<T extends Function>(callback: T, deps: DependencyList): T;
    function useMemo<T>(factory: () => T, deps: DependencyList | undefined): T;
    ...
}
...
```

useState, useRef는 오버로딩이 존재하고, useEffect와 useCallback, useMemo는 하나입니다. useState부터 확인해봅시다.

7.1.1 useState

useState의 오버로딩은 매개변수의 유무로 구분됩니다. 매개변수가 있으면 첫 번째 오버로딩에 해당되고, 없으면 두 번째 오버로딩에 해당됩니다. 매개변수가 있다면 함수의 모양이 되기도 합니다. 반환값은 [S, Dispatch<SetStateAction<S>>]입니다.

test.tsx
```tsx
const [word, setWord] = useState('제로초');
const [value, setValue] = useState('');
const [result, setResult] = useState('');
```

현재 useState를 세 개 사용하고 있습니다. 전부 인수를 제공하므로 첫 번째 오버로딩에 해당합니다. 인수가 문자열이므로 S는 string이 되고, value도 string으로 타이핑됩니다.

setWord, setValue, setResult는 Dispatch<SetStateAction<string>>입니다. Dispatch에서 Go to Definition해봅시다.

node_modules/@types/react/index.d.ts
```ts
...
type SetStateAction<S> = S | ((prevState: S) => S);
type Dispatch<A> = (value: A) => void;
...
```

Dispatch 타입 위에 SetStateAction 타입도 보입니다. 둘을 조합하면 (value: string | ((prevState: string) => string) => void가 됩니다.

매개변수로 문자열이나, 문자열을 반환하는 함수를 받으므로 setWord('가나다')를 할 수 있고, setWord((prev) => prev + '가나')를 할 수도 있습니다.

useState의 두 번째 오버로딩은 어떤 경우에 사용할까요? 다음과 같이 사용하면 됩니다.

```tsx
const [value, setValue] = useState();
```

다만 value의 타입이 S의 기본값인 undefined가 되므로 활용하기 어렵습니다. 그럴 때는 제네릭으로 타입을 표기하면 됩니다.

```
const [value, setValue] = useState<string>();
```

이제 value가 string | undefined가 됩니다. value가 여전히 undefined일 수도 있으므로 undefined인 경우를 잘 처리해야 합니다.

7.1.2 useRef

이번에는 useRef의 타입을 살펴봅시다.

node_modules/@types/react/index.d.ts

```
...
declare namespace React {
    ...
    function useRef<T>(initialValue: T): MutableRefObject<T>;
    function useRef<T>(initialValue: T|null): RefObject<T>;
    function useRef<T = undefined>(): MutableRefObject<T | undefined>;
    ...
}
...
```

세 가지 오버로딩이 있습니다. 살펴보니 MutableRefObject와 RefObject의 차이를 파악하는 게 중요하겠네요. 둘을 각각 Go to Definition하면 다음과 같습니다.

node_modules/@types/react/index.d.ts

```
declare namespace React {
    ...
    interface MutableRefObject<T> {
        current: T;
    }
    ...
}
```

node_modules/@types/react/index.d.ts

```
declare namespace React {
    ...
```

```
    interface RefObject<T> {
        readonly current: T | null;
    }
    ...
}
```

MutableRefObject는 current 속성을 수정할 수 있습니다. RefObject는 current 속성 값이 null 일 수 있고, 속성 값을 수정할 수 없는(readonly) 객체입니다. 둘 중에 누가 더 넓은 타입일까 요? RefObject의 current가 readonly이면서 유니언이므로 더 넓은 타입입니다. T가 서로 같다면 MutableRefObject<T>는 RefObject<T>에 대입할 수 있습니다.

이 정보만으로는 실제 사용할 때 어떤 차이가 있는지 알기 어려우니 test.tsx에서 어떻게 사용되 고 있는지 보는 게 좋습니다.

test.tsx

```
import React, {useState, useCallback, useRef, useEffect} from 'react';

const WordRelay = () => {
  const [word, setWord] = useState('제로초');
  const [value, setValue] = useState('');
  const [result, setResult] = useState('');
  const inputEl = useRef(null);
  ...
  return (
    <>
      <div>{word}</div>
      <form onSubmit={onSubmitForm}>
        <input
          ref={inputEl}
          value={value}
          onChange={onChange}
        />
        <button>입력!</button>
      </form>
      <div>{result}</div>
    </>
  );
};

export default WordRelay;
```

input 태그의 ref 속성에 연결되어 사용되고 있습니다. useRef에 null을 인수로 제공하지 않으면
ref 속성에서 에러가 발생합니다.

```tsx
// test.tsx
import React, {useState, useCallback, useRef, useEffect} from 'react';

const WordRelay = () => {
  const [word, setWord] = useState('제로초');
  const [value, setValue] = useState('');
  const [result, setResult] = useState('');
  const inputEl = useRef();
  ...
  return (
    <>
      <div>{word}</div>
      <form onSubmit={onSubmitForm}>
        <input
          ref={inputEl}      // Type 'MutableRefObject<undefined>' is not assignable to type
          value={value}      // 'LegacyRef<HTMLInputElement> | undefined'.
          onChange={onChange}//   Type 'MutableRefObject<undefined>' is not assignable to type
        />                   // 'RefObject<HTMLInputElement>'.
        <button>입력!</button>//    Types of property 'current' are incompatible.
      </form>                //      Type 'undefined' is not assignable to type
      <div>{result}</div>    // 'HTMLInputElement | null'.
    </>
  );
};

export default WordRelay;
```

null을 제공하지 않은 경우 inputEl은 MutableRefObject<undefined>라는 것을 에러 메시지를 통
해 알 수 있습니다. 또한, ref 속성에는 LegacyRef<HTMLInputElement> | undefined 타입이 들어와
야 한다는 것도 알았습니다. LegacyRef도 한번 확인해봅시다. ref 속성에서 Go to Definition하
면 됩니다.

```ts
// node_modules/@types/react/index.d.ts
declare namespace React {
    ...
    interface ClassAttributes<T> extends Attributes {
        ref?: LegacyRef<T> | undefined;
```

```
        }
    ...
    }
```

ref 속성은 LegacyRef<T> 또는 undefined 타입이 들어와야 합니다. LegacyRef에서 한번 더 Go to Definition합니다.

```
declare namespace React {
    ...
    type RefCallback<T> = { bivarianceHack(instance: T | null): void }
["bivarianceHack"];
    type Ref<T> = RefCallback<T> | RefObject<T> | null;
    type LegacyRef<T> = string | Ref<T>;
    ...
}
```

LegacyRef는 string이거나 Ref이고, Ref는 다시 RefCallback이거나 RefObject이거나 null입니다. RefCallback을 객체로 착각하기 쉬운데 객체가 아닙니다. 뒤에 ["bivarianceHack"]이 붙었으므로 인덱스 접근 타입입니다. 즉, (instance: T | null): void 함수 타입입니다. 2.19절의 내용대로 RefCallback은 이변성을 가지는 함수가 됩니다.

다만 지금 분석에서 RefCallback은 중요하지 않습니다. MutableRefObject<undefined>를 LegacyRef<HTMLInputElement>에 대입할 수 없는 이유를 찾아야 합니다.

LegacyRef<HTMLInputElement>를 구성하는 유니언 중에는 RefObject<HTMLInputElement>도 있습니다. RefObject<HTMLInputElement>의 current는 readonly이자 HTMLInputElement | null 이므로 MutableRefObject<undefined>의 current인 undefined를 대입할 수 없습니다. 그러나 MutableRefObject<null>은 대입할 수 있습니다.

그렇다면 MutableRefObject<null>은 어떻게 만들 수 있을까요? 바로 원래 코드였던 useRef (null)을 사용하면 됩니다. useRef(null)은 MutableRefObject<null>이므로 RefObject<HTMLInputElement>에도 대입할 수 있고, LegacyRef<HTMLInputElement>에도 대입할 수 있으니까요.

```
...
declare namespace React {
    ...
    // useRef(null)
    function useRef<T>(initialValue: T): MutableRefObject<T>;
    function useRef<T>(initialValue: T¦null): RefObject<T>;
    // useRef()
    function useRef<T = undefined>(): MutableRefObject<T | undefined>;
    ...
}
...
```

여기서 한 가지 더 의문이 생깁니다. useRef(null)은 왜 두 번째 오버로딩이 아니라 첫 번째 오버로딩에 해당할까요? 2.17절에서 배웠던 대로 오버로딩의 순서가 영향을 끼치기 때문입니다. 여러 오버로딩에 해당할 수 있다면 제일 먼저 나온 오버로딩에 해당합니다.

두 번째 오버로딩을 사용하고 싶다면 다음과 같이 해야 합니다.

test.tsx

```
...
const [result, setResult] = useState('');
const inputEl = useRef<HTMLInputElement>(null); ------- const inputEl: RefObject<HTMLInputElement>
...
```

이러면 T는 HTMLInputElement인데 initialValue는 null이므로 첫 번째 오버로딩에 해당될 수 없습니다. 따라서 두 번째 오버로딩에 해당됩니다.

위와 같이 수정하면 input.focus() 에러들이 제거될 것입니다. input은 inputEl.current입니다. useRef(null)만 했을 때는 inputEl.current가 null이었지만 useRef<HTMLInputElement>(null)을 할 때는 inputEl.current가 HTMLInputElement ¦ null이 됩니다. input은 if문을 통해 타입 좁히기가 되어 null이 아니므로 HTMLInputElement가 되고, focus 메서드를 사용할 수 있습니다.

7.1.3 useEffect

이번에는 useEffect 함수를 알아보겠습니다.

```
...
declare namespace React {
    ...
    function useEffect(effect: EffectCallback, deps?: DependencyList): void;
    ...
}
...
```

두 번째 매개변수 deps는 옵셔널입니다. 실제로 React에서도 두 번째 매개변수를 사용하지 않는 useEffect 용법이 있습니다.

EffectCallback에서 Go to Definition해봅시다. DependencyList까지 같이 확인할 수 있습니다.

```
...
declare namespace React {
    ...
    type DependencyList = ReadonlyArray<unknown>;

    // NOTE: callbacks are _only_ allowed to return either void, or a destructor.
    type EffectCallback = () => (void | Destructor);
    ...
}
...
```

EffectCallback은 void나 Destructor를 반환하는 함수이고, DependencyList는 readonly 배열입니다. 요소는 unknown으로 되어 있습니다. Destructor도 확인해보겠습니다. Go to Definition합니다.

```
...
declare const UNDEFINED_VOID_ONLY: unique symbol;
// Destructors are only allowed to return void.
type Destructor = () => void | { [UNDEFINED_VOID_ONLY]: never };
...
```

Destructor도 void나 { [UNDEFINED_VOID_ONLY]: never }를 반환하는 함수입니다. UNDEFINED_
VOID_ONLY는 unique symbol이라고 되어 있습니다. unique symbol은 2.2절에서 배운 고유한
symbol입니다. const나 클래스의 static readonly 속성에 symbol을 대입한 경우 저절로 unique
symbol이 됩니다.

그렇다면 { [UNDEFINED_VOID_ONLY]: never }는 무슨 의미일까요? 속성 타입이 never라서 실제로
는 쓰이지 않습니다. 단순히 코드만 봐서는 의미를 이해하기 힘들고, 이 코드가 만들어진 히스토
리를 봐야 합니다. 히스토리는 DefinitelyTyped 깃허브[2]에서 볼 수 있습니다. 깃허브 화면에서
Blame을 클릭합니다.

▼ 그림 7-2 Blame 클릭

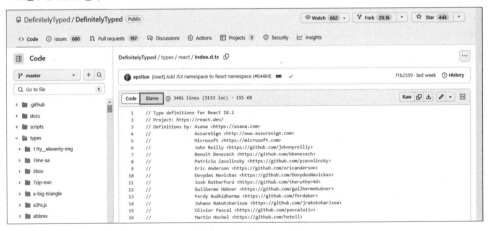

Blame을 클릭하면 코드 왼쪽에 해당 코드를 추가/변경할 때 어떠한 논의가 이루어졌는지 확인할
수 있습니다.

---

[2] https://github.com/DefinitelyTyped/DefinitelyTyped/blob/master/types/react/index.d.ts

▼ 그림 7-3 Blame이 뜬 모습

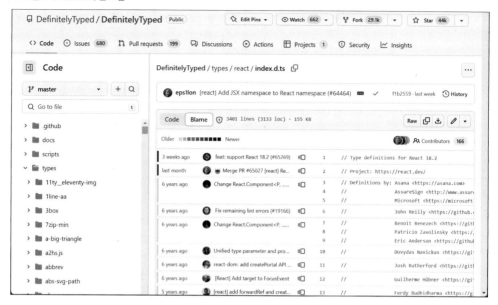

Destructor가 있는 줄의 **Blame**을 선택해봅시다.

▼ 그림 7-4 Blame 이유 확인하기

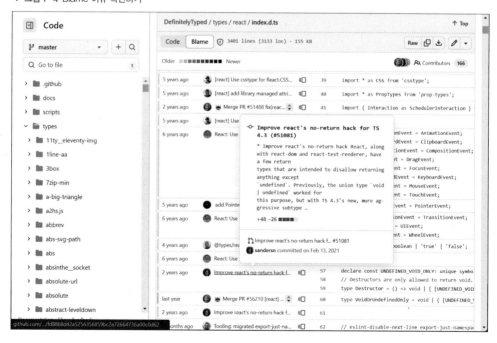

해당 코드를 추가한 이유를 적어놓았습니다. 또 어떤 부분이 수정되었는지도 알 수 있습니다.

▼ 그림 7-5 해당 코드를 추가한 이유

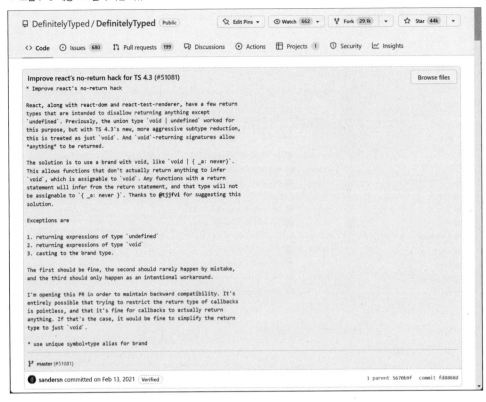

설명을 보면 다음과 같은 코드에서 에러를 만들기 위해 저런 기법을 사용한 것입니다. Destructor 함수(useEffect의 return에 있는 함수)는 void나 undefined만 반환해야 합니다.

```
useEffect(() => {  ----------------------  Argument of type '() => () => string' is not assignable to
  console.log('useEffect');                parameter of type 'EffectCallback'.
  return () => {                             Type '() => string' is not assignable to type 'void |
    return 'no';                           Destructor'.
  }                                            Type '() => string' is not assignable to type 'Destructor'.
}, []);                                          Type 'string' is not assignable to type 'void | {
                                               [UNDEFINED_VOID_ONLY]: never; }'.
```

그래서 'no'를 반환하는 경우 에러가 발생합니다. 하지만 Destructor의 타입이 단순히 () => void 라면 에러가 발생하지 않습니다. 2.7.3절에서 배운 대로 () => void는 반환값이 무엇이든 상관하지 않는 타입이기 때문입니다. 하지만 () => void | { [UNDEFINED_VOID_ONLY]: never }는 반환값이 void와 undefined로 제한됩니다.

사실 () => void | undefined만 해도 원하는 것을 얻을 수 있습니다. 이게 더 간단한데 왜 이렇게 하지 않을까요? 바로 strictNullChecks 옵션을 사용하지 않는 경우에도 대비하기 위해서입니다. strictNullChecks 옵션을 비활성화하면 void | undefined는 void와 같아집니다. 그러면 다시 () => void | undefined 타입은 반환값을 무시하고, 어떠한 값이든 반환값으로 사용할 수 있게 됩니다. 그래서 () => void | { [UNDEFINED_VOID_ONLY]: never }를 사용하는 것입니다. 모든 경우에서 void와 undefined를 제외한 값을 반환값으로 쓰지 못하게 하기 위한 기법입니다.

사실 React에서는 Destructor가 void나 undefined가 아닌 값을 반환할 수 있습니다. 반환하더라도 무시합니다. 타입스크립트에서는 자바스크립트와 다르게 에러로 만들어둔 것입니다. 이러한 불일치로 인해 자바스크립트 코드를 타입스크립트로 변환하면서 에러를 만날 수 있습니다.

node_modules/@types/react/index.d.ts

```
...
declare namespace React {
    ...
    function useLayoutEffect(effect: EffectCallback, deps?: DependencyList): void;
    ...
}
...
```

test.tsx에서 사용하진 않았지만 useLayoutEffect도 있습니다. 그런데 useLayoutEffect와 useEffect의 타입이 동일합니다. 타입스크립트가 코드에 대한 설명서 역할도 어느 정도 수행한다고 했는데, 이렇게 완전히 타입이 같은 두 메서드가 따로 존재하는 이유는 타입스크립트 코드만 봐서는 알기 어렵습니다. React 공식 문서의 설명이나 자바스크립트 구현부를 확인해야 합니다.

7.1.4 useMemo, useCallback

마지막으로 useMemo와 useCallback의 타입을 살펴봅시다. useMemo는 test.tsx에서는 사용하지 않았지만 자주 쓰이는 훅(Hook)이므로 함께 알아봅니다. React에서 useMemo는 useCallback의 역할도 수행할 수 있습니다. useMemo의 첫 번째 매개변수인 factory 함수가 함수를 반환한다면 useCallback으로 대체할 수 있습니다.

useCallback에서 Go to Definition하면 useCallback의 타입이 보이고, 그 아래에 바로 useMemo의 타입이 있습니다.

```
...
declare namespace React {
    ...
    function useCallback<T extends Function>(callback: T, deps: DependencyList): T;
    function useMemo<T>(factory: () => T, deps: DependencyList | undefined): T;
    ...
}
...
```

useCallback의 첫 번째 매개변수는 함수이고, 두 번째 매개변수는 DependencyList(readonly 배열)입니다. DependencyList는 useEffect의 DependencyList와 동일합니다. useMemo의 첫 번째 매개변수도 함수인 factory이지만, 두 번째 매개변수는 DependencyList | undefined입니다. 왜 이 부분을 옵셔널로 만들지 않았을까요?

여기에는 제작자의 의도가 어느 정도 들어 있습니다. 자바스크립트에서는 useMemo의 두 번째 매개변수를 사용하지 않아도 됩니다. 하지만 이는 보통 실수인 경우가 많으므로 두 번째 매개변수를 반드시 사용하도록 옵셔널로 만들지 않은 것입니다. 만약 의도적으로 생략하는 경우 완전히 생략하기보다는 다음과 같이 undefined를 직접 넣으라는 뜻입니다.

```
// 의도적인 deps 미사용을 의미
const memo = useMemo(() => 'value', undefined);
```

useCallback의 deps도 마찬가지입니다. 자바스크립트에서는 넣지 않아도 되지만, 넣지 않으면 useCallback을 쓰는 의미가 없어지므로 타입스크립트에서는 애초에 넣지 않을 수 없게 만들어버렸습니다.

useCallback에서 T extends Function으로 제약을 둔 이유가 있습니다. 임의의 함수는 Function 외에도 (...args: unknown[]) => unknown 등으로 표현할 수 있습니다. T extends (...args: unknown[]) => unknown을 제약으로 둔 경우와 비교해봅시다.

```
type DependencyList = ReadonlyArray<unknown>;

declare function useArrowFunctionCallback<T extends (...args: unknown[]) =>
unknown>(callback: T, deps: DependencyList): T;
declare function useFunctionCallback<T extends Function>(callback: T, deps:
```

```
DependencyList): T;

const functionCallback = useFunctionCallback((test) => {  ------ Parameter 'test' implicitly has
  console.log(test);                                              an 'any' type.
}, []);


const arrowFunctionCallback = useArrowFunctionCallback((test) => {
  console.log(test);
}, []);
```

T extends Function으로 해야만 매개변수에서 에러가 발생합니다. 저 매개변수는 any로 추론되므로 noImplicitAny 에러를 피하기 위해 사용자가 직접 타이핑해야 하는 매개변수입니다. (...args: unknown[]) => unknown의 경우에는 매개변수가 unknown으로 추론되므로 에러가 발생하지 않습니다. 현재 test.tsx 코드의 useCallback에서 에러가 발생하는 이유는 T extends Function이기 때문입니다.

test.tsx

```
...
const onSubmitForm = useCallback((e) => {
  e.preventDefault();
  const input = inputEl.current;
  if (word[word.length - 1] === value[0]) {
    setResult('딩동댕');
    setWord(value);
    setValue('');
    if (input) {
      input.focus();
    }
  } else {
    setResult('땡');
    setValue('');
    if (input) {
      input.focus();
    }
  }
}, [word, value]);

const onChange = useCallback((e) => {
  setValue(e.currentTarget.value)
}, []);
```

```
  return (
    <>
      <div>{word}</div>
      <form onSubmit={onSubmitForm}>
        <input
          ref={inputEl}
          value={value}
          onChange={onChange}
        />
        <button>입력!</button>
      </form>
      <div>{result}</div>
    </>
  );
};


export default WordRelay;
```

이 에러를 해결하기 위해서는 매개변수 e에 타이핑해야 합니다. 또는 onSubmitForm, onChange 변수 자체에 타이핑할 수도 있습니다. 변수의 값이 함수인 경우 변수 자체에 타이핑하는 것이 조금 더 좋은 방법일 수 있습니다. 매개변수와 반환값을 한 번에 타이핑할 수 있기 때문입니다.

어떤 타입을 표기해야 하는지 알려면 form의 onSubmit과, input의 onChange 속성의 타입을 확인해야 합니다. 각각 Go to Definition한 결과는 다음과 같습니다.

node_modules/@types/react/index.d.ts

```
...
declare namespace React {
    ...
    interface DOMAttributes<T> {
        children?: ReactNode | undefined;
        dangerouslySetInnerHTML?: {
            __html: string;
        } | undefined;

        ...
        // Form Events
        onChange?: FormEventHandler<T> | undefined;
        onChangeCapture?: FormEventHandler<T> | undefined;
        onBeforeInput?: FormEventHandler<T> | undefined;
        onBeforeInputCapture?: FormEventHandler<T> | undefined;
        onInput?: FormEventHandler<T> | undefined;
```

```
            onInputCapture?: FormEventHandler<T> | undefined;
            onReset?: FormEventHandler<T> | undefined;
            onResetCapture?: FormEventHandler<T> | undefined;
            onSubmit?: FormEventHandler<T> | undefined;
            onSubmitCapture?: FormEventHandler<T> | undefined;
            onInvalid?: FormEventHandler<T> | undefined;
            onInvalidCapture?: FormEventHandler<T> | undefined;
            ...
        }
        ...
    }
    ...
```

node_modules/@types/react/index.d.ts

```
...
declare namespace React {
    ...
    interface InputHTMLAttributes<T> extends HTMLAttributes<T> {
        ...
        onChange?: ChangeEventHandler<T> | undefined;
    }
    ...
}
...
```

onSubmit과 onChange의 타입도 알고, 어떤 다른 속성을 사용할 수 있는지도 추가로 확인할 수 있습니다. 또한, useRef를 분석할 때 RefObject의 T가 HTMLInputElement였으니 onChange의 T도 HTMLInputElement이고, onSubmit은 form의 속성이므로 T가 HTMLFormElement라고 추측할 수 있습니다. 이 부분은 다음 절에서 정확히 확인하겠습니다.

얻어낸 정보를 토대로 타이핑해보겠습니다.

test.tsx

```
import {useState, useCallback, useRef, useEffect, FormEventHandler, ChangeEventHandler}
from 'react';
...
    const onSubmitForm: FormEventHandler<HTMLFormElement> = useCallback((e) => {
        e.preventDefault();
        const input = inputEl.current;
        if (word[word.length - 1] === value[0]) {
```

```
        setResult('딩동댕');
        setWord(value);
        setValue('');
        if (input) {
          input.focus();
        }
      } else {
        setResult('땡');
        setValue('');
        if (input) {
          input.focus();
        }
      }
    }, [word, value]);

    const onChange: ChangeEventHandler<HTMLInputElement> = useCallback((e) => {
      setValue(e.currentTarget.value)
    }, []);

    return (
      <>
        <div>{word}</div>
        <form onSubmit={onSubmitForm}>
          <input
            ref={inputEl}
            value={value}
            onChange={onChange}
          />
          <button>입력!</button>
        </form>
        <div>{result}</div>
      </>
    );
  };

export default WordRelay;
```

에러가 사라집니다. T 자리에 HTMLFormElement와 HTMLInputElement를 넣는 게 맞는지, 제대로 추측했는지 확인하려면 다른 것을 넣어보면 됩니다.

```
...
  const onSubmitForm: FormEventHandler<HTMLInputElement> = useCallback((e) => {
    e.preventDefault();
    const input = inputEl.current;
    if (word[word.length - 1] === value[0]) {
      setResult('딩동댕');
      setWord(value);
      setValue('');
      if (input) {
        input.focus();
      }
    } else {
      setResult('땡');
      setValue('');
      if (input) {
        input.focus();
      }
    }
  }, [word, value]);

  const onChange: ChangeEventHandler<HTMLFormElement> = useCallback((e) => {
    setValue(e.currentTarget.value)
  }, []);

  return (
    <>
      <div>{word}</div>
      <form onSubmit={onSubmitForm}>
        <input
          ref={inputEl}
          value={value}
          onChange={onChange}
        />
        <button>입력!</button>
      </form>
      <div>{result}</div>
    </>
  );
};

export default WordRelay;
```

> Type 'FormEventHandler<HTMLInputElement>' is not assignable to type 'FormEventHandler<HTMLFormElement>'. Type 'HTMLInputElement' is missing the following properties from type 'HTMLFormElement': acceptCharset, action, elements, encoding, and 9 more.

> Type 'ChangeEventHandler<HTMLFormElement>' is not assignable to type 'ChangeEventHandler<HTMLInputElement>'. Type 'HTMLFormElement' is missing the following properties from type 'HTMLInputElement': accept, align, alt, capture, and 49 more.

HTMLInputElement와 HTMLFormElement를 서로 바꾸었더니 에러가 발생합니다. 에러 메시지에는 정확한 타입이 무엇인지 나옵니다. form의 onSubmit 이벤트는 FormEventHandler<HTMLFormElement>가 맞고, input의 onChange 이벤트는 ChangeEventHandler<HTMLInputElement>가 맞습니다.

정확한 타입을 확인했으니 다시 HTMLInputElement와 HTMLFormElement를 원래대로 되돌려놓읍시다.

이번에는 매개변수만 타이핑하는 방식을 알아보겠습니다. 다만 FormEventHandler, ChangeEventHandler의 매개변수가 무엇인지 알아야 하므로 각각을 다시 Go to Definition해야 합니다. 둘을 한 번에 확인할 수 있습니다.

node_modules/@types/react/index.d.ts

```
...
declare namespace React {
    ...
    type EventHandler<E extends SyntheticEvent<any>> = { bivarianceHack(event: E): void
}["bivarianceHack"];
    ...
    type FormEventHandler<T = Element> = EventHandler<FormEvent<T>>;
    type ChangeEventHandler<T = Element> = EventHandler<ChangeEvent<T>>;
    ...
}
...
```

EventHandler는 조금 위에서 확인할 수 있습니다. 인덱스 접근 타입이고 이변성을 가진 (event: E): void 함수입니다.

FormEvent, ChangeEvent가 무엇인지는 아직 모르지만 SyntheticEvent<any> 제약을 통과했다는 걸 알 수 있습니다. EventHandler와 FormEvent<T>를 조합하면 (event: FormEvent<T>): void가 되고, ChangeEvent<T>를 조합하면 (event: ChangeEvent<T>): void가 됩니다.

마지막으로 useCallback의 타입도 다시 확인해야 합니다.

node_modules/@types/react/index.d.ts

```
...
declare namespace React {
    ...
    function useCallback<T extends Function>(callback: T, deps: DependencyList): T;
    ...
```

```
    }
    ...
```

useCallback은 callback으로 받은 T 함수를 그대로 반환합니다. 따라서 EventHandler 함수를 받아도 그대로 EventHandler를 반환합니다.

test.tsx를 수정해봅시다.

test.tsx

```tsx
import {useState, useCallback, useRef, useEffect, FormEvent, ChangeEvent} from 'react';
...
  const onSubmitForm = useCallback((e: FormEvent<HTMLFormElement>) => {
    e.preventDefault();
    const input = inputEl.current;
    if (word[word.length - 1] === value[0]) {
      setResult('딩동댕');
      setWord(value);
      setValue('');
      if (input) {
        input.focus();
      }
    } else {
      setResult('땡');
      setValue('');
      if (input) {
        input.focus();
      }
    }
  }, [word, value]);

  const onChange = useCallback((e: ChangeEvent<HTMLInputElement>) => {
    setValue(e.currentTarget.value)
  }, []);

  return (
    <>
      <div>{word}</div>
      <form onSubmit={onSubmitForm}>
        <input
          ref={inputEl}
          value={value}
```

```
            onChange={onChange}
          />
          <button>입력!</button>
        </form>
        <div>{result}</div>
      </>
    );
  };


export default WordRelay;
```

onSubmitForm 변수는 useCallback을 거쳐도 EventHandler<FormEvent<HTMLFormEvent>>이므로 FormEventHandler<HTMLFormEvent>가 되어 form의 onSubmit 속성에 대입 가능합니다. onChange 변수도 같은 원리로 input의 onChange 속성에 대입 가능합니다.

지금까지 React 타입을 분석하면서 에러를 모두 해결해보았습니다. 분석하지 않은 다른 Hooks도 많지만 이 책에서 배운 대로 분석한다면 쉽게 해낼 수 있을 것입니다.

7.2 / JSX 타입 이해하기

마지막으로 JSX의 타입에 대해 알아보겠습니다. 또한, HTMLFormElement, HTMLInputElement의 타입도 확인해보겠습니다.

이전 절의 코드에서 form 태그 위에 마우스 커서를 놓고 Go to Definition합니다.

node_modules/@types/react/index.d.ts

```
...
declare global {
    namespace JSX {
        interface Element extends React.ReactElement<any, any> { }
        interface ElementClass extends React.Component<any> {
            render(): React.ReactNode;
        }
        ...
```

```
          interface IntrinsicAttributes extends React.Attributes { }
          interface IntrinsicClassAttributes<T> extends React.ClassAttributes<T> { }

          interface IntrinsicElements {
              // HTML
              a: React.DetailedHTMLProps<React.AnchorHTMLAttributes<HTMLAnchorElement>,
➡ HTMLAnchorElement>;
  ...
              form: React.DetailedHTMLProps<React.FormHTMLAttributes<HTMLFormElement>,
➡ HTMLFormElement>;
  ...
              input: React.DetailedHTMLProps<React.InputHTMLAttributes<HTMLInputElement>,
➡ HTMLInputElement>;
  ...
              // SVG
              svg: React.SVGProps<SVGSVGElement>;
      ...
          }
      ...
      }
      ...
  }
  ...
```

declare global은 모듈 파일 안에서 전역 타입을 만드는 선언 방식입니다. 현재 declare global 안에 namespace JSX가 있는데, 이렇게 하면 import 없이도 JSX.Element, JSX.IntrinsicElements 등을 자유롭게 사용할 수 있습니다.

JSX 문법에서 사용했던 form은 JSX.IntrinsicElements.form이고, input은 JSX.IntrinsicElements.input임을 알 수 있습니다. 이들은 React.DetailedHTMLProps로 되어 있는데 확인해보면 다음과 같습니다.

node_modules/@types/react/index.d.ts

```
...
declare namespace React {
    ...
    type DetailedHTMLProps<E extends HTMLAttributes<T>, T> = ClassAttributes<T> & E;
    ...
}
...
```

HTMLAttributes, ClassAttributes는 다음과 같습니다.

```
node_modules/@types/react/index.d.ts
```
```
...
declare namespace React {
    ...
    interface HTMLAttributes<T> extends AriaAttributes, DOMAttributes<T> {
        // React-specific Attributes
        defaultChecked?: boolean | undefined;
        defaultValue?: string | number | ReadonlyArray<string> | undefined;
        suppressContentEditableWarning?: boolean | undefined;
        suppressHydrationWarning?: boolean | undefined;

        ...
    }
    ...
}
...
```

HTMLAttributes에는 HTML에서 사용할 수 있는 속성이 모여 있습니다. DOMAttributes를 상속하고 있는데 DOMAttributes가 children, dangerouslySetInnerHtml 같은 React 전용 속성과 onChange, onSubmit 같은 DOM 이벤트를 담고 있습니다(7.1.4절).

```
node_modules/@types/react/index.d.ts
```
```
declare namespace React {
    ...
    interface Attributes {
        key?: Key | null | undefined;
    }
    interface RefAttributes<T> extends Attributes {
        ref?: Ref<T> | undefined;
    }
    interface ClassAttributes<T> extends Attributes {
        ref?: LegacyRef<T> | undefined;
    }
    ...
}
...
```

ClassAttributes는 React의 컴포넌트라면 속성으로 가질 수 있는 key와 ref를 갖고 있습니다.

React.DetailedHTMLProps는 HTMLAttributes를 제약으로 두고 있는 E와 ClassAttributes의 인터섹션이므로 E가 정확히 무엇이냐에 따라 form과 input의 속성이 정해집니다.

- JSX.IntrinsicElements.form의 E는 FormHTMLAttributes<HTMLFormElement>

- JSX.IntrinsicElements.input의 E는 InputHTMLAttributes<HTMLInputElement>

따라서 FormHTMLAttributes와 InputHTMLAttributes를 확인해보겠습니다.

node_modules/@types/react/index.d.ts

```
declare namespace React {
    ...
    interface FormHTMLAttributes<T> extends HTMLAttributes<T> {
        acceptCharset?: string | undefined;
        action?: string | undefined;
        autoComplete?: string | undefined;
        encType?: string | undefined;
        method?: string | undefined;
        name?: string | undefined;
        noValidate?: boolean | undefined;
        target?: string | undefined;
        rel?: string | undefined;
    }
    ...
    }
...
```

node_modules/@types/react/index.d.ts

```
declare namespace React {
    ...
    interface InputHTMLAttributes<T> extends HTMLAttributes<T> {
        ...
        accept?: string | undefined;
        alt?: string | undefined;
        ...
        onChange?: ChangeEventHandler<T> | undefined;
    }
    ...
}
...
```

둘 모두 HTMLAttributes를 상속하면서 form과 input 태그에만 사용할 수 있는 속성을 따로 모아두었습니다. 최종적으로,

- JSX.IntrinsicElements.form은 form 태그에서 사용할 수 있는 속성 전체
- JSX.IntrinsicElements.input은 input 태그에서 사용할 수 있는 속성 전체

를 갖고 있는 인터페이스입니다. 그렇다면 HTMLFormElement와 HTMLInputElement는 어디서 온 것일까요? Go to Definition해보면 제일 먼저 다음 파일이 나옵니다.

node_modules/@types/react/global.d.ts

```
...
interface Element { }
interface DocumentFragment { }

interface HTMLElement extends Element { }
...
interface HTMLFormElement extends HTMLElement { }
interface HTMLHeadingElement extends HTMLElement { }
interface HTMLHeadElement extends HTMLElement { }
interface HTMLHRElement extends HTMLElement { }
interface HTMLHtmlElement extends HTMLElement { }
interface HTMLIFrameElement extends HTMLElement { }
interface HTMLImageElement extends HTMLElement { }
interface HTMLInputElement extends HTMLElement { }
...
```

인터페이스 선언만 있고 속성은 하나도 없습니다. 이러한 경우는 다른 곳에 선언된 인터페이스와 합쳐지는 걸 의도했다고 추측할 수 있습니다.

global.d.ts는 index.d.ts에서 /// ⟨reference path⟩로 불러옵니다.

node_modules/@types/react/index.d.ts

```
...
/// <reference path="global.d.ts" />
...
```

다시 한번 HTMLFormElement를 Go to Definition해서 lib.dom.d.ts 파일을 선택합니다. lib.dom.d.ts 파일은 lib.es5.d.ts 파일처럼 타입스크립트에서 기본적으로 제공하는 타입 선언 파일

입니다. 브라우저의 DOM과 관련한 타입만 모아둡니다. 여기에 있는 타입은 따로 import하지 않아도 전역으로 사용할 수 있습니다.

```
lib.dom.d.ts

...
interface HTMLFormElement extends HTMLElement {
    acceptCharset: string;
    action: string;
    autocomplete: string;
    readonly elements: HTMLFormControlsCollection;
    encoding: string;
    enctype: string;
    readonly length: number;
    method: string;
    name: string;
    noValidate: boolean;
    target: string;
    checkValidity(): boolean;
    reportValidity(): boolean;
    requestSubmit(submitter?: HTMLElement | null): void;
    reset(): void;
    submit(): void;
    addEventListener<K extends keyof HTMLElementEventMap>(type: K, listener:
➡ (this: HTMLFormElement, ev: HTMLElementEventMap[K]) => any, options?: boolean |
➡ AddEventListenerOptions): void;
    addEventListener(type: string, listener: EventListenerOrEventListenerObject,
➡ options?: boolean | AddEventListenerOptions): void;
    removeEventListener<K extends keyof HTMLElementEventMap>(type: K, listener:
➡ (this: HTMLFormElement, ev: HTMLElementEventMap[K]) => any, options?: boolean |
➡ EventListenerOptions): void;
    removeEventListener(type: string, listener: EventListenerOrEventListenerObject,
➡ options?: boolean | EventListenerOptions): void;
    [index: number]: Element;
    [name: string]: any;
}

declare var HTMLFormElement: {
    prototype: HTMLFormElement;
    new(): HTMLFormElement;
};
...
```

HTMLFormElement는 DOM API에서 접근할 수 있는 form의 속성과 메서드를 갖고 있습니다. React의 form 태그인 React.DetailedHTMLProps<React.FormHTMLAttributes<HTMLFormElement>, HTMLFormElement>와 겹치는 속성도 있고, 서로 다른 속성도 있습니다. React의 JSX와 DOM API 가 서로 다르게 동작하므로 속성도 다른 것입니다.

HTMLFormElement와 HTMLInputElement는 test.tsx에서 다음과 같은 경우에 직접 사용됩니다.

test.tsx

```
...
  const onSubmitForm = useCallback(((e: FormEvent<HTMLFormElement>) => {
    e.preventDefault();
    const input = inputEl.current;
    if (word[word.length - 1] === value[0]) {
      setResult('딩동댕');
      setWord(value);
      setValue('');
      if (input) {
        input.focus();
      }
    } else {
      setResult('땡');
      setValue('');
      if (input) {
        input.focus();
      }
    }
  }, [word, value]);

  const onChange = useCallback(((e: ChangeEvent<HTMLInputElement>) => {
    setValue(e.currentTarget.value)
  }, []);
...
```

여기서 preventDefault와 currentTarget을 각각 Go to Definition해봅시다. 둘 모두 BaseSyntheticEvent 인터페이스에 있습니다.

node_modules/@types/react/index.d.ts

```
declare namespace React {
  ...
    interface BaseSyntheticEvent<E = object, C = any, T = any> {
```

```
            nativeEvent: E;
            currentTarget: C;
            target: T;
            bubbles: boolean;
            cancelable: boolean;
            defaultPrevented: boolean;
            eventPhase: number;
            isTrusted: boolean;
            preventDefault(): void;
            isDefaultPrevented(): boolean;
            stopPropagation(): void;
            isPropagationStopped(): boolean;
            persist(): void;
            timeStamp: number;
            type: string;
        }
        ...
        interface SyntheticEvent<T = Element, E = Event> extends BaseSyntheticEvent<E,
➡  EventTarget & T, EventTarget> {}
        ...
    }
    ...
```

currentTarget이 타입 매개변수 C입니다. C가 어떤 타입인지 파악해야 합니다.

SyntheticEvent는 FormEvent와 ChangeEvent에서 사용됩니다.

node_modules/@types/react/index.d.ts

```
  ...
  declare namespace React {
      ...
      interface FormEvent<T = Element> extends SyntheticEvent<T> {
      }

      interface InvalidEvent<T = Element> extends SyntheticEvent<T> {
          target: EventTarget & T;
      }

      interface ChangeEvent<T = Element> extends SyntheticEvent<T> {
          target: EventTarget & T;
      }
      ...
```

```
  }
  ...
```

BaseSyntheticEvent는 SyntheticEvent의 부모이고, SyntheticEvent는 ChangeEvent의 부모입니다. 이제 ChangeEvent<HTMLInputelement>인 경우 SyntheticEvent와 BaseSyntheticEvent는 어떻게 되는지 생각해봅시다.

ChangeEvent의 T가 HTMLInputElement이므로 SyntheticEvent도 SyntheticEvent<HTMLInputElement>입니다. SyntheticEvent에 타입 매개변수 E를 제공하지 않았으므로 E는 Event가 되어 최종적으로 SyntheticEvent<HTMLInputElement, Event>입니다. 이에 따라 BaseSyntheticEvent의 타입 매개변수에는 순서대로 Event, EventTarget & HTMLInputElement, EventTarget이 들어갑니다.

타입 매개변수 C가 BaseSyntheticEvent의 두 번째 타입 매개변수이므로 C는 EventTarget & HTMLInputElement입니다. 즉, e.currentTarget에서 HTMLInputElement의 속성을 사용할 수 있습니다.

마지막으로 컴포넌트의 타입에 대해 알아보겠습니다.

test.tsx
```
...
const WordRelay = () => {   ------- const WordRelay: () => JSX.Element
  ...
};

export default WordRelay;
```

WordRelay 변수의 타입은 () => JSX.Element라는 함수입니다. 이는 리액트에서 컴포넌트를 가리키는 타입이기도 합니다. 하지만 컴포넌트에 대한 정확한 타입은 아닙니다. 정확한 타입은 조금 뒤에 알아봅니다. 다른 컴포넌트를 JSX로 사용하는 경우를 확인하기 위해 test.tsx를 다음과 같이 수정해봅시다.

test.tsx
```
import {useState, useCallback, useRef, useEffect, FormEvent, ChangeEvent} from 'react';
        ------- Binding element 'children' implicitly has an 'any' type.
const Form = ({ children, onSubmit }) => {
  return (         ------- Binding element 'onSubmit' implicitly has an 'any' type.
```

```
      <form onSubmit={onSubmit}>{children}</form>
    );
  };

  const WordRelay = () => {
    ...
    return (
      <>
        <div>{word}</div>
        <Form onSubmit={onSubmitForm}>
          <input
            ref={inputEl}
            value={value}
            onChange={onChange}
          />
          <button>입력!</button>
        </Form>
        <div>{result}</div>
      </>
    );
  };

  export default WordRelay;
```

Form 컴포넌트를 하나 더 만들었습니다. children과 onSubmit을 prop으로 받는 컴포넌트입니다.
다만 children과 onSubmit prop에서 noImplicitAny 에러가 발생합니다. 따라서 prop을 타이핑해
야 합니다. 매개변수를 구조분해 할당한 것이니만큼 다음과 같이 타이핑할 수도 있습니다.

test.tsx

```
import {useState, useCallback, useRef, useEffect, FormEvent, ChangeEvent} from 'react';

interface Props {
  children: () => JSX.Element;
  onSubmit: (e: FormEvent<HTMLFormElement>) => void;
}
const Form = ({ children, onSubmit }: Props) => {
  return (
    <form onSubmit={onSubmit}>{children}</form>  ------ Type '() => Element' is not assignable
  );                                                     to type 'ReactNode'.
};
...
```

children을 () => JSX.Element로 타이핑하니 에러가 발생합니다. () => Element는 () => JSX. Element를 의미합니다. 이 타입은 ReactNode라는 타입에 대입할 수 없다고 나옵니다. 그러면 children을 ReactNode 타입으로 한번 변경해보겠습니다.

test.tsx

```tsx
import {useState, useCallback, useRef, useEffect, FormEvent, ChangeEvent, ReactNode}
from 'react';

interface Props {
  children: ReactNode;
  onSubmit: (e: FormEvent<HTMLFormElement>) => void;
}
const Form = ({ children, onSubmit }: Props) => {
  return (
    <form onSubmit={onSubmit}>{children}</form>
  );
};
...
```

에러가 사라집니다. 여기서 children처럼 다른 컴포넌트가 들어오는 부분은 ReactNode 타입을 사용해야 함을 알 수 있습니다. ReactNode에서 Go to Definition하여 이 타입이 어떤 타입인지 알아봅시다.

node_modules/@types/react/index.d.ts

```ts
...
declare namespace React {
    ...
    interface ReactElement<P = any, T extends string | JSXElementConstructor<any> =
 string | JSXElementConstructor<any>> {
        type: T;
        props: P;
        key: Key | null;
    }
    ...
    interface ReactPortal extends ReactElement {
        key: Key | null;
        children: ReactNode;
    }
    ...
    type ReactFragment = Iterable<ReactNode>;
```

```
    type ReactNode = ReactElement | string | number | ReactFragment | ReactPortal |
➡ boolean | null | undefined;

    ...
  }
```

ReactNode는 다양한 것들의 유니언입니다. string, number, boolean, null, undefined 같은 자료형도 들어갈 수 있고, ReactElement나 ReactPortal, ReactFragment 같은 타입도 들어갈 수 있습니다. ReactFragment 타입은 Iterable<ReactNode>입니다. 이 타입이 유니언에 속해 있어서 children에 여러 ReactNode가 들어올 수 있습니다.

여기서 알아둬야 할 점은 JSX 문법에 들어갈 수 있는 타입은 () => JSX.Element가 아니라 ReactNode라는 점입니다.

구조분해 할당에 타이핑하는 대신 다음과 같이 타이핑할 수도 있습니다.

test.tsx
```
import {useState, useCallback, useRef, useEffect, FormEvent, ChangeEvent,
FunctionComponent, ReactNode} from 'react';

interface Props {
  children: ReactNode;
  onSubmit: (e: FormEvent<HTMLFormElement>) => void;
}
const Form: FunctionComponent<Props> = ({ children, onSubmit }) => {
  return (
    <form onSubmit={onSubmit}>{children}</form>
  );
};
...
```

Form 변수를 FunctionComponent라는 타입이라고 표기했습니다. FunctionComponent 타입은 타입 매개변수로 prop의 타입을 받습니다. FunctionComponent<Props>를 하면 prop이 Props로 타이핑됩니다. FunctionComponent에서 Go to Definition하여 타입을 확인해봅시다.

node_modules/@types/react/index.d.ts
```
...
declare namespace React {

  ...
```

```typescript
type FC<P = {}> = FunctionComponent<P>;

interface FunctionComponent<P = {}> {
    (props: P, context?: any): ReactElement<any, any> | null;
    propTypes?: WeakValidationMap<P> | undefined;
    contextTypes?: ValidationMap<any> | undefined;
    defaultProps?: Partial<P> | undefined;
    displayName?: string | undefined;
}
...
}
```

FunctionComponent는 props와 context를 매개변수로 가지고, ReactElement를 반환하는 함수입니다. 그러면서 propTypes, contextTypes, defaultProps, displayName 속성을 추가로 가지고 있습니다. 또한, FunctionComponent라고 길게 적는 대신 FC로 간단하게 줄여서 쓸 수도 있습니다. FC가 FunctionComponent 타입의 별칭으로 선언되었기 때문입니다.

React에는 함수 컴포넌트 외에 클래스 컴포넌트도 있습니다만, 많이 사용하지 않기 때문에 이 책에서는 다루지 않았습니다. 만약 클래스 컴포넌트 타입이 궁금하다면 node_modules/@types/react/index.d.ts에서 ComponentClass 타입을 살펴보세요.

7.3 React 직접 타이핑하기

이제 React 패키지를 직접 타이핑해봅시다. react 폴더 안에 zeact.tsx 파일을 만듭니다. Zeact 네임스페이스를 하나 만든 뒤 그 안에 타이핑하겠습니다. 다음 소스 코드에도 Zeact 네임스페이스를 사용해야 합니다. 예를 들어 useState 대신 Zeact.useState를 사용하는 식입니다.

zeact.tsx에 다음 코드를 입력합니다.

zeact.tsx

```typescript
declare namespace Zeact {
  const useState: () => void;
  const useRef: () => void;
```

```
  const useEffect: (callback: Function) => void;
  const useCallback: (callback: Function) => void;
  interface FunctionComponent<P> {}
  interface FormEvent<T> {}
  interface ChangeEvent<T> {}
  type ReactNode = unknown;
}

interface Props {
  children: Zeact.ReactNode;
  onSubmit: (e: Zeact.FormEvent<HTMLFormElement>) => void;
}
const Form: Zeact.FunctionComponent<Props> = ({ children, onSubmit }) => {
  return (
    <form onSubmit={onSubmit}>{children}</form>
  );
};

const WordRelay = () => {
  const [word, setWord] = Zeact.useState('제로초');
  const [value, setValue] = Zeact.useState('');
  const [result, setResult] = Zeact.useState('');
  const inputEl = Zeact.useRef<HTMLInputElement>(null);

  Zeact.useEffect(() => {
    console.log('useEffect');
  }, []);

  const onSubmitForm = Zeact.useCallback((e: Zeact.FormEvent<HTMLFormElement>) => {
    e.preventDefault();
    const input = inputEl.current;
    if (word[word.length - 1] === value[0]) {
      setResult('딩동댕');
      setWord(value);
      setValue('');
      if (input) {
        input.focus();
      }
    } else {
      setResult('땡');
      setValue('');
      if (input) {
        input.focus();
```

```
      }
    }
  }, [word, value]);

  const onChange = Zeact.useCallback((e: Zeact.ChangeEvent<HTMLInputElement>) => {
    setValue(e.currentTarget.value)
  }, []);

  return (
    <>
      <div>{word}</div>
      <Form onSubmit={onSubmitForm}>
        <input
          ref={inputEl}
          value={value}
          onChange={onChange}
        />
        <button>입력!</button>
      </Form>
      <div>{result}</div>
    </>
  );
};


export default WordRelay;
```

여러 부분에서 에러가 발생합니다. 먼저 useState, useRef를 타이핑해봅시다. 단, 다음 코드를 보기 전에 직접 타이핑을 연습해보세요. 답을 보지 않고 직접 해보는 것이 중요합니다.

zeact.tsx

```
declare namespace Zeact {
  const useState: (initial: string) => [string, (value: string) => void];
  const useRef: (initial: HTMLInputElement | null) => { current: HTMLInputElement |
  null };
  const useEffect: (callback: Function) => void;
  ...
}
...
const WordRelay = () => {
  const [word, setWord] = Zeact.useState('제로초');
  const [value, setValue] = Zeact.useState('');
```

```
        const [result, setResult] = Zeact.useState('');
        const inputEl = Zeact.useRef<HTMLInputElement>(null);

        Zeact.useEffect(() => {
          console.log('useEffect');
        }, []);

        const onSubmitForm = Zeact.useCallback((e: Zeact.FormEvent<HTMLFormElement>) => {
          e.preventDefault();
          const input = inputEl.current;
          if (word[word.length - 1] === value[0]) {
        ...
      }
```

useState 부분과 inputEl.current의 에러가 사라집니다. useRef의 <HTMLInputElement>에는 아직 에러가 남아 있습니다.

현재 useState에는 문자열만 들어가지만 문자열 말고 다른 타입도 들어갈 수 있습니다. 그 점을 생각하며 타이핑해야 합니다. 또한, useRef도 current가 항상 HTMLInputElement는 아닙니다. 더 범용적으로 사용할 수 있게 수정해야 합니다.

zeact.tsx

```
declare namespace Zeact {
  const useState: <T>(initial: T) => [T, (value: T) => void];
  const useRef: <T>(initial: T | null) => { current: T | null };
  const useEffect: (callback: Function) => void;
  ...
```

타입에 상관없이 범용적으로 사용하려면 제네릭을 사용하는 게 좋습니다.

- useState는 initial 매개변수가 string이므로 T도 string이 됩니다.
- useRef는 initial이 null이지만 타입 매개변수 T에 HTMLInputElement를 직접 넣었으므로 current가 HTMLInputElement | null이 됩니다.

이번에는 useEffect와 useCallback을 타이핑해봅시다. 두 번째 매개변수인 deps 배열을 추가하면 됩니다. useCallback은 추가로 매개변수로 받은 함수를 그대로 반환해야 합니다.

```tsx
declare namespace Zeact {
  const useState: <T>(initial: T) => [T, (value: T) => void];
  const useRef: <T>(initial: T | null) => { current: T | null };
  const useEffect: (callback: Function, deps: unknown[]) => void;
  const useCallback: <T extends Function>(callback: T, deps: unknown[]) => T;
  interface FunctionComponent<P> {}
  ...
}
...
  Zeact.useEffect(() => {
    console.log('useEffect');
  }, []);

  const onSubmitForm = Zeact.useCallback((e: Zeact.FormEvent<HTMLFormElement>) => {
    e.preventDefault();
    ...
  }, [word, value]);

  const onChange = Zeact.useCallback((e: Zeact.ChangeEvent<HTMLInputElement>) => {
    setValue(e.currentTarget.value)
  }, []);
  ...
        <input
          ref={inputEl}
          value={value}
          onChange={onChange}
        />
  ...
  }
```

useEffect와 useCallback에는 두 번째 매개변수 deps에 unknown 배열을 추가했고, useCallback에는 callback 매개변수에 Function 대신 타입 매개변수 T를 사용했습니다. 대신 T에는 Function 제약을 걸어두어 함수 외의 것이 들어오지 못하게 했습니다.

이번에는 ChangeEvent와 FormEvent를 타이핑하겠습니다. 두 인터페이스에는 제네릭 타입 매개변수가 붙어 있으므로 이를 활용합시다.

```tsx
declare namespace Zeact {
  ...
  interface FunctionComponent<P> {}
  interface FormEvent<T> {
    preventDefault(): void;
  }
  interface ChangeEvent<T> {
    currentTarget: T
  }
  type ReactNode = unknown;
}
...
  const onSubmitForm = Zeact.useCallback((e: Zeact.FormEvent<HTMLFormElement>) => {
    e.preventDefault();
    ...
  }, [word, value]);

  const onChange = Zeact.useCallback((e: Zeact.ChangeEvent<HTMLInputElement>) => {
    setValue(e.currentTarget.value);
  }, []);
...
```

이어서 남은 에러를 해결해봅시다. Form 컴포넌트에서 에러가 발생합니다.

zeact.tsx

```tsx
declare namespace Zeact {
  ...
  interface FunctionComponent<P> {
    (props: P): JSX.Element;
  }
  interface FormEvent<T> {
    preventDefault(): void;
  }
  interface ChangeEvent<T> {
    currentTarget: T
  }
  type ReactNode = React.ReactNode;
}

interface Props {
```

```
  children: Zeact.ReactNode;
  onSubmit: (e: Zeact.FormEvent<HTMLFormElement>) => void;
}
const Form: Zeact.FunctionComponent<Props> = ({ children, onSubmit }) => {
  return (
    <form onSubmit={onSubmit}>{children}</form>
  );
};
...
  return (
    <>
      <div>{word}</div>
      <Form onSubmit={onSubmitForm}>
        <input
...
```

단순히 FunctionComponent만 타이핑하면 {children}에서 에러가 발생합니다. Zeact.ReactNode가 unknown이라서 그렇습니다. 그래서 Zeact.ReactNode도 React.ReactNode로 바꿉니다. 이러면 이제 모든 에러가 사라집니다. 에러 없이 타이핑하는 게 익숙해질 때까지 처음부터 여러 번 반복하면 좋습니다.

7.4 / js 파일 생성하기

현재 tsconfig.json의 jsx 속성 값은 react-jsx입니다. test.tsx 파일을 js 파일로 한번 변환해봅시다.

터미널

```
$ npx tsc
```

test.js

```
"use strict";
Object.defineProperty(exports, "__esModule", { value: true });
```

```
const jsx_runtime_1 = require("react/jsx-runtime");
const react_1 = require("react");
const Form = ({ children, onSubmit }) => {
    return ((0, jsx_runtime_1.jsx)("form", Object.assign({ onSubmit: onSubmit }, {
➡ children: children })));
};
const WordRelay = () => {
    const [word, setWord] = (0, react_1.useState)('제로초');
    const [value, setValue] = (0, react_1.useState)('');
    const [result, setResult] = (0, react_1.useState)('');
    const inputEl = (0, react_1.useRef)(null);
    (0, react_1.useEffect)(() => {
        console.log('useEffect');
    }, []);
    const onSubmitForm = (0, react_1.useCallback)((e) => {
        e.preventDefault();
        const input = inputEl.current;
        if (word[word.length - 1] === value[0]) {
            setResult('딩동댕');
            setWord(value);
            setValue('');
            if (input) {
                input.focus();
            }
        }
        else {
            setResult('땡');
            setValue('');
            if (input) {
                input.focus();
            }
        }
    }, [word, value]);
    const onChange = (0, react_1.useCallback)((e) => {
        setValue(e.currentTarget.value);
    }, []);
    return ((0, jsx_runtime_1.jsxs)(jsx_runtime_1.Fragment, { children: [(0, jsx_
➡ runtime_1.jsx)("div", { children: word }), (0, jsx_runtime_1.jsxs)(Form, Object.assign({
➡ onSubmit: onSubmitForm }, { children: [(0, jsx_runtime_1.jsx)("input", { ref: inputEl,
➡ value: value, onChange: onChange }), (0, jsx_runtime_1.jsx)("button", { children:
➡ "\uC785\uB825!" })] })), (0, jsx_runtime_1.jsx)("div", { children: result })] }));
};
exports.default = WordRelay;
```

const jsx_runtime_1 = require("react/jsx-runtime");이 추가되었고, return 부분에는 추가된 jsx_runtime_1을 활용해 JSX 문법을 자바스크립트로 바꿨습니다. 여기서는 React를 사용하지 않았기에 JSX를 사용할 필요가 없습니다.

이번에는 tsconfig.json의 jsx 값을 react로 바꿔보겠습니다. 이때는 React를 import하고 변환해야 합니다.

tsconfig.json

```
...
"jsx": "react",
...
```

test.tsx

```
import React, {useState, useCallback, useRef, useEffect, FormEvent, ChangeEvent,
  FunctionComponent, ReactNode} from 'react';

...
```

터미널

```
$ npx tsc
```

test.js

```
"use strict";
var __createBinding = (this && this.__createBinding) || (Object.create ? (function(o, m,
  k, k2) {
    if (k2 === undefined) k2 = k;
    var desc = Object.getOwnPropertyDescriptor(m, k);
    if (!desc || ("get" in desc ? !m.__esModule : desc.writable || desc.configurable)) {
      desc = { enumerable: true, get: function() { return m[k]; } };
    }
    Object.defineProperty(o, k2, desc);
}) : (function(o, m, k, k2) {
    if (k2 === undefined) k2 = k;
    o[k2] = m[k];
}));
var __setModuleDefault = (this && this.__setModuleDefault) || (Object.create ?
  (function(o, v) {
    Object.defineProperty(o, "default", { enumerable: true, value: v });
}) : function(o, v) {
    o["default"] = v;
```

```
    });
    var __importStar = (this && this.__importStar) || function (mod) {
        if (mod && mod.__esModule) return mod;
        var result = {};
        if (mod != null) for (var k in mod) if (k !== "default" && Object.
➡ prototype.hasOwnProperty.call(mod, k)) __createBinding(result, mod, k);
        __setModuleDefault(result, mod);
        return result;
    };
    Object.defineProperty(exports, "__esModule", { value: true });
    const react_1 = __importStar(require("react"));
    const Form = ({ children, onSubmit }) => {
        return (react_1.default.createElement("form", { onSubmit: onSubmit }, children));
    };
    const WordRelay = () => {
        const [word, setWord] = (0, react_1.useState)('제로초');
        const [value, setValue] = (0, react_1.useState)('');
        const [result, setResult] = (0, react_1.useState)('');
        const inputEl = (0, react_1.useRef)(null);
        (0, react_1.useEffect)(() => {
            console.log('useEffect');
        }, []);
        const onSubmitForm = (0, react_1.useCallback)((e) => {
            e.preventDefault();
            const input = inputEl.current;
            if (word[word.length - 1] === value[0]) {
                setResult('딩동댕');
                setWord(value);
                setValue('');
                if (input) {
                    input.focus();
                }
            }
            else {
                setResult('땡');
                setValue('');
                if (input) {
                    input.focus();
                }
            }
        }, [word, value]);
        const onChange = (0, react_1.useCallback)((e) => {
            setValue(e.currentTarget.value);
```

```
    }, []);
    return (react_1.default.createElement(react_1.default.Fragment, null,
        react_1.default.createElement("div", null, word),
        react_1.default.createElement(Form, { onSubmit: onSubmitForm },
            react_1.default.createElement("input", { ref: inputEl, value: value,
➡ onChange: onChange }),
            react_1.default.createElement("button", null, "\uC785\uB825!")),
        react_1.default.createElement("div", null, result)));
  };
  exports.default = WordRelay;
```

여기서는 import React했던 것이 react_1.default로 변경되었습니다. 그리고 react_1.default.createElement를 사용해 JSX 문법을 자바스크립트로 바꾸고 있습니다. 이 때문에 React를 import 해야 했던 것입니다.

마지막으로 tsconfig.json의 jsx 속성 값을 react-native로 바꾼 뒤 변환해보겠습니다. react-native인 경우에는 React를 import할 필요가 없습니다.

tsconfig.json

```
...
"jsx": "react-native",
...
```

test.tsx

```
import {useState, useCallback, useRef, useEffect, FormEvent, ChangeEvent,
➡ FunctionComponent, ReactNode} from 'react';
...
```

터미널

```
$ npx tsc
```

test.js

```
"use strict";
Object.defineProperty(exports, "__esModule", { value: true });
const react_1 = require("react");
const Form = ({ children, onSubmit }) => {
    return (<form onSubmit={onSubmit}>{children}</form>);
};
```

```
const WordRelay = () => {
    const [word, setWord] = (0, react_1.useState)('제로초');
    const [value, setValue] = (0, react_1.useState)('');
    const [result, setResult] = (0, react_1.useState)('');
    const inputEl = (0, react_1.useRef)(null);
    (0, react_1.useEffect)(() => {
        console.log('useEffect');
    }, []);
    const onSubmitForm = (0, react_1.useCallback)((e) => {
        e.preventDefault();
        const input = inputEl.current;
        if (word[word.length - 1] === value[0]) {
            setResult('딩동댕');
            setWord(value);
            setValue('');
            if (input) {
                input.focus();
            }
        }
        else {
            setResult('땡');
            setValue('');
            if (input) {
                input.focus();
            }
        }
    }, [word, value]);
    const onChange = (0, react_1.useCallback)((e) => {
        setValue(e.currentTarget.value);
    }, []);
    return (<>
      <div>{word}</div>
      <Form onSubmit={onSubmitForm}>
        <input ref={inputEl} value={value} onChange={onChange}/>
        <button>입력!</button>
      </Form>
      <div>{result}</div>
    </>);
};
exports.default = WordRelay;
```

React Native에서는 JSX 문법을 다른 방식을 사용해 자바스크립트로 바꿉니다. 따라서 타입스크립트도 그러한 특성을 존중해서 React Native가 알아서 처리하도록 JSX 문법을 내버려둡니다.

이처럼 tsconfig.json의 옵션에 따라 결과물이 달라지므로 자신의 상황에 맞게 옵션을 잘 선택해야 합니다.

8^장

Node.js 타입 분석하기

이 장에서는 Node.js의 타입을 분석해보겠습니다. Node.js는 라이브러리나 패키지가 아니라 자바스크립트 런타임이므로 직접적인 타입 분석의 대상이 아닙니다. 여기서 분석할 타입은 Node.js가 기본으로 제공하는 내장 모듈을 활용한 코드에 대한 타입입니다.

```
$ cd (tsbook 폴더 경로)
$ mkdir node
$ cd node
$ npx tsc --init
```

test.ts 파일을 만들고 다음 코드를 작성합니다. 현재 폴더의 index.html 파일을 읽어서 제공하는 간단한 서버입니다.

test.ts

```
import fs from 'fs';   ------- Cannot find module 'fs' or its corresponding type declarations.
import http from 'http';   ------- Cannot find module 'http' or its corresponding type declarations.
import path from 'path';   ------- Cannot find module 'path' or its corresponding type declarations.
    // Parameter 'req' implicitly        // Parameter 'res' implicitly
    // has an 'any' type.                // has an 'any' type.
http.createServer((req, res) => {
  fs.readFile(path.join(__dirname, 'index.html'), (err, data) => {
    res.writeHead(200);
    // Cannot find name '__dirname'.              // Parameter 'data' implicitly
    res.end(data);                               // has an 'any' type.
  })
}).listen(8080, () => {                          // Parameter 'err' implicitly
  console.log('서버 시작됨');                      // has an 'any' type.
});
```

Node.js는 기본적으로 CommonJS 모듈 시스템을 사용하므로 import fs = require('fs')를 하는 게 올바른 방식입니다. 하지만 tsconfig.json에서 esModuleInterop 옵션이 활성화되어 있으므로 import fs from 'fs'도 가능합니다.

fs, http, path 모듈에서 전부 에러가 발생합니다. fs, http, path 모듈은 npm을 통해 설치하지 않아도 Node.js가 기본적으로 제공하는 모듈입니다. 다만 타입스크립트는 이 모듈에 대한 타입 정의를 갖고 있지 않아 fs, http, path 모듈이 무엇인지 알지 못하기 때문에 에러를 표시하는 것입니다.

다행히 타입스크립트 커뮤니티에서 Node.js 모듈을 위한 타입을 마련해놓았습니다. @types/node 패키지입니다. npmjs에서 검색해봅시다.[1]

▼ 그림 8-1 npmjs에서 @types/node 검색

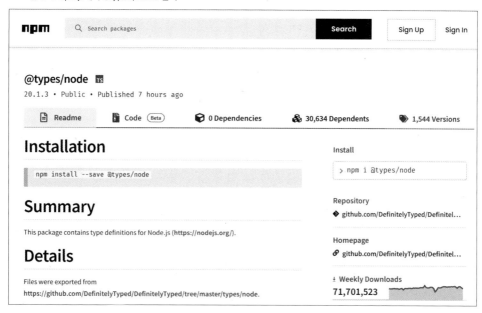

이 패키지를 설치하면 test.ts의 에러가 사라집니다.

터미널

```
$ npm i @types/node@18.15.3
```

@types/node 패키지를 한번 들여다봅시다. 먼저 진입점 파일부터 확인합니다.

node_modules/@types/node/package.json

```
{
    ...
    "types": "index.d.ts",
    ...
}
```

---

1   https://www.npmjs.com/package/@types/node

index.d.ts를 열어봅시다.

```
// Type definitions for non-npm package Node.js 18.15
...
// NOTE: These definitions support NodeJS and TypeScript 4.9+.

// Reference required types from the default lib:
/// <reference lib="es2020" />
/// <reference lib="esnext.asynciterable" />
/// <reference lib="esnext.intl" />
/// <reference lib="esnext.bigint" />

// Base definitions for all NodeJS modules that are not specific to any version of
TypeScript:
/// <reference path="assert.d.ts" />
/// <reference path="assert/strict.d.ts" />
/// <reference path="globals.d.ts" />
/// <reference path="async_hooks.d.ts" />
/// <reference path="buffer.d.ts" />
/// <reference path="child_process.d.ts" />
/// <reference path="cluster.d.ts" />
/// <reference path="console.d.ts" />
/// <reference path="constants.d.ts" />
/// <reference path="crypto.d.ts" />
/// <reference path="dgram.d.ts" />
/// <reference path="diagnostics_channel.d.ts" />
/// <reference path="dns.d.ts" />
/// <reference path="dns/promises.d.ts" />
/// <reference path="dns/promises.d.ts" />
/// <reference path="domain.d.ts" />
/// <reference path="dom-events.d.ts" />
/// <reference path="events.d.ts" />
/// <reference path="fs.d.ts" />
/// <reference path="fs/promises.d.ts" />
/// <reference path="http.d.ts" />
/// <reference path="http2.d.ts" />
/// <reference path="https.d.ts" />
/// <reference path="inspector.d.ts" />
/// <reference path="module.d.ts" />
/// <reference path="net.d.ts" />
/// <reference path="os.d.ts" />
/// <reference path="path.d.ts" />
```

```
/// <reference path="perf_hooks.d.ts" />
/// <reference path="process.d.ts" />
/// <reference path="punycode.d.ts" />
/// <reference path="querystring.d.ts" />
/// <reference path="readline.d.ts" />
/// <reference path="readline/promises.d.ts" />
/// <reference path="repl.d.ts" />
/// <reference path="stream.d.ts" />
/// <reference path="stream/promises.d.ts" />
/// <reference path="stream/consumers.d.ts" />
/// <reference path="stream/web.d.ts" />
/// <reference path="string_decoder.d.ts" />
/// <reference path="test.d.ts" />
/// <reference path="timers.d.ts" />
/// <reference path="timers/promises.d.ts" />
/// <reference path="tls.d.ts" />
/// <reference path="trace_events.d.ts" />
/// <reference path="tty.d.ts" />
/// <reference path="url.d.ts" />
/// <reference path="util.d.ts" />
/// <reference path="v8.d.ts" />
/// <reference path="vm.d.ts" />
/// <reference path="wasi.d.ts" />
/// <reference path="worker_threads.d.ts" />
/// <reference path="zlib.d.ts" />

/// <reference path="globals.global.d.ts" />
```

먼저 주석을 통해 Node.js 18.15 버전과 타입스크립트 4.9 이상 버전을 지원한다는 것을 알 수 있습니다.

/// <reference lib />은 어떤 lib 파일을 기본적으로 포함할지를 적어둔 것입니다. es2020, esnext.asynciterable, esnext.intl, esnext.bigint로 되어 있는데 각각 lib.es2020.d.ts, lib.es2018.asynciterable.d.ts, lib.esnext.intl.d.ts, lib.es2020.bigint.d.ts를 포함하겠다는 의미입니다.

lib 아래에는 매우 많은 /// <reference path />가 있습니다. 각각의 .d.ts 파일은 Node.js의 모듈과 대응됩니다. 이 중에서 globals.d.ts와 globals.global.d.ts는 Node.js의 전역 객체에 대한 타입을 담당합니다.

test.ts에서는 fs, http, path 모듈을 사용하므로 fs.d.ts, http.d.ts, path.d.ts 파일을 열어봅시다.

node_modules/@types/node/fs.d.ts

```
declare module 'fs' {
    ...
}
declare module 'node:fs' {
    export * from 'fs';
}
```

node_modules/@types/node/http.d.ts

```
declare module 'http' {
    ...
}
declare module 'node:http' {
    export * from 'http';
}
```

node_modules/@types/node/path.d.ts

```
declare module 'path/posix' {
    import path = require('path');
    export = path;
}
declare module 'path/win32' {
    import path = require('path');
    export = path;
}
...
declare module 'path' {
    ...
}
declare module 'node:path' {
    import path = require('path');
    export = path;
}
declare module 'node:path/posix' {
    import path = require('path/posix');
    export = path;
}
declare module 'node:path/win32' {
```

```
    import path = require('path/win32');
    export = path;
}
```

세 파일에는 공통적으로 declare module '모듈명'과 declare module 'node:모듈명'이 들어 있습니다.

declare module은 타입스크립트에게 해당 모듈이 있다는 걸 알리고, 해당 모듈에 대한 타입 선언도 이 블록 안에 있음을 알리는 선언입니다. 예를 들어 declare module 'http'는 타입스크립트에 http 모듈이 있음을 알립니다. 따라서 import http from 'http'를 한 경우, 타입스크립트는 http 모듈에 대한 타입을 declare module 'http' 블록 안에서 확인합니다.

한 가지 특이한 점은 declare module 'node:http'처럼 앞에 node: 접두사가 붙은 모듈 선언이 각 패키지별로 있다는 점입니다. 이는 Node.js에서 권장하는 내장 모듈 import 방법입니다. test.ts의 import 부분을 다음과 같이 수정해봅시다.

test.ts

```
import fs from 'node:fs';
import http from 'node:http';
import path from 'node:path';

http.createServer((req, res) => {
  fs.readFile(path.join(__dirname, 'index.html'), (err, data) => {
    res.writeHead(200);
    res.end(data);
  })
}).listen(8080, () => {
  console.log('서버 시작됨');
});
```

이렇게 해도 기존과 동일하게 작동합니다. declare module 'node:fs', declare module 'node:path', declare module 'node:http' 부분을 다시 한번 살펴봅시다.

node_modules/@types/node/fs.d.ts

```
...
declare module 'node:fs' {
    export * from 'fs';
}
```

```
...
declare module 'node:http' {
    export * from 'http';
}
```

```
...
declare module 'path' {
    ...
    const path: path.PlatformPath;
    export = path;
}
declare module 'node:path' {
    import path = require('path');
    export = path;
}
...
```

fs와 http에서는 export * from '모듈명'으로 타이핑되어 있습니다. 이는 해당 모듈의 모든 것을 import한 뒤에 다시 현재 모듈에서 export한다는 뜻입니다.

export * from 'http'는 http 모듈의 모든 것을 import한 뒤에 그것을 node:http 모듈에서 export 하는 것입니다. 그러면 node:http 모듈은 http 모듈과 동일한 것을 export하게 됩니다. 그래서 http 모듈을 import하든, node:http 모듈을 import하든 동일하게 사용할 수 있습니다.

path 모듈의 경우는 import, export 코드가 다르지만, 그 코드가 하는 역할은 비슷합니다. node:path에서는 path의 모든 export를 import path = require('path')로 import하고, 그것을 다시 export = path를 통해 node:path에서 export하고 있습니다.

path 모듈에서만 다르게 import, export한 이유는 path 모듈 마지막에 export = path가 되어 있기 때문입니다. fs와 http 모듈은 ECMAScript 모듈 방식으로 타이핑되어 있어서 export * from '모듈명'을 사용할 수 있었습니다.

이제 test.ts의 코드를 분석해봅시다.

test.ts

```
import fs from 'node:fs';
import http from 'node:http';
import path from 'node:path';

http.createServer((req, res) => {
  fs.readFile(path.join(__dirname, 'index.html'), (err, data) => {
    res.writeHead(200);
    res.end(data);
  })
}).listen(8080, () => {
  console.log('서버 시작됨');
});
```

createServer에서 Go to Definition해봅시다.

node_modules/@types/node/http.d.ts

```
declare module 'http' {
    ...
    function createServer<
        Request extends typeof IncomingMessage = typeof IncomingMessage,
        Response extends typeof ServerResponse = typeof ServerResponse,
    >(requestListener?: RequestListener<Request, Response>): Server<Request, Response>;
    function createServer<
        Request extends typeof IncomingMessage = typeof IncomingMessage,
        Response extends typeof ServerResponse = typeof ServerResponse,
    >(
```

```
        options: ServerOptions<Request, Response>,
        requestListener?: RequestListener<Request, Response>,
    ): Server<Request, Response>;
    ...
}
```

두 개의 오버로딩이 있는데 현재 매개변수를 하나만 사용하고 있으므로 첫 번째 오버로딩에 해당합니다. RequestListener에서 Go to Definition해봅시다.

```
declare module 'http' {
    ...
    type RequestListener<
        Request extends typeof IncomingMessage = typeof IncomingMessage,
        Response extends typeof ServerResponse = typeof ServerResponse,
    > = (req: InstanceType<Request>, res: InstanceType<Response> & { req:
➡ InstanceType<Request> }) => void;
    ...
}
```

RequestListener 타입이 (req, res) => {} 함수 부분이라는 것을 알 수 있습니다(InstanceType은 3.3절에서 배웠습니다). IncomingMessage와 ServerResponse 모두 클래스이므로 req와 res는 각각 IncomingMessage, ServerResponse의 인스턴스입니다. req, res의 속성으로 어떤 것들이 있는지 확인하려면 각 클래스의 속성을 확인하면 됩니다. 다만 res는 InstanceType<Response> & { req: InstanceType<Request> }이므로 res 내부에는 req 속성이 들어 있습니다.

res가 ServerResponse 클래스의 인스턴스임을 알았으므로 다시 test.ts로 돌아가서 writeHead와 end에서 Go to Definition해봅시다.

test.ts

```
import fs from 'node:fs';
import http from 'node:http';
import path from 'node:path';

http.createServer((req, res) => {
  fs.readFile(path.join(__dirname, 'index.html'), (err, data) => {
    res.writeHead(200);
    res.end(data);
```

```
    })
  }).listen(8080, () => {
    console.log('서버 시작됨');
  });
```

```
declare module 'http' {
    ...
    class ServerResponse<Request extends IncomingMessage = IncomingMessage> extends
➡ OutgoingMessage<Request> {
        ...
        writeHead(
            statusCode: number,
            statusMessage?: string,
            headers?: OutgoingHttpHeaders | OutgoingHttpHeader[],
        ): this;
        writeHead(statusCode: number, headers?: OutgoingHttpHeaders |
➡ OutgoingHttpHeader[]): this;
        ...
    }
    ...
}
```

writeHead 메서드는 ServerResponse 안에 있는 메서드입니다. end 메서드의 경우는 stream.d.ts 파일이 열립니다.

```
declare module 'stream' {
    ...
    namespace internal {
        ...
        class Writable extends Stream implements NodeJS.WritableStream {
            ...
            end(cb?: () => void): this;
            end(chunk: any, cb?: () => void): this;
            end(chunk: any, encoding: BufferEncoding, cb?: () => void): this;
            ...
        }
        ...
    }
```

```
    ...
}
```

왜 stream.d.ts 파일이 열렸는지 추적하려면 ServerResponse에서부터 부모 클래스로 Go to
Definition해보아야 합니다.

node_modules/@types/node/http.d.ts

```
declare module 'http' {
    import * as stream from 'node:stream';
    ...
    class OutgoingMessage<Request extends IncomingMessage = IncomingMessage> extends
➡ stream.Writable {
    ...
    class ServerResponse<Request extends IncomingMessage = IncomingMessage> extends
➡ OutgoingMessage<Request> {
    ...
}
```

ServerResponse의 부모 클래스가 OutgoingMessage 클래스이고, OutgoingMessage의 부모 클래스
가 stream.Writable 클래스입니다. stream.Writable은 stream의 Writable 클래스입니다. stream
모듈에서는 중간에 namespace internal이 있어 어떻게 stream.internal.Writable 대신 stream.
Writable로 접근할 수 있었나 궁금할 수 있습니다. 이 부분은 stream.d.ts의 타입 선언을 보면 알
수 있습니다.

node_modules/@types/node/stream.d.ts

```
declare module 'stream' {
    ...
    export = internal;
}
declare module 'node:stream' {
    import stream = require('stream');
    export = stream;
}
```

node:stream 모듈은 stream 모듈의 타입을 import한 후 다시 export하는데, import하는 stream의
타입이 internal 네임스페이스입니다. node:stream 자체가 internal 네임스페이스이므로 import

`* as stream from 'node:stream'`을 한 경우, stream이 internal 네임스페이스가 됩니다. 따라서 Writable 클래스는 `stream.Writable`로 접근할 수 있습니다.

fs 모듈의 `readFile` 메서드를 분석해보겠습니다. `readFile`에서 Go to Definition해봅시다.

node_modules/@types/node/fs.d.ts

```
declare module 'fs' {
    ...
    import { URL } from 'node:url';
    ...
    export type PathLike = string | Buffer | URL;
    export type PathOrFileDescriptor = PathLike | number;
    ...
    export function readFile(
        path: PathOrFileDescriptor,
        options:
            | ({
                    encoding?: null | undefined;
                    flag?: string | undefined;
              } & Abortable)
            | undefined
            | null,
        callback: (err: NodeJS.ErrnoException | null, data: Buffer) => void
    ): void;

    export function readFile(
        path: PathOrFileDescriptor,
        options:
            | ({
                    encoding: BufferEncoding;
                    flag?: string | undefined;
              } & Abortable)
            | BufferEncoding,
        callback: (err: NodeJS.ErrnoException | null, data: string) => void
    ): void;

    export function readFile(
        path: PathOrFileDescriptor,
        options:
            | (ObjectEncodingOptions & {
                    flag?: string | undefined;
              } & Abortable)
            | BufferEncoding
```

387

```
            │ undefined
            │ null,
        callback: (err: NodeJS.ErrnoException │ null, data: string │ Buffer) => void
    ): void;

    export function readFile(path: PathOrFileDescriptor, callback: (err: NodeJS.
➡ ErrnoException │ null, data: Buffer) => void): void;

        ...
    }
```

오버로딩이 네 개나 있는데, 이 중에서 마지막에 해당합니다.

네 번째 오버로딩인 readFile 메서드는 두 개의 매개변수를 가집니다. 첫 번째 매개변수는 PathOrFileDescriptor 타입이고, 두 번째 매개변수는 콜백 함수입니다. PathOrFileDescriptor는 string 또는 Buffer 또는 URL 또는 number라는 것을 확인할 수 있습니다. URL은 url 모듈의 URL 인스턴스입니다.

Buffer 인터페이스는 fs.d.ts에 존재하지도 않고 따로 import하지 않았는데도 사용하고 있습니다. Buffer에서 Go to Definition해봅시다. Buffer 인터페이스는 buffer.d.ts에 있습니다.

node_modules/@types/node/buffer.d.ts

```
declare module 'buffer' {
    ...
    global {
        ...
        interface Buffer extends Uint8Array {
            ...
        }
        ...
    }
}
```

중간에 global이 있습니다. 이는 declare global한 것과 동일합니다. declare module 'buffer'를 할 때 이미 declare 예약어를 사용했으므로 그 안에서는 다시 declare 예약어를 사용하지 않아도 declare한 셈이 됩니다. Buffer 인터페이스는 declare global 안에 들어 있으므로 따로 import하지 않아도 사용할 수 있는 것입니다.

path 모듈의 join 메서드도 분석해보겠습니다. join에서 Go to Definition해봅시다.

```typescript
declare module 'path' {
    namespace path {
        ...
        interface PlatformPath {
            ...
            join(...paths: string[]): string;
            ...
        }
        ...
    }
    const path: path.PlatformPath;
    export = path;
}
...
```

join 메서드는 문자열들을 매개변수로 받고, 문자열을 반환하는 간단한 메서드입니다. 중간에 path 네임스페이스와 Platform 인터페이스가 있지만 path.PlatformPath를 export하고 있으므로 import path하면 바로 path.join을 사용할 수 있습니다.

다음으로 test.ts의 listen 메서드에서도 Go to Definition해봅시다.

test.ts

```typescript
import fs from 'node:fs';
import http from 'node:http';
import path from 'node:path';

http.createServer((req, res) => {
  fs.readFile(path.join(__dirname, 'index.html'), (err, data) => {
    res.writeHead(200);
    res.end(data);
  })
}).listen(8080, () => {
  console.log('서버 시작됨');
});
```

```typescript
declare module 'net' {
    ...
    class Server extends EventEmitter {
```

```
        constructor(connectionListener?: (socket: Socket) => void);
        constructor(options?: ServerOpts, connectionListener?: (socket: Socket) =>
➡ void);
        ...
        listen(port?: number, hostname?: string, backlog?: number, listeningListener?: ()
➡ => void): this;
        listen(port?: number, hostname?: string, listeningListener?: () => void): this;
        listen(port?: number, backlog?: number, listeningListener?: () => void): this;
        listen(port?: number, listeningListener?: () => void): this;
        listen(path: string, backlog?: number, listeningListener?: () => void): this;
        listen(path: string, listeningListener?: () => void): this;
        listen(options: ListenOptions, listeningListener?: () => void): this;
        listen(handle: any, backlog?: number, listeningListener?: () => void): this;
        listen(handle: any, listeningListener?: () => void): this;
        ...
    }
    ...
}
```

갑자기 @types/node의 net.d.ts로 이동합니다. 이렇게 이동한 이유는 createServer 메서드의
반환값 타입이 Server이고, Server 타입은 NetServer를 extends하기 때문입니다. NetServer는
net.d.ts의 Server로 listen 메서드를 가지고 있습니다. Server 타입은 http.d.ts에 있습니다.

node_modules/@types/node/http.d.ts

```
declare module 'http' {
    ...
    import { TcpSocketConnectOpts, Socket, Server as NetServer, LookupFunction } from
➡ 'node:net';
    ...
    class Server<
        Request extends typeof IncomingMessage = typeof IncomingMessage,
        Response extends typeof ServerResponse = typeof ServerResponse,
    > extends NetServer {
    ...
    function createServer<
        Request extends typeof IncomingMessage = typeof IncomingMessage,
        Response extends typeof ServerResponse = typeof ServerResponse,
    >(requestListener?: RequestListener<Request, Response>): Server<Request, Response>;
    ...
}
```

test.ts의 listen은 여러 오버로딩 중에 다음 선언에 해당합니다.

---

node_modules/@types/node/net.d.ts

```
declare module 'net' {
    ...
    class Server extends EventEmitter {
        ...
        listen(port?: number, listeningListener?: () => void): this;
        ...
    }
    ...
}
```

이번에는 콜백 대신 프로미스를 사용하는 fs/promises 모듈을 사용해보겠습니다. promise.ts를
만들고 다음과 같이 작성합니다.

---

promise.ts

```
import fs from 'fs/promises';
import http from 'http';
import path from 'path';

http.createServer(async (req, res) => {
  try {
    const data = await fs.readFile(path.join(__dirname, 'index.html'));
    res.writeHead(200);
    res.end(data);
  } catch (err) {
    console.error(err);
  }
}).listen(8080, () => {
  console.log('서버 시작됨');
});
```

---

fs/promises 모듈은 다음 파일에 있습니다.

---

node_modules/@types/node/fs/promises.d.ts

```
declare module 'fs/promises' {
    import { Abortable } from 'node:events';
    ...
```

```
    import {
        ...
        ObjectEncodingOptions,
        OpenDirOptions,
        OpenMode,
        PathLike,
        ...
    } from 'node:fs';
    ...
        readFile(
            options?: {
                encoding?: null | undefined;
                flag?: OpenMode | undefined;
            } | null
        ): Promise<Buffer>;

        readFile(
            options:
                | {
                        encoding: BufferEncoding;
                        flag?: OpenMode | undefined;
                  }
                | BufferEncoding
        ): Promise<string>;

        readFile(
            options?:
                | (ObjectEncodingOptions & {
                        flag?: OpenMode | undefined;
                  })
                | BufferEncoding
                | null
        ): Promise<string | Buffer>;
        ...
    }
declare module 'node:fs/promises' {
    export * from 'fs/promises';
}
```

---

declare module 'fs/promises'로 되어 있으므로 import fs from 'fs/promises'가 가능합니다.

fs.d.ts의 readFile과는 사뭇 다릅니다. fs.d.ts의 readFile은 오버로딩이 네 개였지만 promises. d.ts의 readFile은 세 개입니다. 여기서는 세 번째 오버로딩에 해당합니다. options 매개변수가 옵셔널이라서 해당할 수 있습니다.

첫 번째 매개변수인 path는 PathLikeOrFileDescriptor 타입을 받는 대신에 PathLike나 FileHandle 인터페이스를 받습니다. 두 번째 매개변수인 options는 사용하지 않으니 넘어가고, 반환값의 타입이 Promise<string | Buffer>라는 점이 다릅니다. fs.d.ts의 readFile은 콜백 함수를 통해 Buffer 데이터를 받았다면 promises.d.ts의 readFile은 프로미스를 resolve하면 Buffer를 받을 수 있습니다.

이번에는 다음과 같이 promise.ts를 수정해봅시다. promise를 사용하는 또 다른 방법입니다.

promise.ts
```
import fs from 'fs';
import http from 'http';
import path from 'path';

http.createServer(async (req, res) => {
  try {
    const data = await fs.promises.readFile(path.join(__dirname, 'index.html'));
    res.writeHead(200);
    res.end(data);
  } catch (err) {
    console.error(err);
  }
}).listen(8080, () => {
  console.log('서버 시작됨');
});
```

readFile 메서드가 fs.promises 객체에 속해 있습니다. promises에서 Go to Definition해서 fs.promises 객체가 무엇인지 알아봅시다.

node_modules/@types/node/fs/promises.d.ts
```
...
declare module 'node:fs/promises' {
    export * from 'fs/promises';
}
```

예상과 다르게 node:fs/promises 모듈 부분으로 이동합니다. fs.promises 객체가 어떻게 node:fs/promises 객체와 이어져 있는지 확인하려면 fs.d.ts 파일 내부에서 직접 찾아보는 게 좋습니다.

node_modules/@types/node/fs.d.ts

```
declare module 'fs' {
    import * as stream from 'node:stream';
    import { Abortable, EventEmitter } from 'node:events';
    import { URL } from 'node:url';
    import * as promises from 'node:fs/promises';
    export { promises };
    ...
}
```

fs.d.ts 파일에서 export { promises } 부분을 찾을 수 있습니다. 여기서의 promises는 import * as promises from 'node:fs/promises'에서 불러온 promises입니다. 즉, fs.promises 객체는 node:fs/promises 모듈과 동일합니다.

8.1 / Node.js 직접 타이핑하기

Node.js의 내장 모듈을 직접 타이핑해보는 연습을 해봅시다. node 폴더 안에 zode.ts 파일을 만들고, 다음과 같이 코드를 입력합니다. fs가 promises를 사용하는 것까지 타이핑하기 위해 코드를 좀 더 추가했습니다.

zode.ts

```
interface Http {}
declare const http: Http;
interface Fs {}
declare const fs: Fs;
interface Path {}
declare const path: Path;
```

```
http.createServer(async (req, res) => {
  fs.readFile(path.join(__dirname, 'index.html'), (err, data) => {
    res.writeHead(200);
    res.end(data);
  });
  try {
    const data = await fs.promises.readFile(path.join(__dirname, 'index.html'));
  } catch (err) {
    console.error(err);
  }
}).listen(8080, () => {
  console.log('서버 시작됨');
});
```

http 모듈부터 타이핑해보겠습니다. createServer와 req, res를 타이핑해야 합니다.

```
interface Request {}
interface Response {
  writeHead(status: number): void;
  end(data: Buffer): void;
}
interface Server {
  listen(port: number, callback: () => void): void;
}
interface Http {
  createServer(callback: (req: Request, res: Response) => void): Server;
}
declare const http: Http;
interface Fs {}
declare const fs: Fs;
interface Path {}
declare const path: Path;

http.createServer(async (req, res) => {
  fs.readFile(path.join(__dirname, 'index.html'), (err, data) => {
    res.writeHead(200);
    res.end(data);
  });
  try {
    const data = await fs.promises.readFile(path.join(__dirname, 'index.html'));
  } catch (err) {
```

```
    console.error(err);
  }
}).listen(8080, () => {
  console.log('서버 시작됨');
});
```

에러가 사라질 정도로만 최소한으로 타이핑했습니다. 이번에는 fs와 path 모듈을 타이핑해봅
시다.

zode.ts

```
...
declare const http: Http;
interface Fs {
  readFile(path: string, callback: (err: unknown, data: Buffer) => void): void;
  readFile(path: string): Promise<Buffer>;
  promises: Fs;
}
declare const fs: Fs;
interface Path {
  join(...paths: string[]): string;
}
declare const path: Path;

http.createServer(async (req, res) => {
  fs.readFile(path.join(__dirname, 'index.html'), (err, data) => {
    res.writeHead(200);
    res.end(data);
  });
  try {
    const data = await fs.promises.readFile(path.join(__dirname, 'index.html'));
  } catch (err) {
    console.error(err);
  }
}).listen(8080, () => {
  console.log('서버 시작됨');
});
```

- promises는 재귀를 활용해서 타이핑했습니다.

- fs.promises 또한 fs처럼 Fs 인터페이스를 사용합니다.

- readFile은 두 개의 오버로딩을 가집니다. 하나는 콜백을 사용하는 메서드이고, 다른 하나는 프로미스를 반환하는 메서드입니다.

- path.join 메서드는 매개변수의 개수가 고정되어 있지 않으므로 spread 문법을 사용했습니다. 매개변수가 몇 개가 오든 모두 string입니다.

이렇게 수정하면 에러는 모두 사라집니다. 하지만 Fs 인터페이스에는 문제가 있습니다. promises 속성을 재귀 타입으로 만들었기에 fs.promises.promises.promises 같은 코드가 가능합니다. 또한, fs.promises.readFile이 아닌 fs.readFile도 프로미스를 반환할 수 있다는 문제가 있습니다. 이를 수정해봅시다.

zode.ts

```
...
declare const http: Http;
interface FsPromises {
  readFile(path: string): Promise<Buffer>;
}
interface Fs {
  readFile(path: string, callback: (err: unknown, data: Buffer) => void): void;
  promises: FsPromises;
}
declare const fs: Fs;
...
```

이렇게 확실하게 인터페이스를 나누는 것이 좋습니다. 수정하기 전에도 에러는 발생하지 않았지만, 최대한 정확한 타입을 만들기 위해 노력해야 합니다.

현재 zode.ts에 declare 부분과 실제 코드가 혼재되어 있어 코드 양이 많아졌습니다. 타입 선언 부분을 다른 곳으로 옮기겠습니다. zode.d.ts 파일을 만들어 타입 부분만 옮깁니다.

zode.d.ts

```
interface Request {}
interface Response {
  writeHead(status: number): void;
  end(data: Buffer): void;
}
interface Server {
  listen(port: number, callback: () => void): void;
}
```

```
interface Http {
  createServer(callback: (req: Request, res: Response) => void): Server;
}
declare const http: Http;
interface FsPromises {
  readFile(path: string): Promise<Buffer>;
}
interface Fs {
  readFile(path: string, callback: (err: unknown, data: Buffer) => void): void;
  promises: FsPromises;
}
declare const fs: Fs;
interface Path {
  join(...paths: string[]): string;
}
declare const path: Path;
```

---

zode.ts

```
http.createServer(async (req, res) => {
  fs.readFile(path.join(__dirname, 'index.html'), (err, data) => {
    res.writeHead(200);
    res.end(data);
  });
  try {
    const data = await fs.promises.readFile(path.join(__dirname, 'index.html'));
  } catch (err) {
    console.error(err);
  }
}).listen(8080, () => {
  console.log('서버 시작됨');
});
```

타입 선언 부분을 옮기니 zode.ts에서 인식하지 못하게 되었습니다. node 폴더 안에 typings 폴더를 만들고 zode.d.ts를 그 안으로 옮겨봅시다.

---

typings/zode.d.ts

(zode.d.ts와 동일)

이러면 zode.ts가 다시 타입을 인식하고 에러가 모두 사라집니다. 왜 폴더 안으로 .d.ts 파일이 이동하면 타입을 인식하는 걸까요?

사실 이유는 간단합니다. zode.ts와 zode.d.ts처럼 같은 폴더 내에 파일명이 zode로 같을 때 타입스크립트는 zode.ts만 인식하기 때문입니다. 다른 폴더로 옮겼을 때는 둘 다 인식합니다. 따라서 같은 폴더 내에서 같은 파일명으로 ts 파일과 .d.ts 파일을 동시에 만들면 안 됩니다.

zode.d.ts의 이름을 zodeType.d.ts로 바꾸고, 다시 zode.ts가 있는 위치로 옮겨봅시다.

zodeType.d.ts

```
(zode.d.ts와 동일)
```

이번에도 zode.ts가 타입을 인식합니다. .d.ts로 타입을 분리할 때는 같은 폴더 안에 있다면 파일명이 달라야 한다는 점을 기억하세요.

여기서 tsconfig.json의 옵션 한 가지를 소개하겠습니다. 바로 특정 파일이나 폴더를 타입스크립트가 인식하지 못하게 만드는 exclude 옵션입니다. compilerOptions 내부가 아니라 외부에 선언해야 한다는 것에 주의하세요. exclude에 적었더라도 직접 import하거나 /// <reference 한다면 타입스크립트가 인식합니다.

tsconfig.json

```
{
  "exclude": ["zodeType.d.ts"],
  "compilerOptions": {
  ...
  }
}
```

앞의 코드처럼 zodeType.d.ts를 인식하지 못하게 만들면 zode.ts에서 다시 에러가 발생합니다. 인식할 파일을 제외하는 exclude가 있다면 인식할 파일로 지정하는 옵션인 include도 있습니다. 다만 include는 기본값이 **라서(**는 현재 폴더의 모든 하위 폴더와 파일을 의미하는 문자열입니다) 따로 설정하지 않아도 tsconfig.json이 있는 폴더의 모든 파일을 다 포함합니다.

8.2 / js 파일 생성하기

이번 절에서는 Node.js가 실행할 수 있도록 test.ts 파일을 test.js 파일로 변환해보겠습니다.

타입스크립트가 어떤 파일을 인식하고 있는지 보려면 listFiles 옵션을 true로 설정합니다. listFiles 옵션은 complierOptions에 속합니다. listFiles 옵션을 추가하면서 이전 절에서 추가 했던 exclude 옵션은 제거합니다.

tsconfig.json

```json
{
  "compilerOptions": {
    "listFiles": true,
    ...
}
```

npx tsc로 변환하면 파일 목록이 같이 뜹니다. 여기에 나오는 파일들이 타입스크립트가 인식하고 있는 파일입니다.

터미널

```
$ npx tsc
C:/Users/speak/tsbook/node_modules/typescript/lib/lib.es5.d.ts
C:/Users/speak/tsbook/node_modules/typescript/lib/lib.es2015.d.ts
...
C:/Users/speak/tsbook/node_modules/typescript/lib/lib.es2016.full.d.ts
C:/Users/speak/tsbook/node/promise.ts
C:/Users/speak/tsbook/node/test.ts
C:/Users/speak/tsbook/node/zode.ts
C:/Users/speak/tsbook/node/zodeType.d.ts
C:/Users/speak/tsbook/node_modules/@types/node/assert.d.ts
C:/Users/speak/tsbook/node_modules/@types/node/assert/strict.d.ts
C:/Users/speak/tsbook/node_modules/@types/node/globals.d.ts
...
```

lib 파일들도 있고, node_modules/@types/node의 파일들도 보입니다. 실습할 때 만들었던 promise.ts, test.ts, zode.ts, zodeType.d.ts도 모두 인식하고 있습니다.

Note ≡ **왜 인식하고 있는지 보려면**

listFiles 옵션은 인식하고 있는 파일의 목록을 보여줍니다. 하지만 왜 그 파일을 인식하고 있는지는 알려주지 않습니다. 인식하고 있는 이유를 알고 싶다면 tsconfig.json에서 explainFiles 옵션을 활성화하면 됩니다.

인식하고 있는 파일을 exclude 옵션에 입력하면 인식 대상에서 제외됩니다.

tsconfig.json

```json
{
  "exclude": ["zode.ts", "zodeType.d.ts", "../node_modules/@types/node/**/*"],
  "compilerOptions": {
    "listFiles": true,
    ...
  }
}
```

터미널

```
$ npx tsc
C:/Users/speak/tsbook/node_modules/typescript/lib/lib.es5.d.ts
C:/Users/speak/tsbook/node_modules/typescript/lib/lib.es2015.d.ts
...
C:/Users/speak/tsbook/node_modules/typescript/lib/lib.es2016.full.d.ts
C:/Users/speak/tsbook/node/promise.ts
C:/Users/speak/tsbook/node/test.ts
C:/Users/speak/tsbook/node_modules/@types/node/assert.d.ts
C:/Users/speak/tsbook/node_modules/@types/node/assert/strict.d.ts
C:/Users/speak/tsbook/node_modules/@types/node/globals.d.ts
...
```

zode.ts와 zodeType.d.ts 파일이 사라진 것을 볼 수 있습니다. 다만 node_modules/@types/node의 파일들은 제외되지 않았습니다.

test.js는 다음과 같이 변환됩니다. CommonJS 모듈 시스템에서 사용할 수 있게끔 구성되어 있습니다.

test.js

```js
"use strict";
var __importDefault = (this && this.__importDefault) || function (mod) {
    return (mod && mod.__esModule) ? mod : { "default": mod };
};
```

```
Object.defineProperty(exports, "__esModule", { value: true });
const node_fs_1 = __importDefault(require("node:fs"));
const node_http_1 = __importDefault(require("node:http"));
const node_path_1 = __importDefault(require("node:path"));
node_http_1.default.createServer((req, res) => {
    node_fs_1.default.readFile(node_path_1.default.join(__dirname, 'index.html'), (err,
data) => {
        res.writeHead(200);
        res.end(data);
    });
}).listen(8080, () => {
    console.log('서버 시작됨');
});
```

Node.js는 ECMAScript 모듈 시스템도 지원하므로 ECMAScript 모듈 시스템을 위해 변환하는 방법도 알아보겠습니다.

test.ts 파일을 test.mts로 확장자를 변경합니다. 그리고 tsconfig.json의 module도 nodenext로 수정합니다.

tsconfig.json

```
{
    ...
    "module": "nodenext",
    ...
}
```

이제 변환하면 mjs 파일이 생성됩니다.

터미널

```
$ npx tsc
```

test.mjs

```
import fs from 'node:fs';
import http from 'node:http';
import path from 'node:path';
http.createServer((req, res) => {
    fs.readFile(path.join(__dirname, 'index.html'), (err, data) => {
        res.writeHead(200);
```

```
      res.end(data);
    });
}).listen(8080, () => {
    console.log('서버 시작됨');
});
```

mjs 파일은 Node.js에서 바로 사용할 수 있는 파일입니다. Node.js에서 ECMAScript 모듈 시스템을 사용하고 싶을 때는 mts 파일에 타입스크립트 코드를 작성한 후 자바스크립트로 변환하면 됩니다.

9^장

Express 타입
분석하기

이 장에서는 Node.js의 가장 유명한 서버 프레임워크인 Express 프레임워크의 타입을 분석하겠습니다.

먼저 Express가 타입스크립트를 지원하는지 확인해봅시다.[1]

▼ 그림 9-1 npmjs에서 express 검색

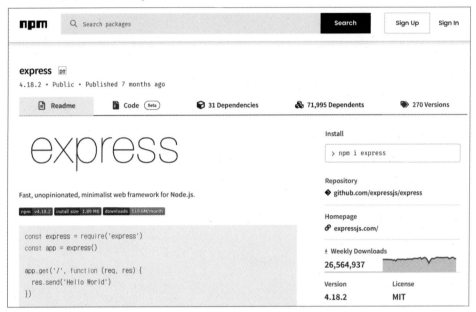

이름 우측에 DT가 표시되어 있습니다. 자체 타입스크립트 지원은 없지만 커뮤니티 타입이 존재하고, @types/express 패키지를 추가로 설치해야 한다는 의미입니다.

다음으로 프로젝트 폴더를 설정합니다.

터미널

```
$ cd (tsbook 폴더 경로)
$ mkdir express
$ cd express
$ npm i express@4.18.2 @types/express@4.17.17
$ npx tsc --init
```

@types/express 패키지의 package.json 파일을 열어 진입점 파일이 무엇인지 확인합니다.

---

1 https://www.npmjs.com/package/express

node_modules/@types/express/package.json

```
...
"types": "index.d.ts",
...
```

진입점인 index.d.ts 파일을 확인합니다.

node_modules/@types/express/index.d.ts

```typescript
// Type definitions for Express 4.17
...
/// <reference types="express-serve-static-core" />
/// <reference types="serve-static" />

import * as bodyParser from 'body-parser';
import * as serveStatic from 'serve-static';
import * as core from 'express-serve-static-core';
import * as qs from 'qs';

/**
 * Creates an Express application. The express() function is a top-level function
 * exported by the express module.
 */
declare function e(): core.Express;

declare namespace e {
    ...
}

export = e;
```

Express 4.17 버전을 위한 타입 정의 파일입니다. express-server-static-core와 serve-static 패키지의 타입을 참고하고 body-parser, serve-static, express-server-static-core, qs 패키지의 타입을 import합니다. e라는 함수이자 네임스페이스를 export하고 있습니다.

이제 express 폴더 안에 test.ts 파일을 만들고 다음과 같이 입력하겠습니다. 간단한 익스프레스 서버입니다.

```ts
import cookieParser from 'cookie-parser';
import express, { RequestHandler, ErrorRequestHandler } from 'express';
import session from 'express-session';
import passport from 'passport';
import flash from 'connect-flash';

const app = express();

app.use(express.json());
app.use(express.urlencoded({ extended: false }));
app.use('/', express.static('./public'));
app.use(cookieParser('SECRET'));
app.use(session({
  secret: 'SECRET',
}));
app.use(passport.initialize());
app.use(passport.session());
app.use(flash());

// 미들웨어는 RequestHandler 타입이다.
const middleware: RequestHandler = (req, res, next) => {
  req.params.paramType;
  req.body.bodyType;
  req.query.queryType;
  res.locals.localType;
  res.json({
    message: 'hello',
  });

  req.flash('플래시메시지');
  req.flash('1회성', '플래시메시지');
  req.flash();

  req.session;
  req.user?.zerocho;
};
app.get('/', middleware);

const errorMiddleware: ErrorRequestHandler = (err, req, res, next) => {
  console.log(err.status);
};
```

```
app.use(errorMiddleware);

app.listen(8080, () => {
    console.log('8080 포트에서 서버 실행 중');
});
```

cookie-parser, express-session, passport, connect-flash에서 에러가 발생하는데, 패키지를 설치하지 않아서 그렇습니다. 각각의 패키지와 커뮤니티 타입을 설치합시다.

터미널

```
$ npm i cookie-parser@1.4.6 express-session@1.17.3 passport@0.6.0 connect-flash@0.1.1
$ npm i @types/cookie-parser@1.4.3 @types/express-session@1.17.7 @types/
passport@1.0.12 @types/connect-flash@0.0.37
```

설치하면 대부분의 에러는 사라지고, 다음 에러 하나만 남습니다. 이 에러는 다음 절에서 해결합니다.

test.ts

```
import cookieParser from 'cookie-parser';
import express, { RequestHandler, ErrorRequestHandler } from 'express';
import session from 'express-session';
import passport from 'passport';
import flash from 'connect-flash';

const app = express();

app.use(express.json());
...
const middleware: RequestHandler = (req, res, next) => {
    ...
  req.user?.zerocho; ------ Property 'zerocho' does not exist on type 'User'.
};
app.get('/', middleware);
...
```

먼저 express에서 Go to Definition하여 타입을 살펴봅시다.

```
...
declare function e(): core.Express;

declare namespace e {
    ...
}

export = e;
```

function e()로 이동합니다. 그래서 express()로 호출할 수 있었던 것입니다.

이번에는 express.json()의 json에서 Go to Definition해봅시다. 두 개의 선언이 표시됩니다.

```
...
declare namespace bodyParser {
    interface BodyParser {

        ...
        json(options?: OptionsJson): NextHandleFunction;

        ...
}

declare const bodyParser: bodyParser.BodyParser;

export = bodyParser;
```

```
...
declare namespace e {
    var json: typeof bodyParser.json;

    ...
}

export = e;
```

express.json()의 json은 namespace e 내부의 json이고, 이것은 다시 bodyParser 인터페이스의
json입니다.

express 함수 자체는 declare function으로 선언되어 있고, express의 속성과 메서드들은 declare namespace e로 선언되어 있음을 확인했습니다. 자바스크립트에서는 함수가 속성을 가질 수 있기에 이런 식의 선언이 자주 사용됩니다.

다음으로 app.use의 타입을 확인해보겠습니다. 먼저 express()의 반환값인 app의 타입을 확인해봅시다. app은 core.Express 타입이었습니다.

```
...
declare function e(): core.Express;
...
```

core.Express의 Express에서 Go to Definition해봅시다.

```
...
export interface Express extends Application {
    request: Request;
    response: Response;
}
```

Application도 살펴보아야 합니다.

```
...
export interface Application<
    LocalsObj extends Record<string, any> = Record<string, any>
> extends EventEmitter, IRouter, Express.Application {
    ...
    listen(port: number, hostname: string, backlog: number, callback?: () => void):
➡ http.Server;
    listen(port: number, hostname: string, callback?: () => void): http.Server;
    listen(port: number, callback?: () => void): http.Server;
    listen(callback?: () => void): http.Server;
    listen(path: string, callback?: () => void): http.Server;
    listen(handle: any, listeningListener?: () => void): http.Server;
    ...
```

```
    use: ApplicationRequestHandler<this>;
    ...

  }
```

여기에서 use와 listen 메서드를 모두 찾을 수 있습니다. use 메서드는 ApplicationRequest
Handler라고 되어 있습니다. ApplicationRequestHandler를 들여다봅시다.

```
  ...
  export type ApplicationRequestHandler<T> = IRouterHandler<T> &
      IRouterMatcher<T> &
      ((...handlers: RequestHandlerParams[]) => T);
  ...
```

IRouterHandler, IRouterMatcher, ((...handlers: RequestHandlerParams[]) => T로 구성되어 있
습니다. IRouterHandler부터 살펴봅시다.

```
  ...
  export interface IRouterHandler<T, Route extends string = string> {
      (...handlers: Array<RequestHandler<RouteParameters<Route>>>): T;
      (...handlers: Array<RequestHandlerParams<RouteParameters<Route>>>): T;
      <
          P = RouteParameters<Route>,
          ResBody = any,
          ReqBody = any,
          ReqQuery = ParsedQs,
          LocalsObj extends Record<string, any> = Record<string, any>
          >(
          ...handlers: Array<RequestHandler<P, ResBody, ReqBody, ReqQuery, LocalsObj>>
      ): T;
      <
          P = RouteParameters<Route>,
          ResBody = any,
          ReqBody = any,
          ReqQuery = ParsedQs,
          LocalsObj extends Record<string, any> = Record<string, any>
          >(
          ...handlers: Array<RequestHandlerParams<P, ResBody, ReqBody, ReqQuery,
```

```
➡ LocalsObj>>
    ): T;
    <
        P = ParamsDictionary,
        ResBody = any,
        ReqBody = any,
        ReqQuery = ParsedQs,
        LocalsObj extends Record<string, any> = Record<string, any>
    >(
        ...handlers: Array<RequestHandler<P, ResBody, ReqBody, ReqQuery, LocalsObj>>
    ): T;
    <
        P = ParamsDictionary,
        ResBody = any,
        ReqBody = any,
        ReqQuery = ParsedQs,
        LocalsObj extends Record<string, any> = Record<string, any>
    >(
        ...handlers: Array<RequestHandlerParams<P, ResBody, ReqBody, ReqQuery,
➡ LocalsObj>>
    ): T;
  }
  ...
```

계속 타고 들어가다 보면 app.use는 ApplicationRequestHandler이고, ApplicationRequestHandler는 IRouterHandler라는 것을 알 수 있습니다. app.use에는 RequestHandler나 RequestHandlerParams가 들어갈 수 있습니다. RequestHandlerParams를 먼저 확인해봅시다.

node_modules/@types/express-serve-static-core/index.d.ts

```
...
export type RequestHandlerParams<
    P = ParamsDictionary,
    ResBody = any,
    ReqBody = any,
    ReqQuery = ParsedQs,
    LocalsObj extends Record<string, any> = Record<string, any>
> =
    | RequestHandler<P, ResBody, ReqBody, ReqQuery, LocalsObj>
    | ErrorRequestHandler<P, ResBody, ReqBody, ReqQuery, LocalsObj>
    | Array<RequestHandler<P> | ErrorRequestHandler<P>>;
...
```

RequestHandlerParams는 RequestHandler와 ErrorRequestHandler, 그리고 이 둘의 배열로 구성되어 있습니다. RequestHandler까지 확인해봅시다.

```
node_modules/@types/express-serve-static-core/index.d.ts
```

```
...
export interface RequestHandler<
    P = ParamsDictionary,
    ResBody = any,
    ReqBody = any,
    ReqQuery = ParsedQs,
    LocalsObj extends Record<string, any> = Record<string, any>
> {
    (
        req: Request<P, ResBody, ReqBody, ReqQuery, LocalsObj>,
        res: Response<ResBody, LocalsObj>,
        next: NextFunction,
    ): void;
}
```

RequestHandler는 (req, res, next) => {} 꼴의 함수입니다. 바로 이것이 익스프레스 미들웨어의 전형적인 형태입니다. 익스프레스 미들웨어의 타입이 RequestHandler임을 발견했습니다. app.use에는 이러한 미들웨어를 여러 개 장착할 수 있습니다.

이제 미들웨어의 구성요소인 req, res, next에 대해 자세히 알아보겠습니다.

9.1 / req, res, next 타입 분석 및 타이핑하기

미들웨어의 구성요소인 req, res, next는 각각 Request, Response, NextFunction입니다.

node_modules/@types/express-serve-static-core/index.d.ts

```
...
export interface RequestHandler<
    P = ParamsDictionary,
    ResBody = any,
    ReqBody = any,
    ReqQuery = ParsedQs,
    LocalsObj extends Record<string, any> = Record<string, any>
> {
    (
        req: Request<P, ResBody, ReqBody, ReqQuery, LocalsObj>,
        res: Response<ResBody, LocalsObj>,
        next: NextFunction,
    ): void;
}
```

Request, Response, NextFunction을 각각 Go to Definition해봅시다. 전부 같은 파일에서 찾을 수 있습니다.

node_modules/@types/express-serve-static-core/index.d.ts

```
...
export interface NextFunction {
    (err?: any): void;
    /**
     * "Break-out" of a router by calling {next('router')};
     * @see {https://expressjs.com/en/guide/using-middleware.html#middleware.router}
     */
    (deferToNext: 'router'): void;
    /**
     * "Break-out" of a route by calling {next('route')};
     * @see {https://expressjs.com/en/guide/using-middleware.html#middleware.
application}
     */
    (deferToNext: 'route'): void;
}
...
export interface Request<
    P = ParamsDictionary,
    ResBody = any,
    ReqBody = any,
    ReqQuery = ParsedQs,
```

```
        LocalsObj extends Record<string, any> = Record<string, any>
> extends http.IncomingMessage,
        Express.Request {
...
export interface Response<
    ResBody = any,
    LocalsObj extends Record<string, any> = Record<string, any>,
    StatusCode extends number = number
> extends http.ServerResponse,
        Express.Response {
...
```

NextFunction은 next(), next('router'), next('route')라는 세 가지 방법으로 사용할 수 있다는 것을 알 수 있습니다. Request와 Response에는 다양한 타입 매개변수가 같이 있습니다. 나중에 하나씩 알아보겠습니다.

현재 test.ts의 middleware의 함수에서는 에러 하나, any 여러 개를 발견할 수 있습니다.

test.ts

```
...
const middleware: RequestHandler = (req, res, next) => {
  req.params.paramType;
  req.body.bodyType; ------ (property) bodyType: any
  req.query.queryType;
  res.locals.localType; ------ (property) localType: any
  res.json({
    message: 'hello',
  });

  req.flash('플래시메시지');
  req.flash('1회성', '플래시메시지');
  req.flash();

  req.session;
  req.user?.zerocho; ------ Property 'zerocho' does not exist on type 'User'.
};
...
```

req 객체 안에 데이터를 넣을 수 있는 공간은 기본적으로 세 가지입니다. req.params, req.body, req.query입니다. req.flash, req.session이나 req.user는 Express가 아니라 각각 connect-flash, express-session, passport에서 추가한 객체입니다.

res 객체 안에 데이터를 넣을 수 있는 공간은 res.locals입니다. 클라이언트로 응답을 보낼 데이터도 res.send나 res.json 같은 res 객체의 메서드를 통해 보내는데, 이때 보내는 데이터도 타이핑할 수 있습니다. Response 타입을 다시 한번 살펴봅시다.

```
node_modules/@types/express-serve-static-core/index.d.ts
```

```
...
export interface Response<
    ResBody = any,
    LocalsObj extends Record<string, any> = Record<string, any>,
    StatusCode extends number = number
> extends http.ServerResponse,
        Express.Response {
    ...
    send: Send<ResBody, this>;
    json: Send<ResBody, this>;
    ...
    locals: LocalsObj & Locals;
    ...
}
```

res.locals는 LocalsObj & Locals로, res.send나 res.json 메서드는 Send<ResBody, this>로 타이핑되어 있습니다. LocalsObj, ResBody는 타입 매개변수이므로 직접 타이핑할 수 있습니다. Send와 Locals 타입만 확인하면 됩니다. 각각 Go to Definition해봅시다.

```
node_modules/@types/express-serve-static-core/index.d.ts
```

```
...
export interface Locals extends Express.Locals {}
...
export type Send<ResBody = any, T = Response<ResBody>> = (body?: ResBody) => T;
...
```

Send<ResBody, this>는 함수로, 매개변수로 ResBody를 받고 this를 반환합니다. res.json({ message: 'hello' })를 하고 있으니 ResBody는 { message: string }으로 타이핑하면 됩니다.

Locals는 빈 인터페이스인데 Express.Locals를 상속하고 있습니다. Express.Locals에서 Go to Definition합시다.

node_modules/@types/express-serve-static-core/index.d.ts

```
...
declare global {
    namespace Express {
        // These open interfaces may be extended in an application-specific manner via
➡ declaration merging.
        // See for example method-override.d.ts (https://github.com/DefinitelyTyped/
➡ DefinitelyTyped/blob/master/types/method-override/index.d.ts)
        interface Request {}
        interface Response {}
        interface Locals {}
        interface Application {}
    }
}
...
```

declare global로 전역에서 사용할 수 있게 되어 있습니다. 그리고 Express 네임스페이스 아래에 Request, Response, Locals, Application 인터페이스가 있습니다. 이들이 있어 다른 사용자가 인터페이스를 병합할 수 있습니다. 실제로 다른 라이브러리에서 이를 어떻게 사용하는지 조금 뒤에 알아보겠습니다.

이번에는 req.params, req.body, req.query를 타이핑하는 방법에 대해 알아봅시다. 다시 Request의 타입을 보면 다음 부분을 찾을 수 있습니다.

node_modules/@types/express-serve-static-core/index.d.ts

```
...
export interface Request<
    P = ParamsDictionary,
    ResBody = any,
    ReqBody = any,
    ReqQuery = ParsedQs,
    LocalsObj extends Record<string, any> = Record<string, any>
> extends http.IncomingMessage,
        Express.Request {
    ...
    body: ReqBody;
```

```
    cookies: any;
    method: string;
    params: P;
    query: ReqQuery;
    ...
  }
```

req.body는 ReqBody, req.params는 P, req.query는 ReqQuery로 되어 있습니다. 이들은 타입 매개변수라서 직접 값을 넣을 수 있습니다.

이제 middleware 함수에 직접 타이핑해봅시다. 타입 매개변수 자리에 맞춰서 타이핑하면 됩니다.

test.ts

```
import cookieParser from 'cookie-parser';
import express, { RequestHandler, ErrorRequestHandler, Request, Response, NextFunction
} from 'express';
...
const middleware = (
  req: Request<{ paramType: string }, { message: string }, { bodyType: symbol }, {
➡ queryType: boolean }, { localType: number }>,
  res: Response<{ message: string }, { localType: number }>,
  next: NextFunction
) => {
  req.params.paramType;  ------- (property) paramType: string
  req.body.bodyType;  ----------------------------------------- (property) bodyType: symbol
  req.query.queryType;  ------- (property) queryType: boolean
  res.locals.localType; ------------------------------------ (property) localType: number
  res.json({
    message: 'hello',
  });

  req.flash('플래시메시지');
  req.flash('1회성', '플래시메시지');
  req.flash();

  req.session;
  req.user?.zerocho;  ------- Property 'zerocho' does not exist on type 'User'.
};
...
```

이처럼 req, res, next를 각각 타이핑할 수도 있지만, 더 좋은 방법은 RequestHandler를 활용하는 것입니다. RequestHandler를 다시 살펴보면 Request와 동일한 타입 매개변수를 갖고 있습니다.

node_modules/@types/express-serve-static-core/index.d.ts

```
...
export interface RequestHandler<
    P = ParamsDictionary,
    ResBody = any,
    ReqBody = any,
    ReqQuery = ParsedQs,
    LocalsObj extends Record<string, any> = Record<string, any>
> {
...
```

따라서 다음과 같이 수정할 수 있습니다.

test.ts

```
import cookieParser from 'cookie-parser';
import express, { RequestHandler, ErrorRequestHandler } from 'express';
...
const middleware: RequestHandler<{ paramType: string }, { message: string }, { bodyType:
symbol }, { queryType: boolean }, { localType: number }>
    = (req, res, next) => {
    req.params.paramType; ------- (property) paramType: string
    req.body.bodyType; --------------------------------------------- (property) bodyType: symbol
    req.query.queryType; ------- (property) queryType: boolean
    res.locals.localType;------------------------------------------ (property) localType: number
    res.json({
      message: 'hello',
    });

    req.flash('플래시메시지');
    req.flash('1회성', '플래시메시지');
    req.flash();

    req.session;
    req.user?.zerocho; ------- Property 'zerocho' does not exist on type 'User'.
};
...
```

420

이번에는 req.flash, req.session, req.user의 타입을 확인해보겠습니다. 이들은 원래 Express에 없지만 별도 라이브러리를 추가함으로써 추가된 객체입니다. Express와 별개의 라이브러리를 추가했는데 어떻게 Express의 req 객체가 변경되는 것일까요? req.flash에서 flash를 Go to Definition해봅시다.

node_modules/@types/connect-flash/index.d.ts

```
// Type definitions for connect-flash
...
// TypeScript Version: 2.3

/// <reference types="express" />

declare namespace Express {
    export interface Request {
        flash(): { [key: string]: string[] };
        flash(message: string): string[];
        flash(type: string, message: string[] | string): number;
        flash(type: string, format: string, ...args: any[]): number;
    }
}

declare module "connect-flash" {
    import express = require('express');
    interface IConnectFlashOptions {
        unsafe?: boolean | undefined;
    }
    function e(options?: IConnectFlashOptions): express.RequestHandler;
    export = e;
}
```

declare namespace Express 부분이 req.flash가 가능한 이유입니다. 동일한 네임스페이스, 동일한 인터페이스는 서로 합쳐집니다. declare global이 없으므로 달라 보일 수 있는데 @types/connect-flash/index.d.ts는 최상위 import, export가 없으므로 스크립트 파일이고, 스크립트 파일은 기본적으로 모든 항목이 전역입니다. 그래서 따로 declare global하지 않아도 declare global처럼 동작합니다.

@types/connect-flash/index.d.ts의 Express.Request는 이전에 살펴본 적이 있는 다음 부분과 합쳐집니다.

```
    ...
    declare global {
        namespace Express {
            // These open interfaces may be extended in an application-specific manner via
➡ declaration merging.
            // See for example method-override.d.ts (https://github.com/DefinitelyTyped/
➡ DefinitelyTyped/blob/master/types/method-override/index.d.ts)
            interface Request {}
            interface Response {}
            interface Locals {}
            interface Application {}
        }
    }
    ...
```

Request는 Express.Request를 상속하고 있기 때문에 req 객체에서도 flash 메서드를 쓸 수 있습니다.

```
    ...
    export interface Request<
        P = ParamsDictionary,
        ResBody = any,
        ReqBody = any,
        ReqQuery = ParsedQs,
        LocalsObj extends Record<string, any> = Record<string, any>
    > extends http.IncomingMessage,
            Express.Request {
    ...
```

다시 test.ts에서 req.session의 session, req.user의 user를 각각 Go to Definition해봅시다.

```
    ...
    declare global {
        namespace Express {
            type SessionStore = session.Store & { generate: (req: Request) => void };
```

```
            // Inject additional properties on express.Request
            interface Request {
                session: session.Session & Partial<session.SessionData>;

                sessionID: string;

                sessionStore: SessionStore;
            }
        }
    }

export = session;
...
declare namespace session {
    ...
    interface SessionData {
        cookie: Cookie;
    }
    ...
}
```

node_modules/@types/passport/index.d.ts

```
...
declare global {
    namespace Express {
        // tslint:disable-next-line:no-empty-interface
        interface AuthInfo {}
        // tslint:disable-next-line:no-empty-interface
        interface User {}

        interface Request {
            authInfo?: AuthInfo | undefined;
            user?: User | undefined;
            ...
        }

        interface AuthenticatedRequest extends Request {
            user: User;
        }

        interface UnauthenticatedRequest extends Request {
            user?: undefined;
```

```
          }
        }
      }
    }
    ...
```

req.session, req.user 모두 req.flash처럼 Express 네임스페이스의 Request 객체를 병합하고 있습니다. req.session은 session 네임스페이스의 SessionData 인터페이스를 상속하고, req.user는 Express 네임스페이스의 User 인터페이스이므로 이들 또한 직접 병합할 수 있습니다. 따라서 다음과 같이 작성합니다.

```
...
declare global {
  namespace Express {
    interface User {
      zerocho: string;
    }
  }
}
declare module "express-session" {
  interface SessionData {
    sessionData: string;
  }
}

// 미들웨어는 RequestHandler 타입이다.
const middleware: RequestHandler<{ paramType: string }, { message: string }, { bodyType:
➥ symbol }, { queryType: boolean }, { localType: number }>
  = (req, res, next) => {
  ...

  req.session.sessionData; ------- (property) sessionData?: string | undefined
  req.user?.zerocho; ------- (property) Express.User.zerocho: string | undefined
};
  ...
```

req.user를 타이핑한 원리는 쉽게 이해가 가지만, req.session을 타이핑한 것은 이해하기 좀 어려울 수 있습니다. Express.User는 declare global되어 있으므로 declare global로 합치면 되지만, express-session의 session 네임스페이스는 전역 네임스페이스가 아닙니다. 따라서 declare module "express-session"으로 express-session 모듈의 타입을 병합한다고 구체적으로 밝힌 것입니다. 또한, express-session 모듈은 그 자체로 session 네임스페이스이므로(export = session 을 하고 있습니다), 바로 SessionData 인터페이스만 병합하면 됩니다.

현재 test.ts에는 declare 타입 선언이 혼재되어 있으므로 타입 부분만 별도 파일로 분리해보겠습니다. 8.1절에서는 test.d.ts처럼 같은 이름의 파일로 만들면 안 된다는 것을 배웠습니다. types. d.ts라고 파일을 만들고 다음 부분을 test.ts에서 옮깁니다.

types.d.ts

```
declare global {
  namespace Express {
    interface User {
      zerocho: string;
    }
  }
}
declare module "express-session" {
  interface SessionData {
    sessionData: string;
  }
}
```

코드를 옮기면 test.ts에서 다시 에러가 발생합니다. types.d.ts의 타입을 인식하지 못합니다.

test.ts

```
...
app.use(express.json());
app.use(express.urlencoded({ extended: false }));
app.use('/', express.static('./public'));
app.use(cookieParser('SECRET'));
app.use(session({  ------ This expression is not callable.
  secret: 'SECRET',        Type 'typeof import("express-session")' has no call signatures.
}));
app.use(passport.initialize());
app.use(passport.session());
app.use(flash());

// 미들웨어는 RequestHandler 타입이다.
```

```
 const middleware: RequestHandler<{ paramType: string }, { message: string }, { bodyType:
➡ symbol }, { queryType: boolean }, { localType: number }>
   = (req, res, next) => {
   ...                         ┌─── Property 'sessionData' does not exist on type 'Session & Partial<SessionData>'.
   req.session.sessionData;
   req.user?.zerocho;─────── Property 'zerocho' does not exist on type 'User'.
 };
 app.get('/', middleware);
 ...
```

이유는 크게 두 가지입니다. 먼저 types.d.ts 파일이 모듈 파일이 아니라 스크립트 파일이기 때문입니다. 스크립트 파일일 때는 내부에 선언한 타입이 전역 타입이 되므로 declare global할 필요가 없습니다. declare global을 제거해봅시다.

types.d.ts

```
declare namespace Express {
  interface User {
    zerocho: string;
  }
}

declare module "express-session" {
  interface SessionData {
    sessionData: string;
  }
}
```

test.ts

```
...
app.use(session({ ─────── This expression is not callable.
  secret: 'SECRET',       Type 'typeof import("express-session")' has no call signatures.
}));
...                   ┌─── Property 'sessionData' does not exist on type 'Session & Partial<SessionData>'.
  req.session.sessionData;
  req.user?.zerocho;
};
app.get('/', middleware);
...
```

declare global 없이 declare namespace만 해도 req.user의 에러는 사라집니다. 하지만 여전히 express-session쪽 에러는 남아 있습니다.

이는 declare module의 특성 때문입니다. 스크립트 파일 안에 들어 있는 declare module은 기존 타입 선언을 대체해버립니다. 기존 타입 선언을 병합하려면 스크립트 파일이 아니라 모듈 파일 안에 declare module을 선언해야 합니다. types.d.ts 파일을 모듈 파일로 전환하려면 import나 export문을 추가하면 됩니다. 현재 import나 export가 아예 없는데 간단하게 export {}를 마지막에 추가하면 모듈 파일이 됩니다.

types.d.ts

```typescript
declare namespace Express {
  interface User {
    zerocho: string;
  }
}

declare module "express-session" {
  interface SessionData {
    sessionData: string;
  }
}

export {}
```

test.ts

```typescript
...
app.use(session({
  secret: 'SECRET',
}));
app.use(passport.initialize());
...
  req.session.sessionData;
  req.user?.zerocho; ------ Property 'zerocho' does not exist on type 'User'.
};
app.get('/', middleware);
...
```

이렇게 수정하면 test.ts의 express-session 관련 에러는 사라집니다. 하지만 반대로 req.user 에서 다시 에러가 발생합니다. types.d.ts 파일을 모듈 파일로 전환하면서 declare namespace Express가 더는 전역이 아니게 되었기 때문입니다. 다시 declare global을 추가합시다.

types.d.ts

```
declare global {
  namespace Express {
    interface User {
      zerocho: string;
    }
  }
}

declare module "express-session" {
  interface SessionData {
    sessionData: string;
  }
}

export {}
```

test.ts

```
...
  req.session.sessionData;
  req.user?.zerocho;
};
app.get('/', middleware);
...
```

이제 test.ts의 모든 에러가 사라졌습니다. 스크립트 파일이냐, 모듈 파일이냐에 따라 타입 선언이 달라진다는 점을 기억하세요.

9.2 Express 직접 타이핑하기

이제 Express 패키지를 직접 타이핑해보는 연습을 해봅시다. express 폴더 안에 zexpress.ts 파일을 만듭니다.

zexpress.ts에 다음 코드를 입력합니다. test.ts와는 코드가 조금 다릅니다.

zexpress.ts

```typescript
interface ZExpress {}
interface CookieParser {}
interface Session {}
interface Flash {}
interface Passport {}
interface RequestHandler {}
interface ErrorRequestHandler {}
declare const express: ZExpress;
declare const cookieParser: CookieParser;
declare const flash: Flash;
declare const session: Session;
declare const passport: Passport;

const app = express();

app.use(express.json());
app.use(express.urlencoded({ extended: false }));
app.use('/', express.static('./public'));
app.use(cookieParser('SECRET'));
app.use(session({
  secret: 'SECRET',
}));
app.use(passport.initialize());
app.use(passport.session());
app.use(flash());

// 미들웨어는 RequestHandler 타입이다.
const middleware: RequestHandler = (req, res, next) => {
  req.params.paramType;
  req.body.bodyType;
  req.query.queryType;
```

```
  res.locals.hello = 'world';
  req.session.sessionData;
  req.user?.zerocho;

  req.flash('플래시메시지');
  req.flash('1회성', '플래시메시지');
  req.flash();

  res.json({
    message: 'hello',
  });
};
app.get('/',(req, res, next) => {
  res.locals.hello;
  next('route');
}, middleware);

const errorMiddleware: ErrorRequestHandler = (err, req, res, next) => {
  console.log(err.status);
};
app.use(errorMiddleware);

app.listen(8080, () => {
  console.log('8080 포트에서 서버 실행 중');
});
```

먼저 express와 cookie-parser, express-session, passport, connect-flash 미들웨어들을 타이핑
해봅시다. 미들웨어의 타입은 RequestHandler입니다. 다음 코드를 보기 전에 직접 타이핑해보는
것이 좋습니다.

zexpress.ts
```
interface Application {}
interface ZExpress {
  (): Application;
  json(): RequestHandler;
  urlencoded({ extended }: { extended: boolean }): RequestHandler;
  static(path: string): RequestHandler;
}
interface CookieParser {
  (secret: string): RequestHandler;
}
```

```
interface Session {
  ({ secret }: { secret: string }): RequestHandler;
}
interface Flash {
  (): RequestHandler;
}
interface Passport {
  initialize(): RequestHandler;
  session(): RequestHandler;
}
...
const app = express();

app.use(express.json());
app.use(express.urlencoded({ extended: false }));
app.use('/', express.static('./public'));
app.use(cookieParser('SECRET'));
app.use(session({
  secret: 'SECRET',
}));
app.use(passport.initialize());
app.use(passport.session());
app.use(flash());

// 미들웨어는 RequestHandler 타입이다.
const middleware: RequestHandler = (req, res, next) => {
  ...
};
app.get('/',(req, res, next) => {
  res.locals.hello;
  next('route');
}, middleware);

const errorMiddleware: ErrorRequestHandler = (err, req, res, next) => {
  console.log(err.status);
};
app.use(errorMiddleware);

app.listen(8080, () => {
  console.log('8080 포트에서 서버 실행 중');
});
```

express는 그 자체로 함수이자 메서드를 갖고 있는 객체이므로 ZExpress처럼 타이핑했습니다. app 변수는 Application으로 타이핑했는데 이렇게 하면 app 관련 메서드들에 에러가 발생합니다. Application 인터페이스를 타이핑합시다.

```ts
interface Application {
  use(middleware: RequestHandler | ErrorRequestHandler): void;
  use(path: string, middleware: RequestHandler | ErrorRequestHandler): void;
  get(path: string, ...middlewares: RequestHandler[]): void;
  listen(port: number, callback: () => void): void;
}
interface ZExpress {
...
const app = express();

app.use(express.json());
app.use(express.urlencoded({ extended: false }));
app.use('/', express.static('./public'));
app.use(cookieParser('SECRET'));
app.use(session({
  secret: 'SECRET',
}));
app.use(passport.initialize());
app.use(passport.session());
app.use(flash());

// 미들웨어는 RequestHandler 타입이다.
const middleware: RequestHandler = (req, res, next) => {
  ...
};
app.get('/',(req, res, next) => {
  res.locals.hello;
  next('route');
}, middleware);

const errorMiddleware: ErrorRequestHandler = (err, req, res, next) => {
  console.log(err.status);
};
app.use(errorMiddleware);

app.listen(8080, () => {
```

```
      console.log('8080 포트에서 서버 실행 중');
  });
```

get 메서드를 주의 깊게 보면 좋습니다. 인수로 미들웨어가 하나 이상 올 수 있기에 rest 문법을 사용해서 타이핑했습니다. use 메서드는 path 매개변수가 있는 경우(express.static)와 없는 경우로 나뉘므로 오버로딩을 적용했습니다.

이제 RequestHandler를 타이핑하겠습니다. express처럼 req.body, res.locals 등을 자유롭게 타이핑할 수 있도록 만들어봅시다.

zexpress.ts

```
...
interface Passport {
  initialize(): RequestHandler;
  session(): RequestHandler;
}
interface ZRequest<Param, Query, ReqBody> {
  params: Param;
  query: Query;
  body: ReqBody;
}
interface ZResponse<ResBody, Locals> {
  locals: Locals;
  json(data: ResBody): void;
}
interface NextFunction {
  (to?: string): void;
}
interface RequestHandler<Param = any, Query = any, ReqBody = any, ResBody = any, Locals
= any> {
  (req: ZRequest<Param, Query, ReqBody>, res: ZResponse<ResBody, Locals>, next:
NextFunction): void
}
interface ErrorRequestHandler<Param = any, Query = any, ReqBody = any, ResBody = any,
Locals = any> {
  (err: Error, req: ZRequest<Param, Query, ReqBody>, res: ZResponse<ResBody, Locals>,
next: NextFunction): void
}
declare const express: ZExpress;
...
const middleware: RequestHandler<{ paramType: string }, { queryType: boolean }, {
```

```
bodyType: symbol }, { message: string }, { hello: string }>
  = (req, res, next) => {
  req.params.paramType;
  req.body.bodyType;
  req.query.queryType;
  res.locals.hello = 'world';
  req.session.sessionData;
  req.user?.zerocho;

  req.flash('플래시메시지');
  req.flash('1회성', '플래시메시지');
  req.flash();

  res.json({
    message: 'hello',
  });
};
app.get('/',(req, res, next) => {
  res.locals.hello; ------- (property) hello: any
  next('route');
}, middleware);

const errorMiddleware: ErrorRequestHandler = (err, req, res, next) => {
  console.log(err.status);
};
app.use(errorMiddleware);

app.listen(8080, () => {
  console.log('8080 포트에서 서버 실행 중');
});
```

아직 req.session, req.user, req.flash 등에 에러가 남아 있습니다. 이들은 ZRequest 인터페이스 안에 속성으로 타이핑해도 됩니다. 하지만 Express와는 별도의 라이브러리에서 추가한 속성이라는 특성을 살려 별도의 네임스페이스와 인터페이스로 합치겠습니다. 이외에도 res.locals.hello 가 다른 미들웨어에서는 any인 문제도 있습니다. Express에서는 ErrorRequestHandler의 err를 any로 타이핑했지만 이 책에서는 Error로 타이핑했기에 err.status에서도 에러가 발생합니다.

이러한 문제들을 모두 해결해봅시다.

```
...
interface Passport {
  initialize(): RequestHandler;
  session(): RequestHandler;
}
declare namespace ZExpress {
  interface Request {
    session: {
      sessionData: string;
    }
    user?: {
      zerocho: string;
    }
    flash(key?: string, value?: string): void;
  }
  interface Locals {
    hello: string;
  }
}
interface ZRequest<Param, Query, ReqBody> extends ZExpress.Request {
  params: Param;
  query: Query;
  body: ReqBody;
}
interface ZResponse<ResBody, Locals> {
  locals: Locals & ZExpress.Locals;
  json(data: ResBody): void;
}
interface NextFunction {
  (to?: string): void;
}
interface RequestHandler<Param = any, Query = any, ReqBody = any, ResBody = any, Locals
= ZExpress.Locals> {
  (req: ZRequest<Param, Query, ReqBody>, res: ZResponse<ResBody, Locals>, next:
NextFunction): void
}
interface ErrorRequestHandler<Param = any, Query = any, ReqBody = any, ResBody = any,
Locals = ZExpress.Locals> {
  (err: Error, req: ZRequest<Param, Query, ReqBody>, res: ZResponse<ResBody, Locals>,
next: NextFunction): void
}
declare const express: ZExpress;
```

```typescript
declare const cookieParser: CookieParser;
declare const flash: Flash;
declare const session: Session;
declare const passport: Passport;
interface Error {
  status: number;
}

const app = express();
...
const middleware: RequestHandler<{ paramType: string }, { queryType: boolean }, {
  bodyType: symbol }, { message: string }>
  = (req, res, next) => {
  req.params.paramType;
  req.body.bodyType;
  req.query.queryType;
  res.locals.hello = 'hello';
  req.session.sessionData;
  req.user?.zerocho;

  req.flash('플래시메시지');
  req.flash('1회성', '플래시메시지');
  req.flash();

  res.json({
    message: 'hello',
  });
};
app.get('/',(req, res, next) => {
  res.locals.hello; ------- (property) ZExpress.Locals.hello: string
  next('route');
}, middleware);

const errorMiddleware: ErrorRequestHandler = (err, req, res, next) => {
  console.log(err.status);
};
app.use(errorMiddleware);

app.listen(8080, () => {
  console.log('8080 포트에서 서버 실행 중');
});
```

다른 곳에서도 병합할 수 있도록 ZExpress 네임스페이스를 선언했습니다. 그 안에 Request와 Locals를 두고 전역적으로 사용할 속성을 타이핑했습니다. 엄밀히 말하면 ZExpress 네임스페이스는 병합을 위해서 존재하는 것은 아닙니다. ZExpress 네임스페이스 없이 Request와 Locals 인터페이스만 있어도 외부에서 병합할 수 있습니다. 하지만 인터페이스의 이름이 겹치는 문제가 있을 수 있어 ZExpress 네임스페이스로 감싼 것입니다.

req의 타입인 ZRequest는 ZExpress.Request를 상속하므로 req에서 ZExpress.Request의 속성에 접근할 수 있습니다.

res.locals도 타입을 Locals & ZExpress.Locals로 바꿔 ZExpress.Locals를 상속하게 하고, Locals 자체의 기본값도 ZExpress.Locals로 두어 따로 타이핑하지 않아도 ZExpress.Locals가 되게 했습니다.

마지막으로 err.status를 타이핑하기 위해서 Error 인터페이스를 병합했습니다. 현재 zexpress.ts는 스크립트 파일이므로 전역 인터페이스인 Error를 쉽게 병합할 수 있습니다. 만약 zexpress.ts가 모듈 파일이라면 다음과 같이 해야 합니다.

zexpress.ts

```
...
interface Passport {
  initialize(): RequestHandler;
  session(): RequestHandler;
}
declare global {
  namespace ZExpress {
    interface Request {
      session: {
        sessionData: string;
      }
      user?: {
        zerocho: string;
      }
      flash(key?: string, value?: string): void;
    }
    interface Locals {
      hello: string;
    }
  }
  interface Error {
    status: number;
```

```
      }
}
...
declare const passport: Passport;
const app = express();
...
```

zexpress.ts가 모듈 파일인 상황이므로 declare global 안에서 Error 인터페이스를 병합해야 합니다. ZExpress 네임스페이스도 더는 전역 네임스페이스가 아니게 됩니다. 따라서 외부에서 병합할 수 있게 하려면 ZExpress 네임스페이스 또한 declare global 안에 선언해야 합니다.

이 장에서 js 파일을 생성하는 과정은 생략하겠습니다. Express는 Node.js와 js 파일 생성 방식이 똑같기 때문입니다. 8.2절 Node.js의 js 파일 생성하기 부분을 참고해주세요.

다음 장에서는 패키지를 직접 타이핑하는 방법에 대해 배워보겠습니다.

10^장

패키지
직접 타이핑하기

이 장에서는 패키지의 타입을 직접 만들어보겠습니다. 대부분의 패키지는 자체적으로 타입을 지원하거나 타입스크립트 커뮤니티에서 타입을 지원합니다. 하지만 이 둘 모두에 해당하지 않는 경우(npmjs에서 TS 마크나 DT 마크 모두 없는 경우)는 직접 타입 선언을 추가해야 합니다. 자신이 직접 패키지를 만든 경우에도 처음부터 ts 파일로 만들거나, 직접 타입 선언을 추가해야 합니다.

10.1 타입을 지원하지 않는 패키지 타이핑하기

TYPESCRIPT

먼저 npm 패키지이지만 타입을 지원하지 않는 패키지에 타입 선언을 추가해보겠습니다. 패키지가 타입을 지원하지 않거나 제공하는 타입이 틀렸을 경우 이 절에서 배우는 방법을 사용하면 됩니다.

터미널

```
$ cd (tsbook 폴더 경로)
$ mkdir scrollview
$ cd scrollview
$ npx tsc --init
$ npm i react-native-keyboard-aware-scrollview@2.1.0
```

npmjs.com에서 react-native-keyboard-aware-scrollview를 검색해보면 타입이 없는 패키지라는 것을 알 수 있습니다.

♥ 그림 10-1 npmjs에서 react-native-keyboard-aware-scrollview 검색

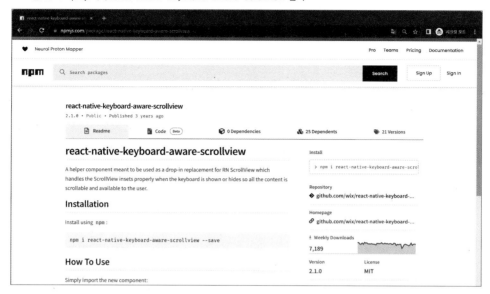

간혹 이와 같이 타입이 없는 순수 자바스크립트 패키지를 사용해야 할 때가 있는데, 그럴 때는 지금까지 배운 내용을 바탕으로 직접 타이핑하면 됩니다.

react-native-keyboard-aware-scrollview를 직접 한번 사용해봅시다. 에러가 나는 부분을 타이핑하여 수정하면 됩니다. test.tsx 파일을 만들고 다음 코드를 작성합니다. React Native 파일이라 JSX 문법을 사용하므로 확장자를 tsx로 만들어야 합니다. 추가로 react-native 패키지도 설치하고 tsconfig.json 설정도 변경합니다.

터미널

```
$ npm i react-native@0.71.4
```

tsconfig.json

```
...
    "jsx": "react-native",
...
```

```tsx
import {KeyboardAwareScrollView} from 'react-native-keyboard-aware-scrollview';
import {TextInput, StyleSheet} from 'react-native';

const styles = StyleSheet.create({
  container: {},
  textInput: {},
})
const Component = () => {
  return (
    <KeyboardAwareScrollView style={styles.container}>
      <TextInput style={styles.textInput} placeholder={'My Input'}/>
    </KeyboardAwareScrollView>
  )
}

export default Component;
```

> Could not find a declaration file for module 'react-native-keyboard-aware-scrollview'. 'c:/Users/speak/tsbook/node_modules/react-native-keyboard-aware-scrollview/index.js' implicitly has an 'any' type.
> Try `npm i --save-dev @types/react-native-keyboard-aware-scrollview` if it exists or add a new declaration (.d.ts) file containing `declare module 'react-native-keyboard-aware-scrollview';`

react-native-keyboard-aware-scrollview에 대한 타입 선언이 없으므로 에러가 발생합니다. 이 패키지에서 불러온 KeyboardAwareScrollView는 any가 됩니다. 이럴 때는 .d.ts 파일을 만들어 타이핑하면 됩니다. react-native-keyboard-aware-scrollview.d.ts 파일을 만들고 다음과 같이 타이핑합시다. 파일명은 달라도 상관없지만 해당 패키지에 대한 타입 선언이 들어 있다는 것을 알리기 위해 파일명과 패키지명을 동일하게 했습니다.

```ts
declare module "react-native-keyboard-aware-scrollview";
```

이렇게만 만들어도 test.tsx의 에러는 사라집니다. 제일 간단하게 모듈을 타이핑하는 방법입니다. 하지만 KeyboardAwareScrollView가 any가 된다는 단점이 있습니다. KeyboardAwareScrollView를 타이핑해봅시다.

그런데 지금은 KeyboardAwareScrollView를 무엇으로 타이핑해야 할지 막막한 상태입니다. 이럴 때는 비슷한 컴포넌트를 확인해보면 좋습니다. TextInput이 있으므로 TextInput에서 Go to Definition해봅시다.

```
node_modules/react-native/Libraries/Components/TextInput/TextInput.d.ts
```

```
...
export interface TextInputProps
  extends ViewProps,
    TextInputIOSProps,
    TextInputAndroidProps,
    AccessibilityProps {
  ...
  style?: StyleProp<TextStyle> | undefined;
  ...
}
...
declare class TextInputComponent extends React.Component<TextInputProps> {}
declare const TextInputBase: Constructor<NativeMethods> &
  Constructor<TimerMixin> &
  typeof TextInputComponent;
export class TextInput extends TextInputBase {
  ...
```

TextInput 컴포넌트를 타이핑하기 위해서는 저런 구조가 되어야 한다는 것을 알 수 있습니다. 이를 응용해 KeyboardAwareScrollView 컴포넌트도 타이핑해봅시다.

```
react-native-keyboard-aware-scrollview.d.ts
```

```
declare module "react-native-keyboard-aware-scrollview" {
  class KeyboardAwareScrollViewComponent extends React.Component {}
  export class KeyboardAwareScrollView extends KeyboardAwareScrollViewComponent {}
}
```

test.tsx를 확인하면 KeyboardAwareScrollView에 에러가 표시됩니다.

```
test.tsx
```

```
import {KeyboardAwareScrollView} from 'react-native-keyboard-aware-scrollview';
import {TextInput, StyleSheet} from 'react-native';

const styles = StyleSheet.create({
  container: {},
  textInput: {},
})
const Component = () => {
```

```
  return (
    <KeyboardAwareScrollView style={styles.container}> ··············⌐
      <TextInput style={styles.textInput} placeholder={'My Input'}/>  ┊
    </KeyboardAwareScrollView>                                        ┊
  )
}

export default Component;
```

No overload matches this call.
Overload 1 of 2, '(props: {} | Readonly<{}>):
KeyboardAwareScrollView', gave the following error.
Type '{ children: Element; style: {}; }' is not assignable to type
'IntrinsicAttributes & IntrinsicClassAttributes<KeyboardAwareScro
llView> & Readonly<{}>'.
Property 'children' does not exist on type 'IntrinsicAttributes &
IntrinsicClassAttributes<KeyboardAwareScrollView> & Readonly<{}>'.
Overload 2 of 2, '(props: {}, context: any):
KeyboardAwareScrollView', gave the following error.
Type '{ children: Element; style: {}; }' is not assignable to type
'IntrinsicAttributes & IntrinsicClassAttributes<KeyboardAwareScro
llView> & Readonly<{}>'.
Property 'children' does not exist on type 'IntrinsicAttributes &
IntrinsicClassAttributes<KeyboardAwareScrollView> & Readonly<{}>'.

에러 메시지를 확인하면 children과 style props를 가질 수 없다고 나옵니다. Props를 가질 수 있게 prop 부분도 타이핑해봅시다. Component 인터페이스의 첫 번째 타입 매개변수가 props 자리입니다.

react-native-keyboard-aware-scrollview.d.ts

```
declare module "react-native-keyboard-aware-scrollview" {
  import { ViewProps, StyleProp } from "react-native/types";
  import { ReactNode } from 'react';
  interface KeyboardAwareScrollViewProps extends ViewProps {
    children: ReactNode;
    style: StyleProp<ViewProps>;
  }
  class KeyboardAwareScrollViewComponent extends React.Component<KeyboardAwareScrollVie
➡ wProps> {}
  export class KeyboardAwareScrollView extends KeyboardAwareScrollViewComponent {}
}
```

test.tsx의 에러가 사라집니다. 나중에 KeyboardAwareScrollView에 prop을 추가하고 싶을 때마다 KeyboardAwareScrollViewProps 인터페이스에 추가하면 됩니다.

한 가지 조심할 점은 declare module 내부에 있는 import를 declare module 외부로 빼면 안 된다는 것입니다. 최상위 스코프에 import가 위치하게 되면 react-native-keyboard-aware-scrollview.d.ts 파일은 모듈 파일이 되어버립니다. 모듈 파일의 declare module은 기존 모듈을 확장하는 것이지 새로 선언하는 것이 아닙니다. 스크립트 파일이어야 declare module로 패키지의 타입을 선언할 수 있습니다.

이렇게 react-native-keyboard-aware-scrollview 모듈을 타이핑해보았습니다. 직접 타이핑한 것이 쓸 만하다면 커뮤니티 타입인 DefinitelyTyped 패키지에 추가해도 됩니다. 그러면 다른 사람들이 @types/react-native-keyboard-aware-scrollview를 설치하여 여러분이 만든 타입을 사용할 수 있습니다.

> Note ≡ **DefinitelyTyped 패키지에 추가하는 방법**
>
> 다음 링크에 추가하는 방법이 나와 있으므로 순서대로 따라 하면 됩니다. 추가로 기존 커뮤니티 타입이 잘못된 경우에 직접 수정해서 배포하는 방법도 나와 있으니 읽어보면 좋습니다.
>
> • https://github.com/DefinitelyTyped/DefinitelyTyped#how-can-i-contribute

10.1.1 baseUrl과 paths로 타이핑하기

이전 절에서는 declare module "react-native-keyboard-aware-scrollview"를 통해 타입을 지원하지 않는 패키지를 타이핑했습니다. 그런데 declare module을 하지 않고도 타이핑하는 방법이 있습니다. tsconfig.json의 baseUrl과 paths 옵션을 사용하는 방법입니다.

먼저 react-native-keyboard-aware-scrollview.d.ts에서 declare module 블록을 제거합니다.

react-native-keyboard-aware-scrollview.d.ts
```
import { ViewProps, StyleProp } from "react-native/types";
import { ReactNode } from 'react';
interface KeyboardAwareScrollViewProps extends ViewProps {
  children: ReactNode;
  style: StyleProp<ViewProps>;
}
class KeyboardAwareScrollViewComponent extends React.Component<KeyboardAwareScrollViewP
rops> {}
export class KeyboardAwareScrollView extends KeyboardAwareScrollViewComponent {}
```

그러면 test.tsx에서 react-native-keyboard-aware-scrollview 모듈을 인식하지 못합니다. 이때 tsconfig.json에서 baseUrl과 paths 옵션의 주석을 제거하고 다음과 같이 수정합니다.

```
   ...
      "baseUrl": "./",                              /* Specify the base directory to
➡ resolve non-relative module names. */
      "paths": {
        "react-native-keyboard-aware-scrollview": ["react-native-keyboard-aware-
➡ scrollview.d.ts"]
      },
   ...
```

그러면 다시 test.tsx에서 react-native-keyboard-aware-scrollview를 인식하게 되고, react-native-keyboard-aware-scrollview에서 Go to Definition하면 react-native-keyboard-aware-scrollview.d.ts로 제대로 이동하는 것을 확인할 수 있습니다.

baseUrl은 paths의 기준 경로라고 보면 됩니다. 지금은 tsconfig.json이 있는 폴더로 지정했습니다. 사실 baseUrl 옵션이 없어도 paths의 기준 경로는 tsconfig.json이 있는 폴더가 됩니다.

paths는 해당 모듈을 어떤 파일에서 찾을지를 정하는 옵션입니다. 여러 파일을 지정할 수 있어서 배열로 만들어야 합니다. 앞의 예제에서는 react-native-keyboard-aware-scrollview 모듈을 ./react-native-keyboard-aware-scrollview.d.ts 파일로 지정했습니다. baseUrl과 paths가 합쳐진 경로입니다.

만약 baseUrl을 다른 경로로 바꾼다면 그에 따라 paths도 바뀌어야 합니다.

```
   ...
      "baseUrl": "../",                             /* Specify the base directory to
➡ resolve non-relative module names. */
      "paths": {
        "react-native-keyboard-aware-scrollview": ["scrollview/react-native-keyboard-
➡ aware-scrollview.d.ts"]
      },
   ...
```

baseUrl이 tsbook 폴더로 바뀌었으므로 paths도 scrollview/react-native-keyboard-aware-scrollview.d.ts로 바뀌었습니다. 그래야 경로가 합쳐져 tsbook/scrollview/react-native-keyboard-aware-scrollview.d.ts가 됩니다.

declare module로 패키지를 타이핑하는 방법 외에도 baseUrl과 paths로 타입의 경로를 지정하는 방법도 있다는 것을 알아두세요.

10.2 js 패키지를 만들고 타입 추가하기

이번 절에서는 패키지를 직접 만들어보겠습니다. npm에서 패키지를 설치하는 것이 아니라 직접 npm의 패키지를 개발하는 것입니다. 다만 지금은 패키지를 어쩔 수 없이 자바스크립트로 개발해서 타입 선언만 따로 붙이는 상황이라고 생각하면 됩니다. 처음부터 타입스크립트로 개발하는 경우는 다음 절에서 배워봅니다.

계산기 함수들을 모아둔 패키지를 간단히 만들어볼 것입니다. calc-js 폴더를 만들고 그 안에 패키지를 다음과 같이 설정합니다.

터미널

```
$ cd (tsbook 폴더 경로)
$ mkdir calc-js
$ cd calc-js
$ npm init -y
```

패키지로 만들 것이므로 npm init -y라는 명령어를 추가했습니다. package.json 파일이 생성됩니다.

src 폴더를 만들고 그 안에 plus.js, minus.js, multiply.js, divide.js, index.js를 만듭니다.

src/plus.js

```
module.exports = (...arg) => arg.reduce((a, c) => a + c);
```

src/minus.js

```
module.exports = (a, b) => a - b;
```

```
module.exports = (...arg) => arg.reduce((a, c) => a * c);
```

```
module.exports = (a, b) => a / b;
```

```
const plus = require('./plus');
const minus = require('./minus');
const multiply = require('./multiply');
const divide = require('./divide');

module.exports = {
  plus, minus, multiply, divide,
};
```

현재 패키지는 자바스크립트 패키지이므로 타입 선언을 따로 해야 합니다. types.d.ts 파일을 만들어 다음과 같이 입력합니다. types.d.ts 파일은 src 폴더 바깥에 위치하면 됩니다.

```
declare const plus: (...args: number[]) => number;
declare const minus: (a: number, b: number) => number;
declare const multiply: (...args: number[]) => number;
declare const divide: (a: number, b: number) => number;

export default {
  plus, minus, multiply, divide,
}
```

types.d.ts 파일을 만들었으면 package.json의 types 속성에 등록해서 해당 파일이 이 패키지를 대표하는 타입 파일임을 알려야 합니다. 또한, main 속성은 src/index.js로 수정하여 src/index. js가 이 패키지를 대표하는 자바스크립트 파일임을 알립니다.

```
package.json

{
  "name": "calc-js",
  "version": "1.0.0",
  "description": "",
  "main": "src/index.js",
  "types": "types.d.ts",
  "scripts": {
    "test": "echo \"Error: no test specified\" && exit 1"
  },
  "keywords": [],
  "author": "",
  "license": "ISC"
}
```

이제 calc-js 패키지를 다른 패키지에서 사용해보겠습니다.

```
터미널

$ cd (tsbook 폴더 경로)
$ mkdir use-calc
$ cd use-calc
$ npm init -y
$ npx tsc --init
```

use-calc 폴더에 index.ts 파일을 만들고 다음과 같이 입력합니다.

```
index.ts

import calc from '../calc-js';

const a = calc.plus(1, 2, 3, 4); // 10
const b = calc.minus(a, 4); // 6
calc.divide(b, 3); // 2
calc.multiply(1, 2, 3, 4); // 24
console.log(a, b);
```

../calc-js 패키지를 인식하고 있습니다. calc-js.ts, calc-js.tsx, calc-js.d.ts가 없으므로 그다음 우선 순위인 calc-js/package.json의 types 속성을 찾아본 것입니다. 실제로 calc에서 Go to Definition해보면 calc-js의 types.d.ts로 이동합니다.

types.d.ts가 제대로 만들어진 게 맞는지 확인하려면 index.ts를 실행해보아야 합니다. Node.js는 index.ts를 실행할 수 없으므로 index.js로 변환한 후에 실행하겠습니다. Node.js에서 자바스크립트 파일을 실행하는 명령어는 node 파일명입니다.

```
터미널
$ npx tsc
$ node index
10 6
```

결과로 10 6이 나오면 성공입니다. 만약 에러가 발생했다면 실습 과정에서 폴더와 파일을 잘못 만들었거나 엉뚱한 위치에서 터미널에 명령어를 입력했을 것입니다.

그런데 매번 npx tsc를 하고 node index를 하여 실행하자니 조금 불편합니다. 두 명령어를 한 번에 실행하는 패키지가 있습니다. ts-node라는 패키지입니다. 이 패키지를 설치해서 ts 파일을 바로 실행해보겠습니다. 먼저 use-calc 내부의 index.js를 지웁니다. 그 후 ts-node를 설치하고 npx ts-node 파일명 명령어로 index.ts를 실행합니다.

```
터미널
$ npm i ts-node
$ npx ts-node index
10 6
```

index.js가 없는데도 제대로 실행되었습니다. ts-node가 index.ts를 index.js로 변환한 뒤 실행한 것입니다. 앞으로 Node.js에서 ts 파일을 바로 실행하고 싶을 때는 ts-node 패키지를 사용하면 됩니다.

10.3 ts 패키지를 만들고 .d.ts 생성하기

TYPESCRIPT

이번에는 아예 처음부터 타입스크립트 패키지로 타이핑해보겠습니다. calc-ts 폴더를 만들고 그 안에 패키지를 설정합니다.

```
$ cd (tsbook 폴더 경로)
$ mkdir calc-ts
$ cd calc-ts
$ npm init -y
$ npx tsc --init
```

calc-ts 폴더 안에 src 폴더를 만들고 그 안에 plus.ts, minus.ts, multiply.ts, divide.ts, index.ts를 만듭니다.

src/plus.ts

```
export default (...arg: number[]) => arg.reduce((a, c) => a + c);
```

src/minus.ts

```
export default (a: number, b: number) => a - b;
```

src/multiply.ts

```
export default (...arg: number[]) => arg.reduce((a, c) => a * c);
```

src/divide.ts

```
export default (a: number, b: number) => a / b;
```

src/index.ts

```
import plus from './plus';
import minus from './minus';
import multiply from './multiply';
import divide from './divide';

export default {
  plus, minus, multiply, divide,
};
```

calc-ts 폴더의 package.json에 이 패키지를 대표할 타입 파일로 src/index.ts를 지정합니다.

```
...
    "types": "src/index.ts",
...
```

이제 use-calc 폴더로 가서 index2.ts를 만듭니다.

index2.ts

```
import calc from '../calc-ts';

const a = calc.plus(1, 2, 3, 4); // 10
const b = calc.minus(a, 4); // 6
calc.divide(b, 3); // 2
calc.multiply(1, 2, 3, 4); // 24
console.log(a, b);
```

calc에서 Go to Definition하면 calc-ts의 src/index.ts가 표시됩니다.

하지만 use-calc 폴더에서 ts-node로 index2를 실행하면 에러가 발생합니다.

터미널

```
$ npx ts-node index2
Error: Cannot find module 'C:\Users\speak\tsbook\calc-ts\index.js'. Please verify that
the package.json has a valid "main" entry
(생략)
```

calc-ts에 index.js 파일이 없다는 의미인데 실제로 calc-ts에는 index.js 파일이 없습니다. Node.js가 실행하는 것은 결국 자바스크립트 파일이므로 calc-ts도 자바스크립트 파일을 갖고 있어야 합니다.

calc-ts의 src/index.ts로부터 js 파일을 만들어봅시다. 다만 js 파일이 src 폴더에 생성되지 않고 dist 폴더에 생성되게 만들어보겠습니다. ts 파일과 js 파일을 분리하기 위함입니다.

calc-ts의 tsconfig.json에서 다음 세 옵션을 주석 해제하고 다음과 같이 수정합니다.

```
...
    "declaration": true,
    ...
    "outDir": "dist",
    ...
    "declarationDir": "types",
...
```

- declaration 옵션은 ts 파일로부터 .d.ts 파일을 만들어낼지 선택하는 옵션입니다. 이 옵션을 활성화하면 ts 파일이 js 파일로 변환될 때 .d.ts 파일도 같이 생성됩니다.
- outDir 옵션은 결과물을 어떤 폴더에 저장할지 선택하는 옵션입니다. 따로 지정하지 않으면 ts 파일이 있는 곳에 js 파일이 생성됩니다.
- declarationDir 옵션은 .d.ts 파일이 어디에 생성될지 결정하는 옵션입니다. 따로 지정하지 않으면 outDir 경로에 .d.ts 파일이 생성되고, outDir도 없으면 ts 파일이 있는 곳에 .d.ts 파일이 생성됩니다.

이제 파일을 생성해보겠습니다.

```
$ cd ../calc-ts
$ npx tsc
```

dist와 types 폴더가 생성됩니다. dist 폴더 안에는 divide.js, index.js, minus.js, multiply.js, plus.js가 들어 있고, types 폴더 안에는 divide.d.ts, index.d.ts, minus.d.ts, multiply.d.ts, plus.d.ts가 들어 있습니다.

여기서 한 가지 의문이 들 수 있습니다. divide.ts부터 plus.ts까지의 파일들은 src 폴더 안에 들어 있는데 왜 dist 폴더 안에 src 폴더가 생기지 않았을까요?

이와 관련한 옵션이 바로 tsconfig.json의 rootDir 옵션입니다. rootDir 옵션이 따로 설정되어 있지 않으면 타입스크립트는 rootDir를 추론합니다. rootDir는 tsconfig.json이 위치한 경로가 아니고 ts 파일이 위치한 가장 얕은 경로입니다. 이때 .d.ts 파일은 제외합니다.

예를 들어 calc-ts에는 ts 파일이 없습니다. 그러면 calc-ts의 하위 폴더인 dist, src, types 폴더 안에서 ts 파일을 찾는데 src 폴더 안에 ts 파일이 위치합니다. 따라서 rootDir는 src 폴더로 추론됩니다. 만약 dist, src, types 폴더 안에도 ts 파일이 없다면 다시 한 단계 더 하위 폴더에서 찾는 식입니다. .d.ts 파일은 무시하므로 calc-ts 폴더 안에 .d.ts 파일이 있더라도 src 폴더가 rootDir가 됩니다.

타입스크립트는 이렇게 rootDir를 추론해낼 수 있지만 tsconfig.json에서 직접 rootDir를 지정할 수도 있습니다. rootDir를 tsconfig.json이 있는 경로로 바꿔봅시다.

tsconfig.json

```
...
    "rootDir": ".",
...
```

dist 폴더를 지우고 다시 자바스크립트 파일을 만들어봅시다.

터미널

```
$ npx tsc
```

그러면 dist 폴더 안에 src 폴더가 생기고, 그 아래에 js 파일들이 생성됩니다.

js와 .d.ts 파일이 생성되었으니 package.json에서 main 속성과 types 속성을 다시 입력합니다.

package.json

```
{
  "name": "calc-ts",
  "version": "1.0.0",
  "description": "",
  "main": "dist/src/index.js",
  "types": "types/index.d.ts",
  "scripts": {
    "test": "echo \"Error: no test specified\" && exit 1"
  },
  "keywords": [],
  "author": "",
  "license": "ISC"
}
```

이제 다시 use-calc 폴더로 가서 index2.ts를 실행해봅시다.

```
$ cd ../use-calc
$ npx ts-node index2
10 6
```

제대로 실행되는 것을 확인할 수 있습니다.

이번 절에서는 ts 패키지를 직접 만들어보았습니다. 먼저 타입스크립트 코드를 작성하고, 원하는 경로에 js 파일과 .d.ts 파일을 생성합니다. 그러면 자바스크립트 코드와 타입스크립트 코드 모두에서 직접 만든 ts 패키지에 접근할 수 있습니다.

Note ≡ **만든 패키지를 npm에 배포하려면**

여러분이 만든 패키지가 상당히 유용하여 다른 사람과 공유하고 싶을 수도 있습니다. 그럴 때는 npm에 배포하여 공개할 수 있습니다. 명령어는 npm publish입니다. 이때 package.json의 name이 선점된 이름이 아니어야 합니다. 선점된 이름인지는 npmjs.com에서 검색할 때 같은 이름이 나오는지 여부로 확인할 수 있습니다. 같은 이름의 패키지가 없다면 npm에 배포할 수 있습니다. 같은 이름의 패키지가 있다면 package.json의 name을 선점되지 않은 이름으로 변경하여 배포하면 됩니다.

T Y P E S C R I P T

10.4 / js 프로젝트를 ts로 전환하기

이번에는 자바스크립트 프로젝트를 타입스크립트로 전환하는 방법에 대해 알아보겠습니다. 가장 좋은 방법은 모든 파일을 한 번에 타입스크립트로 재작성하는 것입니다. 다만 프로젝트의 규모가 너무 커서 한 번에 바꾸지는 못하고 조금씩 바꿔나가야 할 때가 있습니다. 이런 상황이라 가정하고 진행하겠습니다.

기존에 만든 calc-js 폴더를 복사합니다. ctrl + c, ctrl + v하면 calc-js copy 폴더가 생기는데, 이 폴더의 이름을 js-to-ts로 바꿉니다. 이름을 바꾸는 단축키는 F2입니다.

calc-js 프로젝트는 자바스크립트 라이브러리처럼 사용했지만 이번에는 자바스크립트 프로젝트라고 생각할 것입니다. 타입스크립트 프로젝트로 전환할 것이므로 프로젝트에 필요한 tsconfig.json을 npx tsc --init 명령어로 만듭니다.

```
$ cd (tsbook 폴더 경로)
$ cd js-to-ts
$ npx tsc --init
```

js-to-ts 프로젝트의 모든 파일을 타입스크립트로 변환할 시간이 없어 일부만 변환하는 상황을 가정해보겠습니다. js-to-ts/src 폴더 내부의 index.js만 ts로 확장자를 변경하고 코드도 변경합니다.

src/index.ts

```
import plus from './plus';          Could not find a declaration file for module './plus'. 'c:/Users/
                                    speak/tsbook/js-to-ts/src/plus.js' implicitly has an 'any' type.

import minus from './minus';        Could not find a declaration file for module './minus'. 'c:/Users/
                                    speak/tsbook/js-to-ts/src/minus.js' implicitly has an 'any' type.

import multiply from './multiply';  Could not find a declaration file for module './
                                    multiply'. 'c:/Users/speak/tsbook/js-to-ts/src/multiply.
                                    js' implicitly has an 'any' type.

import divide from './divide';      Could not find a declaration file for module './divide'.
                                    'c:/Users/speak/tsbook/js-to-ts/src/divide.js' implicitly
                                    has an 'any' type.
export default {
  plus, minus, multiply, divide,
};
```

plus.js, minus.js, multiply.js, divide.js가 타입스크립트 파일이 아니라서 에러가 발생합니다. 또한 plus, minus, multiply, divide도 any로 추론됩니다.

자바스크립트 파일을 인식하지 못하는 문제를 해결하기 위해 tsconfig.json에서 allowJs, checkJs 옵션을 활성화합시다. allowJs 옵션은 타입스크립트 프로젝트에서 자바스크립트 파일을 허용하는 옵션이고, checkJs 옵션은 허용한 자바스크립트 파일에서 타입에러를 확인하는 옵션입니다. checkJs 옵션만 true로 만들어도 allowJs 옵션도 같이 true가 되긴 합니다.

tsconfig.json

```
...
    "allowJs": true,
    "checkJs": true,
...
```

checkJs 옵션이 활성화된 상태에서 divide.js 파일을 열어보면 타입 관련 에러가 발생함을 알 수 있습니다.

```
                      ┌──────────────── Parameter 'a' implicitly has an 'any' type.
module.exports = (a, b) => a / b;
                      └──────── Parameter 'b' implicitly has an 'any' type.
```

npx tsc 시에도 에러가 표시되므로 에러가 표시되는 것이 싫다면 checkJs 옵션을 비활성화하면 됩니다. npx tsc하여 변환해봅시다.

터미널

```
$ npx tsc
error TS5055: Cannot write file 'C:/Users/speak/tsbook/js-to-ts/src/divide.js' because
it would overwrite input file.
error TS5055: Cannot write file 'C:/Users/speak/tsbook/js-to-ts/src/minus.js' because
it would overwrite input file.
error TS5055: Cannot write file 'C:/Users/speak/tsbook/js-to-ts/src/multiply.js' because
it would overwrite input file.
error TS5055: Cannot write file 'C:/Users/speak/tsbook/js-to-ts/src/plus.js' because
it would overwrite input file.
```

TS5055 에러가 발생하는데 이는 변환 결과물을 출력하는 폴더가 원본 파일의 위치와 동일해서 발생하는 것입니다.

tsconfig.json의 outDir 옵션을 ./dist로 수정합니다.

tsconfig.json

```
...
    "outDir": "./dist",
...
```

다시 npx tsc하여 변환하면 dist 폴더 내부에 divide.js, index.js, minus.js, multiply.js, plus.js가 생성됩니다. 터미널에는 자바스크립트 파일의 타입에러가 출력됩니다. checkJs 옵션이 활성화되어 있기에 때문에 표시되는 것입니다.

```
$ npx tsc
src/divide.js:1:19 - error TS7006: Parameter 'a' implicitly has an 'any' type.

1 module.exports = (a, b) => a / b;
                    ~

src/divide.js:1:22 - error TS7006: Parameter 'b' implicitly has an 'any' type.

1 module.exports = (a, b) => a / b;
                       ~

src/minus.js:1:19 - error TS7006: Parameter 'a' implicitly has an 'any' type.

1 module.exports = (a, b) => a - b;
                    ~

src/minus.js:1:22 - error TS7006: Parameter 'b' implicitly has an 'any' type.

1 module.exports = (a, b) => a - b;
                       ~

src/multiply.js:1:19 - error TS7019: Rest parameter 'arg' implicitly has an 'any[]'
type.

1 module.exports = (...arg) => arg.reduce((a, c) => a * c);
                    ~~~~~~~

src/plus.js:1:19 - error TS7019: Rest parameter 'arg' implicitly has an 'any[]' type.

1 module.exports = (...arg) => arg.reduce((a, c) => a + c);
                    ~~~~~~~


Found 6 errors in 4 files.

Errors  Files
     2  src/divide.js:1
     2  src/minus.js:1
     1  src/multiply.js:1
     1  src/plus.js:1
```

allowJs 옵션을 활성화하지 않으면 dist 폴더에 divide.js, minus.js, multiply.js, plus.js가 생성되지 않고 index.js만 생성됩니다. allowJs 옵션을 활성화해야 자바스크립트 파일도 같이 프로젝트에 포함되어 결과물로 생성됩니다.

마지막으로 package.json의 main 속성을 수정합니다. 변환한 index.js의 경로를 지정합시다.

```json
{
  "name": "js-to-ts",
  "version": "1.0.0",
  "description": "",
  "main": "dist/index.js",
  "types": "types.d.ts",
  "scripts": {
    "test": "echo \"Error: no test specified\" && exit 1"
  },
  "keywords": [],
  "author": "",
  "license": "ISC"
}
```

나머지 자바스크립트 파일은 시간이 날 때 타입스크립트로 변환하면 됩니다.

이렇게 자바스크립트 프로젝트를 점진적으로 타입스크립트로 변환하는 방법에 대해 알아보았습니다. 시간이 부족해 모든 자바스크립트 파일을 타입스크립트로 변환하지 못한 채 프로젝트를 배포해야 한다면 allowJs 옵션을 활성화하면 됩니다.

마무리하며

지금까지 타입스크립트 문법과 더불어 패키지 타입 분석법, 타입 작성법, 패키지 작성법에 대해 알아보았습니다. 이 책에서는 다섯 가지 패키지의 타입을 분석해보았지만, 여러분은 이 책에서 배운 내용을 토대로 다른 수많은 패키지의 타입도 분석할 수 있습니다.

새로운 패키지를 사용할 때마다 틈틈이 그 패키지의 ts 또는 .d.ts 파일을 열어보세요. 다른 사람이 왜 이렇게 타이핑했는지 분석하다 보면 타입스크립트에 더욱 익숙해집니다. 많은 패키지를 분석하고, 스스로 타입을 많이 만들어보면 실력도 저절로 향상될 것입니다.

이 책은 타입스크립트를 이해하기 위한 기초 실력을 만들어주는 역할일 뿐 앞으로의 공부는 여러분에게 달려 있습니다. 이 책이 도움이 되었기를 바랍니다.